JUAN LUIS URCOLA TELLERÍA

¿Quién es Dios?

Tras la idea universal de la divinidad

Primera edición: marzo de 2025

Arcopress • Colección Desarrollo personal
Dirección editorial: Pilar Pimentel
Edición al cuidado de Rebeca Rueda
Diseño de cubierta: Fernando de Miguel

www.arcopress.com
pedidos@almuzaralibros.com - info@almuzaralibros.com

Editorial Almuzara
Parque Logístico de Córdoba. Ctra. Palma del Río, km 4.
C/8, nave L2, n.º 3, 14005, Córdoba.

Imprime: Romanyà Valls
ISBN: 978-84-10354-77-7
Depósito legal: CO-355-2025
Hecho e impreso en España - *Made and printed in Spain*

A Pilar Pimentel, directora de Arcopress,
con mi agradecimiento por haber confiado en mí,
y porque me ha posibilitado que este libro vea la luz.

Índice

SEGUNDA PARTE: DIOS HOY

TERCERA PARTE:
QUIÉN ES DIOS Y CÓMO LLEGAR A ÉL

Introducción

¿Quién es Dios? Esta es una de las cuestiones más profundas y discutidas en la filosofía, en la teología y en la religión. Y en virtud de la persona a la que le preguntemos, tendremos una respuesta diferente.

La idea de Dios depende de la perspectiva desde la que se mire. Para algunos, Dios es el ser supremo, creador del universo y fuente de todo lo que existe, tal y como lo presentan religiones como el cristianismo, el islam y el judaísmo. Para otros, Dios es una energía, una conciencia universal o una fuerza cósmica. Y, por supuesto, también hay quienes no creen en la existencia de Dios y piensan que es una invención humana, una construcción cultural para explicar lo desconocido.

En cualquiera de los casos, es bueno que el ser humano, a lo largo de la vida, se enfrente, al igual que lo hemos hecho nosotros, a encontrar respuestas a las preguntas más cruciales que nos podemos formular, como son las siguientes:

¿Quién es Dios? ¿Dónde está Dios? ¿Cómo es? ¿Qué me lleva a creer en Dios? ¿Qué es Dios en mi vida? ¿Qué lugar ocupa? ¿Qué espacio le dejo y qué representa en mi vida? ¿Qué supone creer en Dios en el día a día? ¿A qué se debe la crisis y la pérdida de la religiosidad existente en los momentos actuales?

Son preguntas que, tal como hemos señalado, tanto los creyentes como los no creyentes nos formulamos y nos planteamos en distintos momentos de nuestras vidas, sabiendo que muchas de ellas no tienen una respuesta sencilla ni lógica, y otras nos sitúan en una posición incómoda porque ponen de manifiesto nuestra frivolidad y pasividad al respecto, debido a que, en muchos casos, nuestras vidas transcurren al margen de Dios.

Estamos inmersos en múltiples ocupaciones diarias derivadas de nuestro trabajo profesional o de nuestras obligaciones personales, en resolver los problemas cotidianos, o bien en llevar a cabo las actividades que libremente realizamos para llenar nuestras vidas, como son el disfrute de aficiones, diversiones, colaboraciones y ocios; en definitiva, en ocupar y llenar la vida con más o menos sentido. En este marco apenas le dejamos un hueco a Dios, apenas tenemos tiempo para Él, y van pasando los días y los años sin cuestionarnos qué papel ocupa algo tan importante y transcendental como es la figura de Dios en nuestra vida.

Ante el silencio en el que vivimos nuestra relación con Dios, ante el descrédito que en los momentos actuales tiene su figura —al contrario que en otros tiempos— y ante la pasividad con la que yo particularmente he vivido la mencionada relación, me ha parecido oportuno reflexionar al respecto y formularme una serie de preguntas:

¿Qué ha supuesto Dios y cómo se ha vivido su figura a lo largo de la historia de la humanidad? ¿Cuál ha sido la influencia de Dios en las distintas modalidades artísticas, como son la pintura, la escultura, la música, la literatura y la arquitectura? ¿Qué o quién es Dios en la actualidad? ¿Cuáles son las creencias religiosas más significativas en estos momentos? ¿Y cuáles son las posiciones religiosas predominantes en estos momentos? ¿En qué situación se encuentran en la actualidad las diferentes religiones existentes? ¿Por qué hay crisis y pérdida de religiosidad, especialmente en lo que llamamos «mundo desarrollado»? ¿Cuáles son sus causas? Y, en un terreno más personal, ¿qué puedo decir yo acerca de qué o quién es Dios para mí? ¿Qué puedo decir, tras haber leído, investigado y reflexionado al respecto? ¿Cuáles son las razones que me llevan a creer en Dios? ¿Cómo se puede llegar a Dios hoy? ¿Qué supone creer en Dios? ¿Cómo se puede entender la existencia del sufrimiento y del mal con la figura de Dios? Y, por último, dada la edad que tengo (posiblemente esta pregunta no me la haría con treinta años), ¿cómo preparar el encuentro con Dios?

Estas son las cuestiones y las preguntas que me he hecho sobre Dios a lo largo de este libro y sobre las que he tratado de plasmar las respuestas más ajustadas en base a mis creencias y experiencias personales, así como a los apoyos que he encontrado en teólogos y filósofos referentes de diferentes orientaciones que nos han trasladado sus visiones al respecto, y también de personas que para mí han sido un referente espiritual en mis subidas y bajadas religiosas a lo largo de mi existencia, las cuales me han aportado luz y orientación en mi caminar.

¿Valentía? ¿Osadía? Ni una cosa ni otra, simplemente un trabajo de reflexión, de profundización, llevado a cabo con honestidad y que me ha permitido poder plasmar mis ideas al respecto, así como estructurar un tema, para mí importante, que, si puede ser útil para otros, sería estupendo.

A partir de estas reflexiones, trato de integrarlas e interiorizarlas en mi vida procurando ser coherente con ellas en mi vivir, especialmente en lo referente al último capítulo de este libro, que he titulado «Preparar el encuentro con Dios».

En cualquier caso, te recomiendo amigo/a lector/a que, al igual que he hecho yo, te formules también tú las preguntas que consideres oportunas y trates de encontrar tus propias respuestas, que busques tu propio camino, y te deseo que lo encuentres. Ánimo y suerte.

PRIMERA PARTE

DIOS A TRAVÉS DE LA HISTORIA DE LA HUMANIDAD

CAPÍTULO 1
Dios en la historia de la humanidad

«El ser humano, desde el origen de los tiempos, ha buscado y necesitado a Dios».

DIOS EN LOS ORÍGENES DE LA VIDA, EN LA PREHISTORIA

Desde los orígenes de la humanidad el ser humano ha adorado a uno o a múltiples dioses. El ser humano ha buscado, y en muchos casos necesitado, la existencia de un ser superior que atendiese a sus demandas de diversa índole, tales como la comida, la lluvia, la fecundidad, la prolongación de la vida después de la muerte, etc.

Así, desde los tiempos más remotos, el primer rastro que tenemos está basado en las investigaciones efectuadas por los arqueólogos que se remontan a 400.000 años a. C. con la aparición del hombre de Neandertal, si bien existen vestigios de un *Homo erectus* de hace 500.000 años en la colina del Hueso de Dragón, próxima a Pekín, donde se encontraron hace algunos años restos que han sido interpretados como indicios de que los homínidos tenían la idea de una prolongación de la vida más allá de la muerte.

Posteriormente, en Europa occidental hay hallazgos, coincidiendo con la aparición del *Homo sapiens* en África oriental, que nos permiten asegurar que 200.000 años a. C. ya se practicaban enterramientos rituales. Se intentaba vivificar el cuerpo de los difuntos aplicándoles ocre rojo.

Más tarde, entre los 20.000 y 10.000 años a. C., fecha aproximada del final del Paleolítico superior, aparecen figuras que muestran el culto a la fecundidad, como son las Venus de Brassenpouy, Lespugue y Willendorf, así como ritos relacionados con la caza y el dominio de los animales, danzas rituales en cuevas casi inaccesibles, adornadas muchas de ellas con pinturas de animales heridos.

El sentido religioso de nuestros antepasados se acentúa en el Neolítico. El ser humano empieza a ofrecer sacrificios, a veces humanos, como intento de agradar y pedir favores a los poderes superiores. La sustitución de los sacrificios humanos por la ofrenda de animales se hace progresivamente. La complejidad de estas actividades rituales lleva a algunas personas a la especialización adquiriendo cierto carácter sagrado, como así fue el surgimiento de los brujos y de los sumos sacerdotes.

Con la llegada de la revolución agrícola, alrededor de los 10.000 a 5000 años a. C., nace la vida sedentaria y con ella brotan nuevas formas religiosas más desarrolladas y precisas.

Resulta imposible saber con exactitud qué imagen del ser supremo tenía el hombre primitivo. Por la información de la que disponemos, parece ser que estaba relacionado con la fecundidad de las personas, animales y plantas, y, por supuesto, también con la actividad de la caza y con el culto a los muertos. Para ellos, Dios era concebido como un ser, de alguna manera responsable del mundo en el que vivían. Así, se desarrolla la figura de una Diosa Madre, engendradora de vida. Con posterioridad surgieron múltiples divinidades, especialmente relacionadas con la tierra, el mar, el agua, el amor y la guerra.

Todos estos indicios y datos demuestran que, desde siempre, el ser humano ha considerado la existencia de algo superior a él, que se concreta en dioses de distintas naturalezas.

En este sentido, los dioses primitivos ponen de manifiesto y afirman la realidad de lo que para ellos era algo misterioso, insólito y extraño, y, según la zona geográfica donde estaban ubicados sus pobladores, se les da una denominación diferente. Así, los llaman Maná en Oceanía, Ka en Egipto, Gran Manitú en América, etc.

Ante esta realidad superior, la persona humana experimenta tres tipos de actitudes: asombro, miedo y admiración.

El cielo y la tierra, la noche y el día, el agua y el fuego, el sol y la luna... son elementos a través de los cuales se percibe la divinidad y a los que se les dedica un culto determinado.

Los cazadores dan un culto al sol, en relación con el Dios Padre; los pastores dan culto a la luna, y muchas mujeres adoraban a la diosa materna relacionada con la fecundidad.

Y aunque no es universal, el culto a los muertos es algo también muy extendido en la mayoría de las culturas primitivas.

Es creencia general que el animismo, o sea, la creencia que atribuye a todos los seres, objetos y fenómenos de la naturaleza un alma o principio vital, son fuerzas naturales que están animadas o habitadas por espíritus. Y estos espíritus se identifican en estatuillas u objetos fabricados por el hombre, las cuales reciben un culto y adoración denominado «fetichismo».

Tras este período en el que aparecen los primeros pobladores de la tierra, llegamos a las grandes culturas, de las que tenemos más amplia información, como son las de los mesopotámicos, los chinos, los egipcios, los mayas, los hinduistas, los griegos, los romanos, los nórdicos, los germánicos, los aztecas, los incas y los africanos; todas ellas, ricas en deidades, como veremos seguidamente.

Dolmen o sepultura de piedra.

DIOSES MESOPOTÁMICOS

La historia mesopotámica surgió en el IV milenio a. C. y hace referencia a la primera civilización que ocupó el territorio de Mesopotamia, que abarca la cuenca fluvial de los ríos Tigris y Éufrates, y se desarrolló desde la prehistoria hasta la caída del último Imperio mesopotámico. Durante esta etapa, la región mantuvo ciertos caracteres comunes que permiten definirla como una unidad histórica.

Las primeras comunidades agrícolas de Mesopotamia surgieron en el norte de la región alrededor del año 7000 a. C., donde la lluvia era lo suficientemente regular para el desarrollo de una agricultura simple. Tres complejos culturales fueron identificados por los arqueólogos a partir de la cerámica: Hassuna, Samarra y Halaf. En Sumeria, región sur de Mesopotamia, la agricultura parece haber surgido alrededor del año 5500 a. C. Los agricultores del sur fueron los primeros en emplear el método de riego a partir del río Tigris y el Éufrates. Durante este período, las nuevas técnicas de producción que se habían desarrollado en el área inicial del Neolítico se expandieron por las regiones más tardías, entre ellas, la Mesopotamia interior. Ello trajo el desarrollo de ciudades, tales como Buqras, Umm Dabaghiyah, Yarim Tappeh, y, más tardíamente, Tell es-Sawwan y Choga Mami.

En este marco, cientos de dioses reinaban sobre las ciudades de la antigua Mesopotamia, cada uno de los cuales era servido y adorado por los fieles y por los sacerdotes, que les llevaban comida, los vestían y, en ocasiones especiales, los sacaban de procesión.

La religión en la antigua Mesopotamia es la primera sobre la que se dispone registro escrito. La concepción de la vida allí era completamente religiosa y los dioses habitualmente estaban relacionados o se correspondían con los elementos de la naturaleza, el sol, la luna y la Tierra. Los dioses tenían un comportamiento humano, con sentimientos, emociones y relaciones entre sí. La continuación de la vida dependía de los dioses, que controlaban y hacían funcionar todos sus aspectos. Era muy importante, por tanto, disponer del favor de los dioses.

Esta civilización es clave para entender al resto de Occidente, pues influyó tanto en la mitología hebrea como en la griega, las cuales influyeron plenamente en el mundo occidental.

También es importante tener en cuenta que la historia de Mesopotamia es larga, por lo que durante su existencia se desarrollaron diversas culturas: desde los sumerios hasta los persas, pasando por los babilonios y los acadios.

En el aspecto religioso, la religión en la Mesopotamia antigua era politeísta, puesto que rendían culto y adoraban a una gran variedad de dioses y diosas; cada uno, asociado con aspectos específicos de la naturaleza, la vida cotidiana y la sociedad.

Los dioses de Mesopotamia tenían una apariencia antropomórfica y un comportamiento similar al de los humanos: comían, se casaban, se peleaban y tenían descendencia. La diferencia fundamental entre dioses y hombres era la inmortalidad de los primeros, aunque podían concedérsela a quien ellos quisieran. Los dioses mesopotámicos eran crueles y vengativos, inmisericordes con el hombre la mayoría de las veces. El mejor ejemplo de esto lo tenemos en el relato del diluvio (copiado posteriormente en la Biblia) que envió el dios Enlil contra los hombres para exterminarlos por ser demasiado ruidosos y no dejarlo dormir. Es decir, los hombres mesopotámicos no sentían amor por sus dioses, sino una mezcla de miedo, temor y sumisión hacia sus creadores. Y de esto no se libraban ni los reyes, que debían recurrir a los oráculos para saber si los dioses aprobaban cualquiera de sus decisiones (campañas militares, sucesión, etc.).

Las creencias y prácticas religiosas en Mesopotamia se puede decir que formaban una única corriente coherente de tradición de evidente origen sumerio. A las existentes, las fueron añadiendo y modificando poco a poco los acadios (semitas que emigraron a Mesopotamia desde el oeste a finales del IV milenio a. C.), cuyas creencias propias fueron en gran medida asimiladas e integradas con las tradiciones propias y con las de otros pueblos que vivieron o convivieron en Mesopotamia (una región que abarca el actual Irak, Kuwait, el sudeste de Turquía y el noreste de Siria), destacando los babilonios o los asirios y, más adelante, los arameos y los caldeos.

En este contexto hay que tener en cuenta que no existía en las lenguas del Próximo Oriente antiguo la palabra *religión* ni se tenía un concepto de la misma, aunque desde el comienzo de los tiempos, el ser humano ha tenido lo que hoy llamamos «vivencias religiosas», imaginando seres sobrenaturales con los que debía interactuar para fortalecer sus certidumbres y creencias. Al igual que con la mayoría de las religiones muertas, muchos aspectos de sus prácticas y complejidades doctrinales se han perdido y olvidado con el tiempo. Afortunadamente, gracias a gran parte de la información y el conocimiento procedente de una amplia variedad de fuentes que se ha podido recuperar, y al trabajo realizado por historiadores y científicos, con ayuda de especialistas en religión, se ha podido reconstruir un conocimiento académico de la historia religiosa, las costumbres y el papel que estas creencias han jugado en la vida cotidiana de los pueblos mesopotámicos de Súmer, Acad, Babilonia o Asiria durante este tiempo.

La mitología mesopotámica se desarrolló principalmente en Sumeria. Los sumerios practicaron una religión conocida como «sincretista», o sea, resultante de la amalgama de dos o más tradiciones culturales, con multitud de dioses, demonios y espíritus que representaban fuerzas naturales o presencias en el mundo, tal y como lo haría más adelante la civilización griega.

Muchas historias de la religión sumeria son el precedente y el origen de otras historias similares en religiones del Medio Oriente, como es el caso, por ejemplo, del relato bíblico de la creación del hombre y de la narrativa del diluvio universal y el arca de Noé. Los dioses sumerios poseen aspectos similares en las religiones acadias, cananeas y de otras culturas de Oriente Próximo.

Para los sumerios, el universo apareció por primera vez cuando Tiamat y Apsu, elementos acuosos, concibieron a los primeros dioses, Anshar y Kishar, de cuya descendencia provienen el resto de los dioses sumerios.

La unión de Anu (An) y Ki produjo a Enlil, el señor del viento, quien finalmente se convirtió en el líder de los dioses. Después, Enlil fue desterrado de Dilmun (el hogar de los dioses) debido a la violación de Ninlil, de la que tuvo un hijo, Sin (dios de la luna), también conocido como Nannar.

Sin y Ningal dieron a luz a Inanna (diosa del amor y de la guerra) y a Utu o Šamaš (dios del sol). Durante el destierro, Enlil engendró tres deidades del inframundo junto con Ninlil, y el más notable de ellos fue Nergal.

Nammu dio a luz al dios Enki, rey del Abzu, abismo acuático. Enki también controlaba los ME, los principios sagrados que gobernaban las cosas básicas, tales como la física, y las cosas complejas, tales como el orden y las leyes sociales.

Desarrollaron los conocidos «mitos sumerios», que eran explicaciones sencillas y de fácil comprensión destinadas a la gente sin mucho conocimiento acerca de la antigua Sumeria, y están narrados en textos acadios como el *Enuma Elish* y el *Atrahasis*. Tratan cuestiones teológicas, políticas o filosóficas, y reflejan aspiraciones e ilusiones expresadas en forma de novelas y poemas.

La característica general de los mitos es la de situar al personaje, generalmente un hombre, en su entorno habitual, pero sometido a las fuerzas de la naturaleza, la política o la economía. Estas fuerzas pesan sobre su destino, que está marcado por los dioses. Del mito se saca una reflexión, un consejo.

Los mitos sumerios pueden considerarse como parábolas y se dividen en varios temas. Los más importantes fueron los siguientes:

- Acerca de los orígenes: de la tierra, de las cosas.
- Acerca de la organización: fundación de ciudades, orden en el mundo, grupos sociales.
- Acerca del contacto de los dioses con los hombres: por ejemplo, los Siete Malvados y los Siete Sabios.
- Acerca del héroe: aparecen epopeyas, de género épico, en las que el héroe obtiene experiencia y conocimientos a partir de sus viajes.
- Acerca del más allá: por ejemplo, el mito de Inanna o el descenso a los infiernos.
- Acerca de la vida de los dioses.

DIOSES EN LA ANTIGUA CHINA

La China antigua fue una de las civilizaciones más antiguas y duraderas que se han desarrollado a lo largo de la historia del mundo. Su historia se remonta a más de 4000 años atrás, ubicada en la parte oriental del continente asiático.

Es difícil estar seguro sobre la historia antigua de China. La mayoría de los historiadores coinciden en que la civilización se originó en torno al año 2000 a. C. alrededor del río Amarillo. Lo que conocemos hoy por la antigua China fue una de las cuatro civilizaciones más antiguas que se encontraron en todo el mundo, junto con las que existieron en el Valle del Indo, en Sumeria-Mesopotamia y en Egipto. Sin embargo, China es diferente de las otras civilizaciones puesto que la misma cultura ha continuado. Las otras tres civilizaciones se han desvanecido o han sido completamente superadas. Por esta razón, son muchos los expertos que dicen que China es la civilización continua más antigua del mundo. En China, las familias poderosas que controlaban la tierra se convirtieron en líderes de gobiernos y configuraron lo que hoy conocemos como «dinastías». La historia china, desde la Antigüedad hasta hace aproximadamente 100 años, ha estado dividida por diferentes dinastías.

En la historia de la antigua China, y en relación con la mitología y dioses a los que adoraron, nos parece oportuno destacar la etapa conocida como de los Tres Augustos y Cinco Emperadores, que fueron los gobernantes mitológicos de China anteriores a la primera dinastía Xia, y se estima que vivieron entre los años 2852 al 2070 a. C.

La tradición china atribuye a estos personajes mitológicos la fundación de la civilización china y la creación de las instituciones sociales, culturales y económicas, como la familia, la agricultura y la escritura. A pesar del carácter legendario de las historias que se cuentan sobre estos personajes, que habrían vivido cientos de años y serían responsables de hechos milagrosos, es posible que en el origen de estas leyendas se encuentren personajes reales, jefes tribales del III milenio a. C. que habrían logrado victorias militares previas a la unificación de la también posiblemente mítica dinastía Xia.

Las fuentes históricas chinas coinciden en el número de tres augustos y cinco emperadores, pero las identidades de estos varían según las fuentes, existiendo versiones diversas tanto para los augustos como para los emperadores.

Según el mito, los Tres Augustos eran semidioses que utilizaban sus capacidades para ayudar a crear la humanidad e impartirle habilidades y conocimientos esenciales. Los Cinco Emperadores eran sabios ejemplares que poseían un gran carácter moral y pertenecían a una edad de oro en la que las comunicaciones entre el orden humano y el divino eran fundamentales para toda la vida, y en la que los sabios eran encarnaciones de lo divino o ayudaban a los humanos a mensajear las fuerzas divinas.

Hubo dinastías muy importantes, como fueron, además de la Xia ya mencionada, la Shang (1600-1046 a. C.) y la Zhou (1046-256 a. C.). Esta dinastía de reyes fue la última, ya que luego vinieron las dinastías imperiales. En esta época vivieron los grandes pensadores chinos de la Antigüedad, como Confucio, y se inició la literatura china clásica.

Entre las dinastías imperiales destaca la Qin (221-206 a. C.). El rey de los Qin tomó para sí el nombre de «emperador», viéndose a sí mismo como el primero de lo que esperaba que fuera una larga dinastía de emperadores. Esta dinastía es la primera de una China reunificada y mucho más grande que la gobernada por los Zhou. Hoy en día, los chinos lo llaman más frecuentemente Qin Shi Huang (Primer Emperador Qin). Con él surge, por primera vez en la historia, un Estado chino fuerte, centralizado y unificado.

El Estado Qin llevó a cabo una labor intensa de unificación de normas. Se unificaron las pesas y las medidas, así como el sistema de escritura. Se ordenó la tristemente célebre quema de libros, en la que se destruyeron escritos que no se ajustaban al modelo religioso y social del nuevo imperio. Qin Shi Huang construyó enormes palacios en Xianyang para convertir a sus antiguos enemigos en cortesanos; unificó los fragmentos de muralla construidos durante los siglos anteriores en la Gran Muralla, y también inició la construcción de su mausoleo, donde se encuentran los famosos guerreros de terracota.

A pesar del éxito militar de la unificación, las características del Estado Qin hicieron su supervivencia inviable, y este se vino abajo tras la muerte de Qin Shi Huang. Su crueldad y los numerosos trabajos que impuso al pueblo sembraron el descontento. Tras su muerte en 209 a. C., los rebeldes aprovecharon el reinado de su débil hijo Èrshì Huángdì (Emperador Segundo), para acabar con la dinastía Qin y arrasar su capital, Xianyang. En el año 206 a. C., Liu Bang, que dirigió la rebelión militar contra el ejército Qin, se proclamó emperador, fundando una nueva dinastía: los Han.

En cuanto a los dioses que adoraban y la religión que practicaban, podemos señalar que su mitología es una de las más interesantes y misteriosas de todas las que han existido en nuestra historia, siendo además una de las menos conocidas por la población occidental. Uno de los temas más interesantes de la antigua China es la gran cantidad de deidades con que contaban.

Antes de presentar y explicar los dioses chinos, nos parece oportuno hacer referencia a la religión de la China antigua, ya que en esta nación han existido muchas creencias distintas, y por ello es importante explicar brevemente a qué nos referimos con esta religión, para así poder diferenciarla de otras.

La religión china, también llamada en ocasiones como «religión tradicional Han» o «shenismo», es la religión original del pueblo chino. Recibe el nombre de «religión tradicional

Han» porque tuvo gran relevancia durante la época de los Han, siendo esta una de las dinastías más importantes de la historia de China. Aun así, realmente se pueden ver los restos de esta creencia mucho antes, llegando incluso a hace 7000 años.

La importancia de la religión tradicional china radica en que fue la religión predominante en China, ya que los datos de los que disponemos dicen que cuenta con unos 400 millones de creyentes, aunque esta religión actual varía bastante con la religión tradicional de sus orígenes, ya que con el paso de los años ha ido evolucionando y cambiando.

Es preciso señalar que los dioses de la antigua China no son iguales a ninguna de las otras culturas que conozcamos, ya que cuentan con características peculiares que desde el punto de vista occidental se nos hacen extrañas. Por ello debemos explicar brevemente cómo son estos dioses, para así poder comprenderlos mejor.

Para las creencias de la antigua China, los dioses eran energías o principios cuya tarea era relevar el camino al cielo, siendo este una deidad llamada Tian o Shangdi, el cual se dice que vive en la bóveda celeste. La importancia de esta deidad es tal que la mayor parte de los dioses chinos son personas que han logrado ser convertidos en dioses por sus logros hacia el cielo.

Los dioses en estas creencias son innumerables, ya que cada elemento en el mundo cuenta con una o varias deidades para representarlo. Estos dioses contaban con una jerarquía celeste, por lo que se puede decir que incluso dentro del colectivo de dioses se cuentan con clases sociales, no siendo todos iguales entre ellos.

Había más de doscientos dioses y diosas venerados en toda la antigua China, pero, si se contara cada deidad o espíritu, la cifra superaría los mil. Cada pueblo, aldea, ciudad, campo, granja y, a veces, incluso cada parcela de un cementerio tenía su propio Tudi Gong, un espíritu elemental de la tierra, que era reconocido y honrado.

También había espíritus conocidos como Kuei-Shen, espíritus de la naturaleza que podían habitar en un árbol, vivir junto a un arroyo o presidir un jardín. Se trataba de espíritus eternos que nunca habían sido mortales, pero otros, conocidos como Guei (o Kuei, Gui, Kui), habían sido una vez seres humanos que habían muerto y pasado al más allá. Los *guei* podían volver a atormentar a los vivos por diversas razones, y se desarrollaron rituales, hechizos y prácticas religiosas para apaciguarlos.

También había deidades que habían sido mortales y ahora vivían con los dioses, como los Baxian (Pa Hsien), los ocho inmortales de los sagrados taoístas que fueron recompensados por la diosa Reina Madre de Occidente con la inmortalidad. Se rezaba a los Baxian como a cualquier otro dios, al igual que a los antepasados que habían cruzado el puente entre la tierra de los vivos y el reino de los muertos para vivir entre los dioses y velar por los vivos.

Se creía que los dioses habían creado el mundo y a los seres humanos, y que mantenían el mundo y el universo circundante en funcionamiento. Cada deidad tenía su propia área especial de poder e influencia, y las más importantes tenían sus propios santuarios y templos, aunque también se erigían santuarios a los espíritus locales y a los hombres y mujeres nobles que se divinizaban tras la muerte.

Estas deidades vivían en palacios y castillos por encima de los seres humanos, en lugares como las montañas Kunlun, el monte Tai, la montaña de Jade y el monte Penglai, que era la isla mística del más allá en algún lugar lejano en el mar. Aunque estuvieran lejos, seguían conectadas a la vida humana a diario, vigilando y llevando la cuenta de las buenas y malas acciones de la gente. Cada una de las deidades tenía su propio papel en la vida de las personas y en el funcionamiento del mundo, desde los momentos más íntimos hasta los acontecimientos de importancia nacional, como la caída de una dinastía.

Todos los dioses, diosas y espíritus eran importantes para el pueblo de la antigua China, como demuestran los escritos antiguos y las pruebas de las excavaciones arqueológicas.

Nos parece oportuno terminar este apartado relativo a los dioses de la antigua China mostrando a los principales, que fueron los siguientes:

- **Tian**: el dios supremo de las creencias chinas, siendo considerado como una especie de representación del cielo mismo. Algunas fuentes hablan de que pudo ser el creador supremo del mundo, por encima de otros posibles creadores del mundo, como Pangu. En general, se piensa que pudo ser el causante del nacimiento del resto de deidades y, por lo tanto, el más relevante de todos ellos.
- **Yudi**: también conocido como el Emperador de Jade. Es otro de los considerados como primeros dioses del mundo, e incluso en algunas fuentes se habla de él como el rey de los dioses, siendo capaz de ordenar acciones a otras deidades. Es uno de los pocos dioses supremos con representaciones humanas, estando muy unido a la figura del emperador.
- **Doumu**: diosa celestial que se considera la esposa y madre del cielo. Se considera que ella es la Osa Mayor, y las siete estrellas que la conforman son sus hijos. La mayoría de mitos sobre ella hablan de otros de sus hijos, siendo todos ellos importantes dioses en las creencias chinas.
- **Pangu**: dios considerado el primer ser humano, el cual creó el mundo tal y como lo conocemos, siendo, por tanto, otra de las figuras relacionadas con la creación del mundo en las creencias chinas. Pangu tiene especial importancia en el taoísmo, ya que se dice que fue la deidad encargada de dividir el yin y el yang.

- **Xiwangmu:** una diosa relacionada con los chamanes, la muerte y la inmortalidad. Generalmente, se considera una deidad maligna y oscura, siendo capaz tanto de destruir como de crear, viviendo por ello en una dualidad eterna.
- **Yangwang**: en la mitología china, es la persona que maneja el inframundo, siendo por ello el dios de la muerte. Se le suele representar como un juez, ya que juzga a los muertos y al mismo tiempo controla al resto de jueces del infierno.
- **Yinyanggong**: se le considera una deidad taoísta que existe gracias a la unión del yin y el yang, siendo una personificación de estos elementos, y contando por ello con una relevancia en todos los asuntos sobre el yin y el yang.
- **Longshen**: también conocido como el dios Dragón, es una deidad china del agua y el clima. Es considerado como la deidad que se ocupa de suministrar el agua a todo el mundo, pero también se le respeta como tutor de muchos otros dioses.
- **Wendi**: dios de la cultura o, según otras fuentes, el dios que hace prosperar la cultura. Se le considera generalmente como la representación de importantes figuras culturales, siendo incluso representado por pensadores como Confucio.
- **Los Tres Patrones**: tres deidades descendidas del cielo que representan el yin y el yang. Siendo dioses del cielo, la tierra y el campesinado, fueron los encargados de enseñar a los seres humanos muchas de las actividades que usan para poder sobrevivir.
- **Los Ocho Inmortales**: un grupo de guerreros inmortales legendarios que luchan contra el mal. Cada uno de ellos porta un arma distinta para su cometido, aunque en la mayoría de casos actúan y trabajan juntos.

DIOSES EGIPCIOS

Las grandes culturas primitivas, al igual que lo hemos expuesto con la antigua China, la mesopotámica y luego veremos la maya, se caracterizaron por ser politeístas, lo mismo que en Egipto, donde encontramos a numerosas dinastías que adoraban a una multiplicidad de dioses egipcios.

Sabemos que la civilización egipcia se desarrolló durante cerca de 3200 años. Comenzó con la unificación de algunas ciudades del valle del Nilo, alrededor del año 3100 a. C., con el período Tinita, y convencionalmente se da por terminado en el año 31 a. C., cuando el Imperio romano conquistó y absorbió al Egipto ptolemaico.

El origen de los dioses egipcios se remonta a tiempos muy lejanos, más allá del esplendor de la civilización egipcia, antes de su nacimiento como Estado y de la invención de la escritura, por lo que, para ver el origen de sus dioses, debemos basarnos en testimonios no escritos.

Las deidades del antiguo Egipto representaban a las fuerzas y fenómenos naturales, y los egipcios los veneraban y calmaban a través de ofrendas y rituales diversos, de modo que estas fuerzas continuaran con el cumplimiento de sus funciones de acuerdo a la *maat* o el orden divino.

Al contrario que los dioses griegos y romanos, los dioses egipcios tenían muchas similitudes con los seres humanos; por ejemplo, podían llegar a morir, como en el caso de Osiris y del toro sagrado Apis, que, cuando moría, lo sustituían por otro toro. Así se comprende que el panteón egipcio cuente con cientos de divinidades diferentes, que van desde los dioses demiurgos capaces de crear el mundo hasta los «demonios» que sirven de acólitos a otras divinidades poderosas, pasando por los dioses más «normales», como es el caso de Thot.

Las características de los dioses y diosas que se manifestaron en Egipto varían de forma significativa, y así tenemos desde las meramente antropomorfas, como Atum o Isis, a otros que tienen aspecto animal, como el cánido Anubis o el cocodrilo Sobek; también aves, como el pájaro Benu (el fénix), o incluso insectos, como el escarabajo Khepri. En esta exposición que venimos realizando no podemos olvidarnos de algunos dioses compuestos, como Tueris, con cuerpo de hipopótamo, pechos de mamífero, cola de cocodrilo y patas de leona, o Amit, la devoradora que se comía las almas de los desgraciados que no pasaban el juicio de Osiris, formada por unos cuartos traseros de hipopótamo, una parte delantera de león y cabeza de cocodrilo.

Dios Tueris.

Tal y como podemos observar con lo expuesto con anterioridad, fueron numerosos los dioses y diosas a los que los egipcios adoraron, los cuales pueden ser clasificados por triadas o grupos, y así tenemos:

- Triada divina principal: Osiris, Isis y Horus.
- Triada sagrada de Elefantina: Jnum, Satis y Anuket.
- Triada sagrada de Menfis: Ptah, Sekmet y Nefertum.
- Triada sagrada de Tebas: Amón, Mut y Jonsu.
- Grupo de Hermópolis: Nun, Nonet, Heh, Hehet, Kek, Keket, Amón, Amonet.
- Grupo de Heliópolis: Atum, Shu y Tefnut; Nut y Geb; Osiris, Isis, Seth y Neftis.

Haciendo una selección de los mismos, entre los dioses y diosas egipcios más importantes, los que han tenido una mayor notoriedad, tenemos a los siguientes:

Papiro en el que aparecen representadas distintas deidades egipcias.

- **Amón**: llamado también el Oculto, era la divinidad más conocida, el rey de los dioses, así como la personificación de lo oculto y del poder creador. Se decía que no podía ser visto por nadie, ni por los mortales ni por los propios dioses. Se le vincula con los navegantes, siendo su protector, por lo que no era extraño ver su nombre grabado en los timones de las antiguas embarcaciones egipcias.
- **Ra**: uno de los dioses más importantes para los egipcios, al ser el que permitía alumbrar cada día. Su representación era una cabeza de halcón junto con un disco solar. Cada noche viajaba doce horas de Oriente a Occidente, por las doce regiones del Duat, habitadas por monstruos que intentaban detener la noche y hacerla eterna.
- **Thot**: dios de la escritura y los cálculos. Ra lo colocó en el cielo para iluminar la Tierra tras su retirada, por lo que se trataba de un dios lunar. Todas estas características le daban el poder de medir el tiempo y los calendarios. Fue quien permitió el nacimiento de Osiris, Seth, Horus el Viejo, Isis y Neftis en «cinco días nuevos».
- **Mut**: era considerada como la madre, el origen de todo lo existente. Siempre se la situaba entre el sol y la luna, como un tercer ojo que mostraba la perfección cósmica. Se la representaba en base a estatuillas ante las cuales se pronunciaban palabras y oraciones cuando alguien fallecía, para que no se descompusiera.
- **Isis**: la reina de las diosas, la gran diosa madre recuperadora y embalsamadora del cuerpo de Osiris. Considerada la diosa de la maternidad y del nacimiento, protectora de todas las madres y niños. Se le consideraba la institutriz del matrimonio.
- **Osiris**: hijo de Geb (dios de la tierra) y de Nut (diosa del cielo), quienes, a pesar de ser hermanos (la endogamia no

era extraña en Egipto), se casaron y tuvieron cuatro hijos: Osiris, Seth , Isis y Neftis. Osiris fue marido de Isis, y se le consideraba como un antepasado directo de la realeza. Fue uno de los más importantes del antiguo Egipto, era el dios de la resurrección. A él se encomendaban los muertos en su tránsito a una nueva vida. Osiris representaba todo lo que renace, sobre todo el Nilo, y era un símbolo de regeneración y fertilidad; por tanto, también era símbolo de la naturaleza. Los egipcios lo representaban como un humano momificado, con una corona blanca y dos plumas, con la piel verde, simbolizando la resurrección o la primavera.

- **Horus**: el dios real más antiguo, el cual tenía forma de halcón. Considerado como el señor de la montaña, por donde el sol asoma cada mañana. Cuando el culto de Osiris adquirió importancia, Horus se convirtió en hijo de Osiris. De ahí que Osiris, Isis y Horus fueran la triada más importante de dioses. En el Libro de los Muertos, Horus, bajo su forma de Haroeris, ayudaba al faraón a ascender al cielo.

- **Apis**: el dios Apis no era una estatua, sino un toro vivo que tenía el carácter de sagrado y albergaba el espíritu divino hasta su muerte, y era venerado como un dios. Cuando moría, otro toro elegido recibía el espíritu divino, de forma parecida a como ocurre en la actualidad con los lamas tibetanos. Fue venerado en Menfis, desde épocas de las primeras dinastías, como dios relacionado con la fertilidad de los rebaños, con el sol y el dios del Nilo. Su culto pasó a Alejandría en la época ptolemaica, siendo muy popular entre griegos y romanos.

- **Atón**: un aspecto interesante a conocer de las deidades egipcias lo tenemos con el dios Atón, estrechamente ligado al faraón Akhenatón, al que le pusieron el sobrenombre de Faraón Hereje. Este faraón fue un auténtico revolucionario del antiguo Egipto, conocido por su audaz reforma religiosa. Akhenatón desafió las tradiciones milenarias al introducir el culto monoteísta a Atón, rompiendo con el panteón politeísta establecido. Fue el impulsor de la primera religión monoteísta bajo el siguiente lema: un Egipto, un dios, un faraón.

Amenhotep IV, más conocido por Akhenatón (1353-1336 a.C.), eligió como esposa real a Nefertiti, y fue un faraón de la XVIII dinastía, durante el Reino Nuevo, alrededor del año 1550 a. C. hasta aproximadamente el 1070 a. C. Se le considera el primer reformador religioso de la historia de la humanidad.

Después del cuarto año del reinado hubo una ruptura con la antigua religión de Amón. Amenhotep IV adoptó su nuevo nombre propio, Akhenatón, mientras que su esposa, Nefertiti, añadió a su nombre el cartucho de Atón, transformándolo en Nefernefruatón («la más bella de Atón»), y así colocó su personalidad detrás del nuevo culto a este dios. Al mismo tiempo, se completó el traslado a la nueva ciudad gubernamental de Akhet-Atón.

Al dios Atón se le representó mediante un disco solar, cuyos rayos terminan en manos que acarician exclusivamente a la familia real, al rey y a la reina, a los que otorgaba vida y prosperidad. Atón fue el creador universal y, al contrario que los dioses del panteón egipcio, no tenía una forma humana o animal.

Por otro lado, las instituciones de los dioses tradicionales quedaron jerárquica y económicamente subordinadas al culto de Atón. El nuevo culto se centraba en la superioridad del dios Atón por encima de los demás dioses egipcios. Se trataba de una religión con una base monoteísta, dejando al resto del panteón egipcio fuera de todo culto. El propio faraón pasaría a ser el intermediario del dios, dejando de lado a los sacerdotes.

Está claro que durante su mandato forjó ideas monoteístas y universalistas, pero las fue desarrollando de una manera gradual, acercándolas a su entorno y más tarde imponiéndolas a todos sus súbditos. Estos hechos, junto con el desplazamiento de Amón como principal divinidad relacionada con la realeza, tuvo importantes consecuencias políticas y religiosas que convulsionaron la estabilidad interna del Estado. Estos y otros cambios supusieron un enfrentamiento directo con el orden religioso establecido.

El faraón era el único que podía transmitir las bendiciones del dios al pueblo, y el culto a Atón tenía obviamente rasgos monoteístas. El pueblo no podía rezar directamente al dios, sino que tenía que utilizar al faraón y a su esposa como intercesores.

Todo parece indicar que, conforme pasaban los años, Akhenatón se volvió más radical, lo que lo llevó a eliminar los nombres del dios Amón y su esposa, la diosa Mut, de todos los monumentos, pero también de otros dioses del panteón tradicional. Esta decisión significó la imposición de la religión real sobre la tradicional. De la misma manera se esculpió la figura y el nombre de Atón en los templos e incluso en las tumbas de Tebas.

A pesar del intento de eliminar el culto a otros dioses, el desarrollo de esta fe no caló más allá de las altas esferas relacionadas con el palacio. Durante las excavaciones de Amarna se han encontrado numerosos restos que prueban que la población seguía practicando la fe y el culto a la religión tradicional. Fueron halladas menciones en capillas domésticas a numerosos dioses, entre los cuales encontramos a Amón o a divinidades más populares, como Bes o Taweret.

Después del reinado de Akenatón, su sucesor, Tutankamón, comenzó a restablecer las religiones egipcias más antiguas y tradicionales; un proceso que se completó en la dinastía XIX. El atenismo solo duró unos veinte años y la adoración de Atón realmente no parece haber existido fuera de este período.

DIOSES MAYAS

La cultura maya fue una civilización mesoamericana que se desarrolló en lo que actualmente comprenden los territorios de Guatemala y México (en la península de Yucatán, Chiapas y Tabasco) principalmente, así como en Belice, y en la parte occidental de Honduras y El Salvador, abarcando más de 300.000 km^2. Se desarrolló a lo largo de más de dos milenios en numerosos aspectos socioculturales, como su escritura (uno de los pocos sistemas de escritura plenamente desarrollados del continente americano precolombino), su arte, su arquitectura, su mitología y sus notables sistemas de numeración, tanto en astronomía como en matemáticas.

En la historia de la cultura maya se distinguen tres períodos. Por un lado, el Formativo, que tuvo lugar entre el año 1500 y el 300 a. C. Por otro, el Clásico, entre el 300 a. C. y el 900 d. C. Y, por último, el Postclásico, desde el año 900 d. C. hasta la llegada de los españoles. Alcanzó su apogeo entre los siglos VI y IX d. C.

Durante el periodo Formativo, alrededor del 1500 a. C., se inició el desarrollo de la agricultura y la población se hizo sedentaria, estableciéndose en las primeras aldeas. Posteriormente se construyó la primera ciudad maya en el actual estado mexicano de Tabasco, que recibió el nombre de Aguada Fénix, la cual se ha convertido en la ciudad más antigua y grande descubierta, ya que los estudios de radiocarbono indican que fue construida en el año 1000 a. C., colocándola antes de Ceibal y Cuello.

En el período Preclásico (del 2000 a. C. al 250 d. C.) se desarrollaron las primeras sociedades complejas y se cultivaron los alimentos básicos de la dieta maya: el maíz, el frijol, la calabaza y el chile. Alrededor del 500 a. C., estas ciudades poseían una arquitectura monumental, incluyendo grandes templos con fachadas de estuco. La escritura glífica se utilizó desde el siglo III a. C. En el Preclásico tardío se desarrollaron grandes ciudades en la Cuenca del Petén, y Kaminaljuyú alcanzó prominencia en el altiplano guatemalteco. Alrededor del 250 d. C., se desarrolló un gran número de ciudades-estado vinculadas entre sí por una compleja red de comercio. En las tierras bajas mayas surgieron dos grandes poderes rivales, Tikal y Calakmul. Se puede observar también la intervención extranjera en la política dinástica maya de la ciudad de Teotihuacán del centro de México. En el siglo IX, se produjo un colapso político general en la región central maya que originó guerras internas, el abandono de las ciudades y un desplazamiento poblacional hacia el norte.

Durante el período Postclásico surgió Chichén Itzá en el norte, y se produjo la expansión del reino quiché en el altiplano de Guatemala. En el siglo XVI, el Imperio español conquistó la región mesoamericana y, tras una larga serie de campañas militares, la última ciudad maya cayó en 1697.

El poder político durante el periodo Clásico se centró en el concepto del «rey divino», que actuaba como mediador entre los mortales y el ámbito sobrenatural. La monarquía era usualmente hereditaria y patrilineal, y el poder pasaba al hijo mayor, aunque, en más de un caso, las mujeres ostentaron el poder como regentes de sus hijos menores de edad o por derecho propio. La política maya estaba dominada por un sistema de patrocinio, aunque la exacta composición política de un reino variaba de una ciudad-estado a otra. Generalmente, cada aldea tenía un líder tribal, que respondía a un señor regional (Ajaw) supeditado por un señor divino (Kuhul Ajaw), y en algunos casos, como el de Tikal, había un gobernante superior (rey de reyes) denominado Kalomté. Hacia el Clásico tardío, la aristocracia había aumentado considerablemente y se había reducido el poder exclusivo del rey divino.

La civilización maya desarrolló formas de arte sofisticadas utilizando tanto materiales perecederos como durables, incluyendo madera, jade, obsidiana, cerámica, monumentos de piedra tallada, estucos y murales finamente pintados.

En cuanto a la mitología maya, podemos señalar que, como el resto de Mesoamérica, los mayas tenían una religión politeísta y creían en un reino sobrenatural habitado por un conjunto de poderosas deidades. Estas deidades tenían que ser atendidas con ofrendas ceremoniales y prácticas rituales. En el centro de la práctica religiosa maya se encontraba el culto a los antepasados difuntos, que actuaban como intermediarios para sus descendientes vivos en el trato con los habitantes del reino sobrenatural. Los intermediarios entre los seres humanos y el reino sobrenatural eran los chamanes.

A medida que la civilización maya se desarrolló, la élite gobernante codificó los conceptos generales de la sociedad, y los convirtió en cultos religiosos que justificaron su derecho a gobernar. En el Preclásico tardío, el pináculo de este proceso fue la combinación del máximo poder político y religioso en el rey divino. Aunque es difícil de reconstruir el sistema de creencias a través de la arqueología, existen indicadores de la práctica ritual que dejan huellas físicas. Estos incluyen depósitos dedicatorios y otros depósitos rituales, santuarios, tumbas y las ofrendas funerarias correspondientes. Además, el conjunto del arte maya, la arquitectura y la escritura contribuye a la reconstrucción de las antiguas creencias mayas; estas pueden combinarse con fuentes etnográficas, incluidos los registros de las prácticas religiosas mayas elaboradas por los españoles durante la conquista.

Los mayas tenían una visión altamente estructurada del cosmos; distinguieron trece niveles en el cielo y nueve niveles en el inframundo. El mundo de los mortales ocupaba una posición entre el cielo y el inframundo. Cada nivel contaba con cuatro puntos cardinales, que se asociaban con un color diferente. Las principales deidades tenían aspectos asociados con estas direcciones y colores: el norte era blanco, el este era rojo, el sur era amarillo y el oeste era negro.

Las familias mayas enterraban a sus muertos debajo de los pisos de sus casas, junto con las ofrendas apropiadas derivadas de la posición social de la familia y, en algunos casos, con objetos (botones de jade en la boca del difunto, estatuillas a su lado, etc.), con la finalidad de acompañarlos en el más allá, donde los difuntos podrían actuar como antepasados protectores. Como los linajes mayas eran patrilineales, a menudo se destacó la adoración de un prominente ancestro masculino con un santuario en el hogar. Sin embargo, esta costumbre popular no seguía los principios de la teología sacerdotal, pues la supervivencia del alma estaba reservada oficialmente solo a una minoría de elegidos, como el rey, los héroes o las víctimas que aceptaban el sacrificio. A medida que la sociedad maya se desarrolló, y la élite se volvió más poderosa, la realeza maya erigió santuarios hogareños en las grandes pirámides, donde se encontraban las tumbas de sus antepasados.

Se consideraba que las fuerzas sobrenaturales impregnaban la vida, influyéndola en todos sus aspectos, desde las actividades cotidianas más sencillas, tales como la preparación de alimentos, hasta el comercio, la política y las actividades de la élite. Las deidades mayas regían todos los aspectos del mundo, tanto visibles como invisibles. El sacerdocio maya era un grupo cerrado, cuyos miembros provenían de la élite establecida. Hacia el Clásico temprano grabaron información ritual cada vez más compleja en sus libros glíficos, incluyendo observaciones astronómicas, ciclos calendáricos, acontecimientos históricos y mitológicos. Los sacerdotes realizaban ceremonias públicas que incluían banquetes, derramamientos de sangre, la quema de incienso, música, danza ritual y, en ciertas ocasiones, sacrificios humanos. Durante el período Clásico, el gobernante maya era también el sumo sacerdote y el conducto directo entre los mortales y los dioses. En el Postclásico, el énfasis religioso cambió, hubo un incremento en el culto de las imágenes de deidades y se desarrolló el recurso en los sacrificios humanos con mayor frecuencia.

La sangre se consideraba un potente alimento para las deidades mayas, y el sacrificio de un ser vivo era visto como una poderosa ofrenda de sangre. Por extensión, el sacrificio de una vida humana se consideraba la mayor ofrenda de sangre a los dioses, y, por lo tanto, los rituales mayas más importantes culminaron en el sacrificio humano. Por lo general, solo se sacrificaban prisioneros de guerra de alto rango. Los cautivos de rangos menores fueron utilizados como mano de obra.

Los rituales importantes, como la dedicación de grandes proyectos de construcción o la entronización de un nuevo gobernante, requerían una ofrenda humana. El sacrificio de un rey enemigo era la ofrenda más preciada, y tal sacrificio suponía que la muerte del gobernante cautivo se hiciera con una recreación ritual de la decapitación del dios del maíz por los dioses de la muerte.

En el año 738, el rey vasallo K'ak' Tiliw de Quiriguá capturó a su señor, Uaxaclajuun de Copán, y, unos días más tarde, lo decapitó ritualmente. El ritual asociado con la decapitación de un rey enemigo pudo haber tomado la forma de un juego de pelota ritual, recreando la victoria de los héroes gemelos sobre los dioses del inframundo. Existen representaciones del sacrificio por decapitación en el arte maya del periodo Clásico, y, en ocasiones, el ritual se llevó a cabo después de que la víctima fuese golpeada, torturada, quemada o destripada. El mito de los héroes gemelos, incluido en el Popol Vuh, relata que uno de los gemelos fue decapitado por sus adversarios en el juego de pelota.

Durante el período Postclásico, la extracción del corazón era la ejecución más común del sacrificio humano, una influencia de la práctica de los aztecas en el valle de México. Por lo general, este ritual se llevaba a cabo en la plaza de un templo o en la cima de una pirámide. Dependiendo del ritual específico, a veces el cadáver sería despellejado por los asistentes de los sacerdotes, con excepción de las manos y pies. El sacerdote oficiante se quitaba entonces su traje ritual para vestirse con la piel de la víctima del sacrificio y realizar una danza ritual que simbolizaba el renacimiento de la vida. Las investigaciones arqueológicas indican que el sacrificio del corazón ya se practicaba en el periodo Clásico.

En cuanto a las deidades más significativas que tuvieron, podemos señalar que el mundo maya estaba poblado por una gran variedad de ellas, entidades sobrenaturales y poderes sagrados. Los mayas tenían una tan amplia interpretación de lo que era sagrado que la identificación de deidades con diferentes funciones específicas sería incorrecta. La interpretación maya de las deidades estaba intrínsecamente ligada al calendario, la astronomía y su cosmovisión. La importancia de una deidad, sus características y sus asociaciones variaban de acuerdo con el movimiento de los cuerpos celestes. Por lo tanto, la interpretación sacerdotal de los registros astronómicos y los libros era crucial, ya que el sacerdote determinaba qué deidad necesitaba la propiciación ritual requerida, cuándo realizar las ceremonias correctas y cuál sería una ofrenda apropiada. Cada deidad tenía cuatro manifestaciones, asociadas con las direcciones cardinales, y cada una estaba vinculada con un color diferente. También tenían aspectos dicotómicos, como día-noche y vida-muerte.

En el desarrollo de la cultura maya es de destacar el Popol Vuh, una de las obras más destacadas de la literatura indígena en América, que se escribió en el alfabeto latino en la época colonial. Se considera que es la transcripción de un libro glífico escrito por un noble quiché desconocido.

El Popol Vuh narra la creación mítica del mundo, la leyenda de los héroes gemelos, y la historia postclásica del reino quiché. Las deidades mencionadas en el Popol Vuh incluyen Hun Hunahpu, el dios del maíz de los quichés, y una triada de dioses encabezados por Tohil, la deidad patrona de los quichés, incluyendo también a la diosa de la luna, Awilix, y al dios de la montaña, Jacawitz.

Al igual que otras culturas mesoamericanas, los mayas veneraron a las deidades de la serpiente emplumada. Su culto era raro durante el período Clásico, pero en el Postclásico la veneración de la serpiente emplumada se había extendido por la península de Yucatán y el altiplano de Guatemala. En Yucatán, la deidad de la serpiente emplumada era Kukulkán, entre los quichés era Q'uq'umatz. Aunque el culto a Kukulcán tuvo sus orígenes en estas antiguas tradiciones mayas, fue fuertemente influenciado por el culto a Quetzalcóatl de la zona central de México.

Los dioses más importantes para los mayas se dividen en tres bloques. En primer lugar, se encuentran los tres primeros dioses creadores, quienes realizaron el primer intento de la creación del hombre a partir del fango. Sin embargo, pronto vieron que sus esfuerzos desembocaron en el fracaso, ya que sus creaciones se destruyeron ante el poder de la lluvia. Estos fueron:

- **Kukulkán**: en lengua maya significa «serpiente emplumada». Es el dios de la fertilidad, el cual creó vida por medio del agua y enseñó a los hombres a producir fuego.
- **Tepeu**: el dios del cielo y uno de los dioses creadores que participó en los tres intentos de crear la humanidad.
- **Huracán**: en lengua maya significa «el de una sola pierna». Es el dios del viento, la tormenta y el fuego, también conocido como «corazón del cielo». Fue también uno de los trece dioses creadores que ayudaron a construir la humanidad durante el tercer intento. Además, provocó la Gran Inundación después de que los primeros hombres enfurecieran a los dioses. Supuestamente, vivió en las neblinas sobre las aguas torrenciales y repitió la palabra *tierra* hasta que la misma emergió de los océanos. Huracán se transformó en lo que actualmente se conoce como la constelación de Orión.

En la mitología maya, Tepeu y Kukulkán son referidos como los creadores, los fabricantes del hombre y del universo. Se dice que fueron tan sabios como antiguos.

Tepeu y Kukulkán llevaron a cabo una conversación en la cual decidieron que, para preservar su herencia, debían crear una raza de seres que pudieran adorarlos. Es así que Huracán realiza el proceso de creación mientras que Tepeu y Kukulkán dirigen el proceso. La Tierra es creada junto con los animales.

El hombre es creado, primero de lodo, pero este se deshace ante el efecto de la lluvia. Convocaron, entonces, a otros dioses y crearon al hombre a partir de la madera, pero este no posee alma ni tampoco memoria. Por ende, aunque podían reproducirse y hablar, son eliminados. Se dice que de esta raza descienden los simios. Finalmente, es a partir del maíz que crean al hombre. Mezclan maíz amarillo y madera para construir la piel de los humanos y con maíz rojo hacen la sangre. Estos seres eran perfectos, pero se asemejaban tanto a los dioses que estos se sintieron amenazados y decidieron enviarles niebla para contrarrestar su grandeza. Así termina el proceso de creación de los humanos.

Después de los tres dioses creadores se pueden situar a los siete segundos dioses creadores. Estos realizaron el segundo intento de crear al hombre a partir de la madera. El problema de los hombres de madera fue que no poseían alma ni memoria. Entre estos segundos dioses destacan:

- **Alom**: la diosa pobladora. Concebía a los hijos junto con Qaholom, quien los engendraba.
- **Bitol**: dios del cielo. Entre los dioses creadores, fue el que dio forma a las cosas. Participó en los dos últimos intentos de crear la humanidad.
- **Qaholom**: el dios padre que engendra los hijos.
- **Tzacol**: dios del cielo.

Finalmente, se hallan los últimos dioses creadores. Estos realizaron el tercer intento de construir la humanidad a partir de maíz y, finalmente, lograron obtener éxito donde los otros dioses habían fracasado. Entre estos destacaron:

- **Xlitan.**
- **Ajtzak.**
- **Akaime.**
- **Bitol.**
- **Chirakata-Ixminasune.**
- **Hun-Hunahpú:** dios del maíz de los quichés.
- **Ixmukané:** un personaje mitológico perteneciente a la cultura maya-quiché. Aparece en el Popol Vuh como la abuela diosa del maíz, encargada de moler este y hacer la masa que sería de la consistencia del cuerpo del hombre.

Además de estos dioses creadores estaban también otros:

- **Itzamná:** encarnaba el cosmos y era a la vez un dios solar. Itzamná también tenía el aspecto de «sol noche», el Jaguar Noche, representando el sol en su viaje por el inframundo. Hay muchas historias y mitos sobre Itzamná, ya que fue considerado un héroe cultural por los mayas. Creían que les había dado muchos descubrimientos valiosos, como el cultivo del maíz, la creación de calendarios, la escritura o el descubrimiento de la medicina maya. Se piensa que su nombre significa «casa de los lagartos». En términos más generales, Itzamná fue adorado como el dios de la sabiduría y la enseñanza. A menudo se representa como un anciano desdentado con una gran nariz.
- **Kinich Ahau:** era el dios del sol de la cultura maya, y a menudo se representaba con un jaguar, un águila o un venado; animales que simbolizan el poder. Con frecuen-

cia, los reyes mayas se identificaron con K'inich Ahau. Se dice que era un generador de luz. La representación más común de este gran dios era un anciano vestido con ropa muy lujosa, con gesto burlón y con los ojos bizcos. Kinich Ahau era idolatrado con danzas y sacrificios por tratarse de un ser de guerra en el que los mayas buscaban protección.

- **Chaac**: el dios de la lluvia, una deidad particularmente importante para cualquier cultura con una fuerte base agrícola, como lo fue la maya. Cuenta la leyenda que llevaba un hacha en la mano, con la que golpeaba las nubes para hacer llover. Otra leyenda cuenta que Chaac era el hermano del dios sol, y que juntos derrotaron a sus padres adoptivos. En esta leyenda, también se dice que Chaac traicionó a su hermano, por lo que fue castigado, y, cuando llora de arrepentimiento, el cielo se nubla. En la península de Yucatán, era considerado el protector de la agricultura, por lo que aún hoy se le ofrecen rituales para una buena cosecha. A menudo se le representa con una nariz enorme, ojos saltones y un cuerpo lleno de escamas de reptil. Esta representación se puede encontrar en diferentes sitios arqueológicos del mundo maya, como Uxmal y Chichén Itzá.
- **Ix Chel**: la diosa de la medicina y de los partos. Es conocida como la Blanca, y es una de las diosas más importantes del panteón maya. Fue la esposa de Itzamná, uno de los dioses más poderosos. Ellos tuvieron trece hijos, entre los cuales encontramos a Yum Kaax, dios del maíz, y a Ek Chuah, dios de los mercaderes, el cacao y la guerra. Cuenta una leyenda que Itzamná se enamoró de ella mientras tejía en un telar de cintura, del cual ella fue la inventora. Asimismo, este pasaje de la historia dio lugar a una de sus representaciones más famosas. Ix Chel

era venerada en un templo ubicado en la isla de Cuzamil, hoy Cozumel. Era la dama de la luna, y se pensaba que tenía control sobre los ciclos de este satélite. Como todos los dioses mayas, Ix Chel poseía otros atributos, como ser la diosa de la fertilidad, las cosechas, el amor y el embarazo. Por este motivo, las mujeres le encomendaban la protección de sus hijos.

- **Ek Chuaj**: dios del comercio y el cacao. Muchos dioses mayas tenían una naturaleza dual que reflejaba aspectos muy diferentes de la sociedad, y Ek Chuaj es, probablemente, el mejor ejemplo de ello. Aunque era el dios de los comerciantes y el cacao, también era el dios de la guerra, el caos y la destrucción. Su lado benévolo estaba representado por un hombre con un gran bastón que hacía las veces de lanza. Además, llevaba varios objetos a la espalda. Su lado guerrero siempre aparecía luchando y venciendo enemigos o, por el contrario, siendo vencido por otros dioses guerreros.
- **Los dioses de la muerte**: hay una serie de dioses mayas asociados a la muerte y al inframundo, con diferentes denominaciones. El principal fue Ah Puch, considerado como el dios de la muerte en el panteón maya, también llamado el Flatulento (Kisin) o el Señor de la Muerte (Yum Kimil). Era el soberano del más bajo de los nueve mundos subterráneos de los mayas. Su imagen se representa como un ser con las costillas expuestas y la columna vertebral con detalles en negro, que representan su descomposición.

DIOSES HINDÚES

En paralelo con los dioses egipcios tenemos a los dioses hindúes (4000 a. C.). El hinduismo es el resultado de un largo proceso de evolución que empezó hace más de cuatro mil años antes de Cristo. Sus libros sagrados, los Vedas, datan de 2000 años antes de Cristo.

A diferencia de otras religiones que tienen seguidores en una gran cantidad de países, los dioses hindúes se veneran principal y mayoritariamente en la India, donde se originaron sus leyendas en el Valle del Indo.

Una de las diferencias más interesantes con relación a otras culturas y religiones es que a los dioses hindúes se les rinde culto en la vida diaria; no son vistos como figuras abstractas, sino como parte intrínseca de las familias y de la comunidad. Veamos seguidamente cuáles son los dioses hindúes más representativos y cuál es su mitología asociada.

El gran dios del hinduismo es Brahma, el supremo creador y esencia del universo, la energía cósmica, que se simboliza como la fuente de la sabiduría y representa la inteligencia. Puede habitar tanto en los seres vivos como en los objetos inanimados.

En las imágenes, Brahma es representado con cuatro caras, que indican su gran capacidad de conocimiento, y con cuatro manos, en señal de los diversos aspectos de la personalidad humana: mente, intelecto, ego y conciencia.

Otros dioses y diosas hindúes importantes son:

- **Vishnu**: conocido como el Preservador, y también uno de los dioses hindúes estéticamente más bellos y apreciados por la comunidad hindú. Simboliza el orden, la paz y el amor universal. Su propósito es, justamente, mantener estos valores en el mundo, por eso motiva a sus fieles a ser personas compasivas y amables con sus iguales. Esta deidad suele ser representada con la piel de color azul.

Después de Brahma, Vishnu resulta ser el segundo de los dioses hindúes de la trilogía principal, junto con Shiva, que es la tercera deidad.

- **Shiva**: es la tercera deidad en la trinidad de los dioses hindúes, conocido como el Destructor. Representa el otro lado del universo con respecto a Vishnu. Uno es el principio de la vida, y el otro es el final, pero el final visto como la posibilidad de que todo surja nuevamente, en la consideración de que, para que haya vida, también debe existir la muerte. Así es como debe ser entendido Shiva en la filosofía hindú, como una energía positiva para el equilibrio del universo. También es reconocido como el dios de la danza, arte que para los hindúes posee gran significado religioso y espiritual. La serpiente alrededor de su cuello simboliza energía de vida. Tiene diecinueve reencarnaciones.
- **Lakshmi**: esposa de Vishnu, considerada como la diosa de la fortuna y la belleza. Resulta ser una de las deidades a las que más pleitesía se le rinde en los hogares y comercios de la India. La mitología hindú relata una magnífica historia de amor entre Lakshmi y Vishnu. Se dice que, cuando uno se reencarna, el otro lo hace de igual manera para permanecer juntos. A la diosa Lakshmi se la representa como una mujer hermosa de cuatro brazos que se eleva en una flor de loto, y vive donde exista laboriosidad, coraje y virtud.
- **Krishna**: otro de los dioses hinduistas que más adoran los habitantes del sur de Asia. Según la mitología hindú, se le representa como héroe, líder, maestro y amigo. Es por ello que se le llama el Morador de Corazones. Si hacemos un viaje por la India, podremos ver una gran cantidad de esculturas y obras de arte que lo presentan con forma humana, casi siempre tocando una flauta, pues es

un gran amante de la música. Se dice que Krishna está dotado de amor, y tiene el poder de destruir el dolor y los pecados.

- **Ganesha**: hijo de Shiva y su cónyuge Parvati. Ganesha se une a Krishna y Hanuman como uno de los dioses hindúes más populares en el subcontinente indio. Posee una cabeza de elefante con el cuerpo humano, y se le considera el destructor de los obstáculos y un enviado de las buenas noticias. Se relaciona con el arte y la ciencia, e incluso se dice que es el dios de la inteligencia. Una de las prácticas religiosas más frecuentes en la población hindú es rezarle a Ganesha antes de casarse, o cuando se va a realizar algún proyecto.
- **Rama**: protagonista de una de las obras más célebres de la literatura hindú, el Ramayana. Rama representa un hombre ejemplar con todas sus virtudes: coraje, bondad, devoción y piedad. Su función consiste en destruir el mal y luchar por las cosas buenas. Es el segundo avatar más importante de Vishnu y su historia tiene antecedentes en los héroes tribales indios que existieron hace miles de años. Se le considera un rey y, al mismo tiempo, un dios.
- **Hanuman**: representa el símbolo de fuerza y de la constancia. Los hindúes lo invocan en tiempos difíciles, teniendo en cuenta que representa energía y coraje. Es conocido como el Rey Mono, por su forma de simio. Hanuman también es una deidad muy popular en todo el territorio indio. En la mitología hindú su fama se origina a través de su gran lealtad al dios Rama, del cual es devoto y compañero de lucha. También es un erudito que conoce todas las gramáticas y los libros sagrados, pero, al mismo tiempo, posee una gran humildad, ya que nunca se jacta de sus conocimientos.

- **Saraswati:** las imágenes la muestran como una bella mujer que toca la cítara sobre una flor de loto. Sus ropas son modestas, dejando ver su predilección por el conocimiento y la sensibilidad. De entre todos los dioses del panteón hindú, Saraswati es la que representa la creatividad, la música y las artes, por eso es conocida como la diosa del saber. Los creyentes a menudo la invocan para mejorar su capacidad de comprensión y aprendizaje en épocas de estudio.
- **Kali:** simboliza el lado oscuro en armonía con el lado positivo. Es de naturaleza dual y se muestra más como destructora de los demonios que como un ser despiadado y hostil. En comparación con otros dioses hinduistas que poseen bondad y buenos valores, se cree que la diosa Kali nació de la ira de Shiva y, por ende, representa una fuerza destructora. Por eso también se la conoce como la madre oscura. La imagen de la diosa muestra una mujer fornida con un collar hecho de los cráneos de sus enemigos vencidos en combate. Se dice que simboliza la muerte del ego y la condición temporal del cuerpo humano.

Los hinduistas consideran que, tras la muerte, se produce una reencarnación, o sea, que el alma se separa del cuerpo, permanece algunos días en una especie de limbo, hasta que se celebra su juicio, en el que se ponen de manifiesto las acciones positivas y negativas, y de su resultado dependerá la reencarnación siguiente. Cuando, tras varias reencarnaciones, se llega a ser un alma muy elevada, cesan las mismas y se llega al mundo espiritual, donde la persona vive eternamente llena de felicidad, de conocimiento y en presencia de Dios. No cabe pues, en esta religión, la resurrección, solo la reencarnación.

Muy próximos a los hinduistas están los brahmanistas, que también creen en la reencarnación y consideran que no somos un cuerpo, sino un alma, una energía; por lo que, cuando alguien muere, lo que ocurre es que esa energía que daba vida al cuerpo se ha ido, la chispa divina se ha marchado. Por ello, piensan que, siendo parte de esa chispa divina, se ha de hacer uso de las cosas materiales, pero con desapego, pues realmente no poseemos nada. Sostienen que, si somos un alma que tiene un cuerpo, es comprensible la creencia en la reencarnación. Al mismo tiempo, creen que el alma, cuando llega el momento, deja el cuerpo y se va a otro cuerpo en otro lugar. Eso sí, siempre se reencarna en un cuerpo de ser humano.

Dioses hindúes.

DIOSES GRIEGOS

Y de los dioses mesopotámicos, mayas, chinos, egipcios e hindúes pasamos a otro de los colectivos de deidades más importantes e interesantes, y que han tenido una mayor relevancia en la historia de la humanidad. Nos referimos a los dioses griegos que fueron adorados en el período que va del 1200 al 146 a. C., cuando Grecia fue conquistada por los romanos tras la batalla de Corinto.

En este período se desarrolló la cultura seminal que fue la base de la civilización occidental. La cultura griega tuvo una influencia notable sobre el Imperio romano, que la difundió a través de sus conquistas en Europa, norte de África y Oriente Próximo. La civilización de los antiguos griegos ha sido enormemente influyente para la lengua, la política, los sistemas educativos, la filosofía, la ciencia y las artes, dando origen a la corriente renacentista de los siglos XV y XVI en el continente europeo, y resurgiendo también durante los movimientos neoclásicos de los siglos XVIII y XIX en Europa y América.

Los primeros griegos se organizaron en clanes familiares. Con el tiempo, los clanes se aliaron y formaron comunidades, aunque estaban separadas entre sí debido al relieve montañoso de la región. Esto favoreció que se convirtieran en territorios independientes con gobierno y ejército propios. En griego antiguo esas poblaciones eran llamadas «polis». Pese a compartir esencialmente el mismo espacio geográfico, lengua y cultura, la organización política de las polis era muy diversa, incluyendo un amplio abanico de sistemas de gobierno, que abarcaba desde la tiranía hasta la democracia.

Respecto a las deidades que los griegos tuvieron, un paso relevante en su evolución se inició cuando estos otorgaron a sus dioses figuras humanas a través de las cuales personificaban diversas fuerzas del universo. Los dioses griegos se caracterizaban por ser impredecibles, o sea, lo mismo mostraban una gran fortaleza como debilidad, motivo por el que en ocasiones su sentido de la justicia era estricto, mientras que en otros momentos destacaban por su hostilidad y su falta de piedad.

A diferencia de las religiones abrahámicas, como el cristianismo, la religión en la antigua Grecia, así como también en la antigua Roma, no era doctrinal y no se ocupaba de los comportamientos de las personas con sus semejantes, algo que era más bien materia de la filosofía y, en concreto, de la ética.

Los antiguos griegos sentían la necesidad de estar en paz con sus dioses. Por ello realizaban ofrendas y sacrificios, y también les pedían favores, ya que les atribuían las causas de sus desgracias y de su buena fortuna.

Según Heródoto, fueron Homero y Hesíodo quienes asignaron los nombres a los dioses griegos y, en simultáneo, fijaron a cada uno de ellos su cometido o quehacer, al tiempo que les dieron atributos y forma.

Ahora bien, no está de más destacar que, más allá de la fuente desde la que se obtiene la información para hacer tal clasificación, el trabajo de Homero es importante porque en sus escritos se recoge un sinfín de anotaciones sobre la tradición oral griega, que, por supuesto, se remontaba varias generaciones hacia atrás, pese a que estos autores centran sus datos entre los años 850 y 750 a. C.

Tal y como se documenta en las fuentes, los escritos de Homero y la *Teogonía* de Hesíodo (siglo VII-VIII a. C.), los doce olímpicos ganaron su supremacía en la Tierra después de que Zeus, junto con sus hermanos Poseidón y Hades, y sus hijos (que completan el resto del panteón) lograran la victoria en la guerra contra los Titanes.

La primera referencia antigua de sus ceremonias religiosas se encuentra en el *Himno homérico a Hermes*. El culto griego de los doce olímpicos se remonta al siglo VI a. C. en Atenas y probablemente no tiene precedentes en la época micénica. El altar de los doce olímpicos en Atenas se fecha generalmente en el arcontado de Pisístrato el Joven, en 522/521 a. C.

Los dioses griegos principales, tal y como hemos señalado, eran doce, también llamados dioses olímpicos, debido a que conformaban el Olimpo. Concretamente eran Zeus, Hera, Poseidón, Afrodita, Ares, Atenea, Hermes, Apolo, Artemisa, Hefesto, Deméter y Hestia. Otros dioses importantes, aunque de un nivel inferior, fueron Dioniso, Hades, Perséfone, Hebe, Asclepio, Eros, Pan y Heracles.

Los dioses griegos vivían en el monte Olimpo y eran, por decirlo de algún modo, la élite de las divinidades. Allí organizaban fiestas, se reunían en consejos y eran atendidos por otras divinidades de menor nivel. Adoptaban figuras y rasgos humanos, al tiempo que personificaban las fuerzas de la naturaleza.

Como las personas, mostraban debilidades y carencias. A la vez, tenían virtudes y superpoderes diferenciados, por lo que eran capaces de alterar la realidad a su antojo.

Dioses griegos.

Además, no eran infrecuentes las discusiones, los enfrentamientos y las luchas entre ellos, a menudo ocasionadas por sus preferencias o rechazos a determinadas personas. Incluso se enamoraban o se encaprichaban de los humanos y, en ocasiones, tenían hijos mitad dioses y mitad humanos: los héroes.

De hecho, no solo los dioses adquirían el protagonismo en la mitología griega. Monstruos, semidioses y otras criaturas también tenían cabida en ella.

En todo caso, los dioses de la Grecia antigua interactuaban con los humanos y tomaban partido en sus conflictos y guerras. No solo apoyaban a sus favoritos, también actuaban contra sus enemigos.

Los principales dioses griegos fueron:

- **Zeus**: dios supremo, el rey de los dioses que supervisa el universo. Era el principal y el más grande de los dioses griegos; considerado el padre de los dioses y de los hombres. Gobernaba el cielo y a los dioses del monte Olimpo como un padre de familia, de forma que incluso los que no eran sus hijos naturales se dirigen a él como tal. Manejaba su arma más terrible, el rayo, y era el garante de que se cumpliesen las leyes y el destino. Hijo de Cronos y Rea, era el más joven de sus descendientes. En la mayoría de las tradiciones aparece casado con su hermana Hera y fue el padre de Hércules, uno de los personajes más conocidos en la cultura popular griega. Entre sus símbolos y atributos más relevantes se encuentran el cetro y la corona (como símbolos de su poder), así como el rayo, el águila, el roble y el toro.
- **Hera**: diosa del matrimonio y de la familia. Reina de los dioses y mujer de Zeus, de la que es también hermana. Es representada con la corona, el pavo real, la granada y la vaca.

- **Poseidón**: dios de los mares, de las aguas, de los terremotos y de los caballos. Es hermano de Zeus y Hades. Su símbolo más reconocible es el tridente, así como el caballo, el toro y el delfín.
- **Ares**: hijo de Zeus y Hera. Dios de la guerra y de la violencia, que fue despreciado por el resto de los dioses olímpicos. Entre sus símbolos, se encuentran el jabalí, la serpiente, el perro, el buitre, la lanza y el escudo.
- **Hermes**: dios del comercio y la retórica. Era el mensajero de los dioses y se le representa con unas sandalias, un casco alado y un caduceo.
- **Hefesto**: dios del fuego, la forja y los metales. Era el herrero y el artesano de los dioses. Es simbolizado con una forja, un yunque, el fuego, un martillo, un burro, las tenazas y el hacha.
- **Afrodita**: diosa del amor, la belleza y el deseo. De ella proviene la palabra *afrodisíaco*. Es representada con la paloma, el pájaro, la manzana, la abeja, el cisne, el mirto y la rosa.
- **Atenea**: diosa de la sabiduría, la artesanía, la defensa y la guerra estratégica. Es hija de Zeus, y se representa con la lechuza y el olivo. Fue una de las principales divinidades del panteón griego y forma parte de los doce dioses olímpicos. Atenea recibió culto en la antigua Grecia y en toda su área de influencia, desde las colonias griegas de Asia Menor hasta las de la península ibérica y el norte de África. Su presencia está atestiguada hasta en las proximidades de la India. Por ello su culto tomó muchas formas, e incluso tuvo una extensión considerable, hasta el punto de que su figura fue sincretizada con otras divinidades en las regiones aledañas al Mediterráneo. En la mitología romana se la adoraba con el nombre de Minerva.

- **Apolo**: dios de la luz y del sol, del conocimiento, la música, la poesía, la profecía y la medicina. Es simbolizado con el sol, la lira, el cuervo, el cisne y el ratón, y descrito como el dios de las artes, del arco y la flecha, la curación y las plagas que amenazaba o protegía desde lo alto de los cielos, siendo identificado con la luz de la verdad. Era temido por los otros dioses, y solamente su padre y su madre podían contenerlo. Es el dios de la muerte súbita, de las plagas y enfermedades, pero también el dios de la curación y de la protección contra las fuerzas malignas. Además, es el dios de la belleza, de la perfección, de la armonía, del equilibrio y de la razón, el iniciador de los jóvenes en el mundo de los adultos. Estaba conectado a la naturaleza, a las hierbas y a los rebaños, y es protector de los pastores, marineros y arqueros.
- **Artemisa**: diosa de la naturaleza, de la caza, la virginidad, el tiro con arco y de todos los animales. El arco y la flecha, la serpiente, el ciervo y la luna son los símbolos más representativos de esta divinidad.
- **Deméter**: diosa de la agricultura, la fertilidad, la naturaleza y las estaciones del año. Era implorada para que hubiera buenas cosechas, y sus símbolos son la amapola, el trigo, la antorcha y el cerdo. Se la venera como la portadora de las estaciones en un himno homérico.
- **Hestia**: diosa del hogar y de la familia. Según la antigua tradición griega, Hestia, junto con cuatro de sus cinco hermanos, fue devorada por su propio padre, Cronos, cuando era un bebé, debido a su miedo a ser derrocado por uno de sus vástagos, y solo fue liberada cuando Zeus, su hermano menor, obligó a su padre a vomitar a los niños que se había comido. Cronos y el resto de los Titanes fueron expulsados, y Hestia se convirtió entonces en uno de los dioses olímpicos. Tras el establecimiento del

nuevo orden, y a pesar de su estatus, Hestia se retira del protagonismo en la mitología, con escasas y parcas apariciones en los relatos. Al igual que Atenea y Artemisa, Hestia optó por no casarse nunca y permanecer como una eterna diosa virgen, cuidando siempre del hogar del Olimpo. Nunca iba a la guerra.

Y junto con los dioses principales, los llamados Olímpicos, estaban las deidades con un prestigio o poder menor. En la mayoría de los casos, eran relegados como lacayos de sus familiares, aunque también, según sea el caso, merecían una cierta atención, ya que en buena medida fue gracias a ellos y a sus acciones como se consiguieron desencadenar varios hechos que terminaron por ser relevantes para la mitología griega en general. Había una veintena de ellos, y entre los más significativos podemos señalar a Eros, Helios, Morfeo, Perseo, Tánatos, Momo, Hades y Dioniso.

Dibujo de la escultura del dios griego Zeus en su templo, en Atenas, tal y como debió ser durante la época clásica.

DIOSES ROMANOS

Y de los dioses griegos pasamos a los dioses romanos con los que estaban estrechamente relacionados.

Es evidente que los dioses griegos influyeron de manera especial sobre la sociedad romana, de forma que los adoptaron prácticamente como propios cambiándoles el nombre.

Una de las principales características de la religión romana fue el gran número de divinidades adoradas y la reverencia paralela de las deidades romanas con las deidades locales. La política de conquista romana consistió en la asimilación de divinidades y cultos de los pueblos conquistados, y no en su erradicación. Roma promovió la estabilidad entre diferentes pueblos apoyando diferentes herencias religiosas, construyendo templos para deidades locales que enmarcaban las prácticas indígenas en la jerarquía de la religión romana.

Respecto a los dioses romanos, su origen exacto se remonta a los pueblos primitivos que fueron hacia la región de Roma, alrededor del año 753 a. C., en principio con pocos dioses, y al igual que los griegos eran politeístas. Los primitivos romanos tenían una serie de dioses orientados a mejorar los cultivos o para propiciar la lluvia.

En Roma, hasta la caída del Imperio romano en el 476 d. C., se adoraron a múltiples dioses. Muchos de ellos eran propios de la mitología romana, pero también hubo muchos incorporados de otras mitologías.

Los romanos desarrollaron un sistema muy elaborado de templos, ritos y sacerdotes, al mismo tiempo que sostenían la intervención divina en la fundación de Roma. La primitiva religión romana se fue modificando y ampliando conforme se conquistaban territorios. Los dioses locales conquistados eran frecuentemente adoptados como propios e incluso intentaban que se trasladasen a Roma.

Como sabemos, el Imperio romano se desarrolló en los años 27 a C. y 395 d. C. en lo que conocemos como «Imperio unificado», y, tras la ruptura con Oriente, en Occidente los romanos ejercieron su dominio entre los años 395-476 d. C.

Los dos primeros siglos del Imperio vieron un período de estabilidad y prosperidad sin precedentes, conocido como la *Pax Romana.* Sin embargo, el sistema construido por Augusto colapsó durante la crisis del siglo III, un prolongado periodo de guerras civiles que dio inicio al periodo denominado como el Dominado, durante el cual el gobierno adquirió un carácter despótico y más afín a una monarquía absoluta. En el año 286, en un esfuerzo por estabilizar al Imperio, Diocleciano dividió la administración en un Oriente griego y un Occidente latino. Para este punto, Roma ya había dejado de ser la capital del Imperio. El Imperio se volvió a unir y a separar en diversas ocasiones hasta que, a la muerte de Teodosio I en el 395, quedó definitivamente dividido en dos.

Los cristianos ascendieron a posiciones de poder tras el Edicto de Milán promulgado por Constantino I, el primer emperador en bautizarse como cristiano, en 313. Tiempo después, inició el período de las grandes migraciones, el cual precipitó el declive del Imperio en Occidente. Con la caída de Rávena ante Flavio Odoacro y la deposición del usurpador Rómulo Augústulo en el 476, se señala tradicionalmente el fin de la Edad Antigua y el comienzo de la Edad Media, aun cuando toma cada vez más relevancia la consideración de la Antigüedad tardía como una época de transición entre ambos periodos.

El legado de Roma fue inmenso, especialmente en Europa occidental; tanto es así que varios fueron los intentos de restauración del Imperio, al menos en su denominación. Destacan las campañas de reconquista del emperador Justiniano el Grande en el siglo VI y el establecimiento del Imperio carolingio por Carlomagno en el año 800, el cual evolucionaría en el Sacro Imperio Romano Germánico. Sin embargo, ninguno llegó a reunificar todos los territorios del Mediterráneo como una vez logró la Roma de tiempos clásicos. Según ciertas periodizaciones, la caída del Imperio occidental y oriental marca el inicio y el fin de la Edad Media.

La religión en la Roma antigua engloba no solo las prácticas y creencias que los romanos veían como suyas, sino también los diversos cultos importados para Roma y los cultos practicados en las provincias. Los romanos se veían a sí mismos como profundamente religiosos, atribuyendo su prosperidad económica y militar a la buena relación con los dioses. No existía la separación Iglesia-Estado, por lo que los puestos religiosos en el Estado eran llenados por las mismas personas que ocupaban lugares en la administración pública. Durante el periodo imperial, el pontífice máximo era el propio emperador.

Júpiter y Tetis.

La religión romana tenía como principios el conocimiento y la práctica correcta de la oración, de los rituales y del sacrificio, y no la de la fe o el dogma. Para el ciudadano común, la religión era parte de lo cotidiano. La mayoría de las residencias poseían un altar doméstico en el cual se realizaba la oración y la libación. Las ciudades eran decoradas por altares de barrio y locales considerados sagrados, como manantiales de agua y cuevas, y era común que la gente hiciera un voto u ofreciera alguna fruta cuando pasaban por un lugar de culto. El calendario romano era organizado en función de las conmemoraciones religiosas. Durante el periodo imperial, había 135 días del año dedicados a las festividades religiosas y a los juegos.

Como hemos señalado, los dioses romanos siguieron la estela de los dioses griegos, manteniendo el número doce como los dioses principales, así como sus características más significativas. Lo que sí hicieron fue cambiarles de nombre, y así tenemos:

- **Júpiter**: equivalente a Zeus en Grecia. Era el principal dios romano, siendo su máximo protector y de quien emanaba el poder. Dios supremo que gobernaba el cielo y el Olimpo. Era hijo de Saturno, a quien destronó, y de Ops. Se suele representar con un cetro, un rayo o un águila. El principal templo dedicado a Júpiter fue construido en la colina Capitolina, conocido como el templo de Júpiter Óptimo Máximo, que data aproximadamente del año 509 a. C.
- **Neptuno**: equivalente a Poseidón en Grecia. Era el dios de los mares y de las aguas, y fue siempre caracterizado con sus caballos y su tridente. Era el hijo mayor de Saturno y Ops, capaz de provocar tormentas, tempestades y terremotos. Todos los seres vivos acuáticos le debían pleitesía.
- **Plutón**: equivalente a Hades en Grecia. Era el dios del inframundo, de los infiernos y los muertos. Por este

motivo era especialmente temido y respetado, pues todo ser vivo terminaba en sus dominios para siempre. Nunca nadie se reveló contra él. Era hijo de Saturno y Ops.

- **Febo**: equivalente a Apolo en Grecia. Era el dios del sol, de la música y de la medicina. Hijo de Júpiter y hermano de Diana, fue uno de los más venerados dioses en Roma. Impulsivo, solo su padre era capaz de detenerlo. Se le representaba como un hombre fuerte, joven y desnudo que podía portar un carcaj con flechas o una lira. Fue famoso su oráculo en Delfos.
- **Vulcano**: equivalente a Hefesto en Grecia. Era el dios del fuego, de los metales y el creador de las armas de los dioses y héroes. Se casó con Venus, pero esta le fue infiel con Marte. Se le suele representar como un hombre mayor, fuerte, cojo y de aspecto desagradable.
- **Marte**: equivalente a Ares en Grecia. Era el dios de la guerra, que protegía de los enemigos y conducía al ejército hacia la victoria. Hijo de Júpiter y Juno. Era representado como un guerrero con armadura, casco y una lanza en la mano. Se le consideraba padre de Rómulo y, por tanto, también de todos los romanos.
- **Baco**: equivalente a Dioniso en Grecia. Era el dios del vino, de la fiesta y del teatro. Hijo del dios Júpiter y la humana Semele. Se le suele representar alzando una copa de vino o portando un racimo de uvas. Su origen no está claro, y los propios romanos lo consideraban proveniente de un lejano país.
- **Juno**: equivalente a Hera en Grecia. Mujer de Júpiter. La reina de los dioses. Formó parte de la Tríada Capitolina. Junto con Júpiter encabezó el panteón romano. Era la madre de Marte, Vulcano y Lucina. Fue la diosa

romana de la maternidad y las mujeres le encomendaban su protección.

- **Minerva**: equivalente a Atenea en Grecia. Diosa de las artes, de la sabiduría y de la guerra. Protectora de Roma. Era hija de Júpiter y se le suele representar con casco, lanza y escudo.
- **Venus**: equivalente a Afrodita en Grecia. Diosa del amor, de la fertilidad y de la belleza femenina. Se la representa frecuentemente con la «manzana de la discordia». Su culto fue muy extenso y fundamental en las festividades romanas.
- **Diana**: equivalente a Artemisa en Grecia. Diosa de la naturaleza, los animales y de la caza. Armada con un arco. También se la consideró la diosa de la Luna. Era considerada hija de Júpiter y Latona, así como hermana melliza de Febo. Permaneció siempre joven y virgen, concesión que le fue efectuada por su padre. Es por ello que se la consideraba representante de la castidad.
- **Mercurio**: equivalente a Hermes en Grecia. Era el dios mensajero y protector de los comerciantes y viajeros, pastores y rebaños. Su culto es una influencia de la mitología griega. Era hijo de Júpiter y de Maia Maiestas.
- **Ceres**: equivalente a Deméter en Grecia. Diosa de la agricultura, las cosechas y la fecundidad. Enseñó a los humanos el arte de cultivar la tierra, de sembrar, recoger el trigo y elaborar pan, lo que hizo que fuese considerada diosa de la agricultura. Su hermano Júpiter, prendado de su belleza, engendró con ella a Proserpina. También Neptuno se enamoró de ella, y, para escapar de este, Ceres se transformó en yegua, pero el dios se dio cuenta y se transformó, a su vez, en caballo, siendo así Ceres madre del caballo Arión.

Entre diversos dioses, en el centro, Venus y Cupido (abrazado a ella).

DIOSES NÓRDICOS Y GERMÁNICOS

Y tras los dioses romanos, dando un salto en la historia, pasamos a los dioses nórdicos y germánicos. Las leyendas y mitos escandinavos sobre los antiguos dioses y héroes de su cultura, y de la creación y destrucción del universo, se desarrollaron fuera de la original mitología común a los pueblos germánicos y constituyen la primera fuente de conocimiento sobre su antigua mitología. Es de interés conocer que la mitología escandinava fue transmitida y alterada por los historiadores cristianos medievales, por lo que las creencias, actitudes y prácticas religiosas originales no pueden definirse con certeza. La mitología escandinava se desarrolló lentamente, y la relativa importancia que adquirieron los diferentes dioses y héroes varió según las épocas y los lugares.

Determinar el origen de la mitología nórdica no es fácil, ya que fue una transmisión oral de mitos y leyendas que fue pasando de generación en generación; sin embargo, los investigadores especializados en tal mitología, con algunas especulaciones al respecto, asignaron fechas y la situaron entre los siglos VII y IX.

Podemos decir que su origen proviene de la isla sagrada del norte, la misteriosa Thulé, situada en lo que hoy se conoce como círculo polar ártico, donde habitó la raza hiperbórea. Desde entonces, la sabiduría oculta de esos dioses fue transmitiéndose a través de mitos y leyendas hasta llegar a la época actual.

El material existente en la actualidad de la mitología nórdica se encuentra sobre todo en Islandia, ya que en el siglo X los islandeses (escandinavos) se habían trasladado allí.

Las fuentes de la mitología nórdica se basan principalmente en la Edda mayor y la Edda menor.

La Edda mayor, la más antigua, es una colección de poemas anónimos. El idioma es el islandés y data del año 1000, o incluso antes. Los poemas se dividen en dos grupos: poemas míticos que hablan sobre la creación y el fin del mundo, y los poemas heroicos que hablan principalmente sobre Odín y Thor.

La Edda menor es también llamada la Edda de Snorre Sturluson, quien la escribió alrededor del año 1220. Esta Edda es un manual de poesía para los escaldos y consta de tres partes:

1. Gylfaginning, que es una descripción de la mitología, es decir, el mito de la creación del mundo, de los dioses y de sus vidas. El propósito de contar los mitos era dar a los escaldos la base de su poesía.
2. Skáldskaparmál, una presentación sistemática del lenguaje de los escaldos, que contiene asimismo muchas citas de poemas de escaldos, algunos nominados y otros anónimos.
3. Hattal, que significa «registro de metros». Consta de un poema de 102 estrofas, cada una con su propia peculiaridad métrica o lingüística, mostrando así las reglas del lenguaje poético.

Entre los dioses nórdicos destaca el culto a **Odín**, soberano de los dioses. Odín, el dios de la guerra, se asociaba también con el conocimiento, la sabiduría, la poesía y la magia. La mayor parte de la información sobre la mitología escandinava se conserva en la antigua literatura de los países de esta área geográfica, en los Eddas y sagas posteriores. Se han conservado fragmentos de leyendas en antiguas inscripciones y en el folclore posterior. Los relatos anteriores y coetáneos a los conservados por los Eddas se transmitían oralmente y en su mayoría se han perdido.

Dios Odín.

Junto a Odín, las divinidades nórdicas más importantes de la mitología escandinava fueron su mujer, **Frigg**, diosa del hogar; **Thor**, dios del trueno, quien protegía a los seres humanos y a los demás dioses de los gigantes y era especialmente popular entre los campesinos escandinavos; **Frey**, diosa de la prosperidad, y **Freya**, hermana de Frey, diosa de la fertilidad.

Dioses menores fueron **Baldo**, **Hermod**, **Tyr**, **Bragi** y **Forseti**; **Idun**, **Nanna** y **Sif** se encontraban entre las diosas. El principio del mal entre los dioses estaba representado por el embaucador **Loki**. No parece que muchas de estas divinidades hayan tenido funciones especiales; simplemente aparecen como personajes en las narraciones legendarias. Se creía que muchos héroes mitológicos antiguos, algunos de los cuales parecen haberse derivado de personas reales, eran descendientes de los dioses; entre ellos estaban **Sigurd** (el exterminador de dragones), **Helgi** (el nacido tres veces), **Harald** (el devorador de la guerra), **Hadding**, **Starkad** y las **valquirias**. Las valquirias eran un grupo de muchachas guerreras, y las más conocidas fueron Svava y Brunilda, que servían a Odín como seleccionadoras de guerreros muertos, los cuales se convertían en moradores del Valhala.

DIOSES AZTECAS E INCAS

Y de los dioses escandinavos pasamos a los dioses aztecas e incas.

Imperio azteca

El Imperio azteca tuvo su origen en el siglo VIII en la zona central de la llamada Mesoamérica, en el centro del valle de México, si bien se configuró oficialmente en el año 1325. Expandieron su control a lo largo de México hacia las ciudades que hoy conocemos como Veracruz, Puebla, Oaxaca, Guerrero, e incluso parte de Guatemala. Sin embargo, fue oficialmente el 13 de agosto de 1521, con la caída de Tenochtitlán, cuando los conquistadores españoles dieron definitivamente por terminado su reinado.

Los aztecas eran politeístas, los sacrificios formaban parte de su religión y celebraban el día de los muertos.

Entre los aztecas, el Templo Mayor fue el centro neurálgico de vida religiosa y política. Aquí tenían lugar las fiestas que el calendario azteca marcaba, y también los funerales de los grandes gobernantes. Podemos encontrar sus restos en la ciudad de México.

En cuanto a la mitología azteca, existía un culto dominante a Adonaipolotchil sobre los demás dioses aztecas, conocido como el dios del sol y de la guerra. Los aztecas se consideraban como el pueblo elegido por el sol, encargados de garantizar su recorrido por el cielo, alimentándolo. Este sentimiento fue reforzado por la reforma social y religiosa de Tlacaélel bajo el reino de los emperadores Itzcóatl, Moctezuma I y Axayácatl a mitad del siglo XV.

El mito de la creación del mundo por parte de los aztecas expande esta idea de la existencia de dioses. Las religiones prehispánicas se formaron a través de una lenta evolución y asimilación de los dioses prehispánicos, no tanto como seres de poder ilimitado, sino muchas veces como encarnaciones de las fuerzas de la naturaleza con personalidad humana.

Los sabios aztecas trataron de poner un poco de orden a esta multitud de dioses, y así tenemos, en primer lugar, al igual que sucedió muchos años antes con los mayas, a los dioses creadores, o *ipalnemowani*, palabra nahua que significa «aquel por quien se vive» y, dado que en náhuatl no existía el plural más que para sustantivos animados, se ha especulado mucho sobre una posible tendencia monoteísta de los aztecas. Aunque esta interpretación puede estar originada por la influencia monoteísta occidental al no valorar la importancia en la cultura náhuatl del concepto de «dualidad creadora».

Los dioses creadores eran, en primer lugar, **Ometéotl**, el principio de la dualidad creadora que, a su vez, engendraba en sí mismo como origen y efecto a **Ometecuhtli**, elemento masculino de origen, y **Omecihuatl**, elemento femenino de origen. A partir de ellos surgían cuatro elementos rectores principales: **Tezcatlipoca** (señor del espejo negro) y **Quetzalcóatl** (serpiente emplumada), creadores del mundo; **Tláloc** (señor del agua) y **Ehécatl** (señor del viento), proveedores de la lluvia y de la vida.

Después estarían los dioses patronos, que eran los encargados de vigilar a cada pueblo. Según una antigua leyenda, cuando los grupos nahuas salieron de Aztlán, cada uno de ellos llevaba consigo su «bulto sagrado», que contenía las reliquias de su dios patrono. **Huitzilopochtli** era el dios patrono de los mexicas, pero ellos también respetaban los dioses de los otros pueblos. Junto al Templo Mayor, construyeron un templo especial para los dioses patronos de todos los pueblos conquistados, de manera análoga al Panteón de los romanos.

Existían asimismo dioses dedicados a cada profesión y aspecto de la vida. **Xipe Tótec**, dios del reverdecimiento, fue adoptado como el dios de los plateros; **Nanahuatzin,** de las enfermedades de la piel y la humildad; **Tlazoltéotl,** diosa del amor físico y de las prostitutas. También existían algunos dioses de origen familiar, pero se sabe poco de ellos. La mayoría de estos dioses son anteriores a los aztecas y son compartidos por los demás pueblos nahua, u otros de las cercanías.

Los aztecas tenían la creencia de que habían existido otros mundos antes del suyo. Según ellos, hubo cuatro mundos antes, o soles, como ellos los llamaban; cada uno regido por un dios específico, una raza humana única y devastada por un fenómeno natural diferente. Cada uno de estos soles estaba ligado con los elementos básicos: tierra, agua, aire y fuego. Cada uno de estos estaba relacionado no solo con la naturaleza y su composición, sino también con su destrucción.

Hay varias versiones de este mito, ya que la información no es completa y el orden suele cambiar. La versión que vamos a exponer está basada en la historia puesta de manifiesto por los mexicanos a través de sus pinturas, donde siguen un orden determinado a través de cinco soles:

1. **Primer sol: Tezcatlipoca.** Fue el primer sol en alumbrar el mundo, y los otros dioses crearon a los gigantes, hombres muy fuertes, que comían bellotas de encinas. Tezcatlipoca fue el sol durante 676 años. Cuando Tezcatlipoca dejó de ser sol, todos los gigantes fueron comidos por jaguares y no quedó ninguno. Tezcatlipoca dejó de ser sol porque Quetzalcóatl lo golpeó con un gran bastón y lo tiró al agua, de donde salió convertido en jaguar a comer a los gigantes. Este mundo desapareció por temblores y el hombre fue devorado por jaguares.
2. **Segundo sol: Quetzalcóatl.** Fue el sol de la segunda edad, habitada por hombres mono, que se alimentaban de piñones. Quetzalcóatl fue el sol durante 675 años, hasta que Tezcatlipoca lo derribó y levantó un fuerte viento que se llevó a Quetzalcóatl y los hombres mono.
3. **Tercer sol: Tlálocatecutli.** Conocido como Tláloc, «el que hace brotar», dios de la lluvia y del rayo, fue el sol que duró 364 años. Durante esta edad, los hombres mono comían *acicintli*, lo que hoy conocemos como *teocintle*, simiente como de trigo que nace en el agua. Pero Quetzalcóatl hizo llover fuego del cielo, quitó a Tláloc y fue sustituido por su mujer, Chalchiuhtlicue.
4. **Cuarto sol: Chalchiuhtlicue.** Duró 312 años alumbrando a los hombres pez, que en ese tiempo comían *cincocopi*, simiente como maíz. El último año que fue sol,

Chalchiuhtlicue llovió de tal manera que se cayeron los cielos y los hombres pez fueron llevados por las aguas y se convirtieron en todos los géneros de peces que hay.

5. **Quinto sol: Tonatiuh.** La creación del hombre. Los dioses decidieron que, ya que había un nuevo mundo, era necesaria la recreación del hombre para poblar la Tierra. Según el mito, Quetzalcóatl debía ir al inframundo a recuperar los huesos humanos de la última era, es decir, la raza que fue convertida en pez por la inundación.

Imperio inca

El origen de la etnia incaica es sudamericano, concretamente del valle de Cuzco, en Perú. Más tarde, abarcaría gran parte de la zona andina del subcontinente, dominando a todos los pueblos que hallaban a su pasó. Surgió en el año 1438 y se prorrogó también hasta la conquista española el 26 de julio de 1533 con la toma de Cuzco y la muerte de Francisco de Atahualpa.

Los orígenes del Imperio se remontan a la victoria de las multietnias, lideradas por Pachacútec frente a la confederación chanca en Yahuarpampa, a mediados del siglo XV. Luego de la victoria, el curacazgo incaico fue reorganizado por Pachacútec, con quien el Imperio incaico inició una etapa de continua expansión, hasta Huayna Cápac, quien consolidó los territorios. En esta etapa, la civilización incaica logró la máxima expansión de su cultura, tecnología y ciencia, desarrollando los conocimientos propios y los de la región andina, así como la asimilación de los otros estados conquistados.

Luego de este período de apogeo, el Imperio entró en declive por diversos problemas; el principal, la confrontación por el trono entre los hijos de Huayna Cápac: los hermanos Huáscar y Atahualpa, que derivó incluso en una guerra civil. Entre los incas, la viruela acabó con el monarca Huayna Cápac, provocó la guerra civil previa a la aparición hispana y causó un desastre demográfico en el Tahuantinsuyo. Finalmente, Atahualpa vencería en 1532. Sin embargo, su ascenso al poder coincidió con el arribo de las tropas españolas al mando de Francisco Pizarro, que capturaron al inca y luego lo ejecutaron. Con la toma del Cuzco en 1533 culminó el Imperio incaico. Sin embargo, varios incas rebeldes, conocidos como los Incas de Vilcabamba, se rebelaron contra los españoles hasta 1572, cuando fue capturado y decapitado el último de ellos: Túpac Amaru I.

El monte Machu Picchu tal vez es el exponente más conocido de la cultura inca. Está considerado una obra maestra tanto de la arquitectura como de la ingeniería, y aún hoy en día alberga varios misterios. Aunque fue construido en el siglo XV, después de la conquista de los españoles estuvo largo tiempo olvidado. Hoy en día es uno de los lugares más turísticos del planeta. Se encuentra a 112 km de Cuzco.

Viracocha.

Los incas eran también politeístas, pero sus celebraciones religiosas se relacionaban finalmente con la agricultura y la salud. El alcance y desarrollo de su civilización fue muy alto, por lo que construyeron muchos caminos, templos, sistemas de fortificación y estructuras. El comercio, los metales, la caza y la pesca eran sus principales quehaceres.

Sus creencias estaban totalmente entrelazadas en la vida cotidiana. Todo lo que los incas hacían en su época tenía un significado religioso.

Los rasgos culturales más sobresalientes de los mitos incas se centraban en la descripción y el culto al mundo natural que los rodeaba, donde cada aspecto y elemento era animado por espíritus poderosos y antepasados que trascendían al plano sagrado.

Los dioses vivían tanto en el cielo como en la tierra, y cada uno de ellos tenía funciones específicas que influenciaban en cada aspecto de la vida de los incas. La jerarquía en su panteón era determinada por la importancia de cada propósito.

Muchos de sus dioses eran objetos inanimados o elementos de la naturaleza, como montañas, ríos, plantas, la lluvia, el relámpago y, por supuesto, el sol y la luna.

También honraban a deidades con forma de animales, como monos, jaguares y cóndores. Los incas creían que sus dioses tenían patrones de comportamiento humano, especialmente los antropomorfos, los cuales eran capaces de sentir amor, odio, compasión y otras emociones humanas.

Para los incas, el mundo se encontraba dividido en tres planos que se comunicaban entre sí, aunque estas comunicaciones solo podían ser hechas por las divinidades:

- **Hanan Pacha**: era el mundo celestial, es decir, donde habitaban los dioses. A este mundo solo podían acceder algunas personas, las más justas; por tanto, encontraremos un juicio tras la muerte de la persona, en el cual se juzgaban los actos de estas en el mundo terrenal. De esa manera, podemos compararlo incluso con el panteón egipcio, el cual también tenía la misma idea de un juicio final tras la muerte.

- **Kay Pacha**: es el mundo terrenal. En él habita la creación de los dioses, y son los actos que hagan en él lo que les permitirá entrar en el mundo de los dioses o no.
- **Uku Pacha**: es el mundo de los muertos. Al contrario que la religión cristiana, no es un mundo maligno, sino un lugar donde van los niños no natos, además de ser el lugar donde iban los muertos. Según su ideología, este mundo estaba comunicado con el Kay Pacha mediante las cuevas o fuentes que manaban de las montañas, lugares donde se realizaban rituales muy importantes dentro de la vida andina.

Otros dioses incas importantes fueron:

- **Viracocha**: dios anterior al mundo incaico, pues se conoce su existencia desde tiempo inmemorial. Posiblemente sería una deidad perteneciente a los pueblos nómadas peruanos que habitaban la zona andina, de ahí que, desde su nacimiento, fueran moviéndose por varias zonas. Parece ser que Viracocha surgió de las aguas y, tras un largo viaje, decidió crear el cielo y la tierra, por tanto, es el dios de la creación. En sus viajes estaba acompañado por Inti, un pájaro mágico que conocía lo que había ocurrido y lo que podía ocurrir. Por este motivo, los emperadores incaicos adornaban sus coronas con grandes plumas para simular que pertenecían a Inti, el cual les facilitaba el conocimiento necesario para reinar. Este dios inca es representado con una vara a cada mano a modo de lanzas.
- **Inti**: además de ser el compañero de viaje de Viracocha, era el dios del Sol. Las ofrendas que este recibía eran

cuantiosas, sobre todo de oro y de plata, así como jóvenes y animales. Sus templos estaban por todos los confines del Imperio incaico. Dicha deidad se representa con un disco dorado y facciones humanas.

- **Mama Kilya**: diosa de la luna. Hija de Viracocha y de su esposa Inti. Era la madre luna y también se le asociaba con la lluvia. Por sus fases lunares era la diosa representativa del paso del tiempo. Regía sobre el calendario y las festividades religiosas. Además, era considerada protectora de las mujeres y de los votos matrimoniales, y se le atribuía la fertilidad.
- **Ilyapa**: dios del clima y de los fenómenos meteorológicos, especialmente las tormentas. Estaba representado como un hombre con ropas brillantes sosteniendo con una mano un cántaro lleno de agua, donde estaba la Vía Láctea, y con la otra una honda. Ilyapa controlaba los elementos climáticos disparando una piedra con su honda al interior del cántaro. El zumbido de la honda era el trueno, el proyectil atravesando el cielo era el relámpago, y el agua derramada del cántaro era la lluvia.
- **Pacha Mama**: diosa de la tierra. A ella se le realizaban los cultos para la fertilidad de las cosechas, por tanto, las ofrendas debían de ser cuantiosas, pues, de lo contrario, corrían el riesgo de que las cosechas no fueran lo suficientemente importantes.
- **Mama Cocha**: diosa del mar, fuente de vida, también considerada protectora de navegantes y pescadores. Era responsable de garantizar que hubiera suficientes peces en el mar, lo cual la hacía ser una deidad proveedora. Ayudaba a prevenir tormentas y se le rezaba para calmar las aguas. Esta diosa era esposa y hermana del creador Viracocha, con el cual dio vida a Inti y Mama Kilya.

- **Pachacamac**: es el dios de los terremotos. Era, además, considerado el creador del mundo, por tanto, suele asociarse a Viracocha. Un dios sin escrúpulos, y así es como se representa en su mitología, llegando incluso a matar a uno de sus hijos y a su propia mujer. Sería destronado por Wichama, otro de sus hijos, quien, gracias a su astucia, pudo engañar a su padre y así acabar con él. Sabemos que la esposa de Pachacamac fue asesinada por su marido y enviada a la tierra cortada en cachitos, los cuales fertilizaron la tierra.

DIOSES EN EL ÁFRICA OCCIDENTAL

La mitología de África occidental se refiere al cuerpo de mitos de los pueblos y naciones que comprende esta parte de África. Consiste en cuentos sobre varias deidades, seres, criaturas legendarias, héroes y cuentos populares de varios grupos étnicos. Algunos de estos mitos cruzaron el Atlántico durante el período del comercio transatlántico de esclavos y se hicieron parte de las mitologías caribeña, cubana y brasileña.

Los mitos escritos de África occidental no se establecieron hasta el siglo XIX. La mayoría de los mitos se transmitieron oralmente de generación en generación. Estos mitos fueron narrados por cuentacuentos y abuelos. También son narrados por los *griots* de Malí y Senegal, Níger y el norte de Nigeria.

Entrando en las particularidades de cada país, podemos señalar las diversas deidades que han existido y que, como veremos, son múltiples, variadas y muy ricas en simbolismos y tradiciones. Así, tenemos:

Nigeria

La mitología de Nigeria es diversa gracias a los múltiples grupos étnicos que existen en el país. Entre los elementos de la mitología yoruba se encuentran los Orisha, un panteón de deidades que son veneradas también en las religiones del candomblé, la santería y el vudú haitiano en la diáspora africana.

Otra categoría de entidades sobrenaturales en la mitología yoruba son los **Abiku**, niños del mundo espiritual que mueren antes de alcanzar la pubertad. El término *abiku* también se refiere a los espíritus que históricamente se afirma que habitan en los árboles.

Los **Egbere** son criaturas o espíritus malévolos que viven en los arbustos y bosques, y pueden verse de noche. Se dice que son bajos, poseen una pequeña estera y lloran todo el tiempo. Según la leyenda, quien les quite la estera se hará rico.

En la mitología del pueblo Igbo del sureste de Nigeria, los **Ogbanye** son espíritus malignos que se disfrazan de niños y causan desgracias y dolor. Se creía que dentro de cierto tiempo desde su nacimiento (usualmente no después de la pubertad), los Ogbanye mueren deliberadamente y luego renacen como el siguiente hijo de la familia y repiten el ciclo, causando mucho dolor. Se dice que los espíritus malignos cargan con unas piedras llamadas Iyi-uwa, que entierran en algún lugar secreto. La Iyi-uwa es usada por el Ogbanye para regresar al mundo humano y encontrar a la familia que ha escogido como su objetivo, de forma que destruir el Iyi-uwa corta la conexión del Ogbanye y libera a la familia del tormento.

En el norte de Nigeria, entre el pueblo Kanuri del antiguo Imperio bornu en la región del lago Chad, hay creencias sobre una forma de hombres hienas que reciben el nombre de **Bultungin**, que se traduce como «Me transformo en hiena». Se creía tradicionalmente alguna vez que una o dos de las aldeas de la región estaban pobladas en su totalidad por hombres hiena, como Kabultiloa.

Las **Mami Wata** son espíritus o criaturas que viven en los ríos y océanos. A menudo se las describe como una suerte de sirena, con la parte superior del cuerpo de una mujer (a menudo desnuda) y la parte inferior de un pez o serpiente. En otras narraciones, las Mami Wata tienen una apariencia completamente humana, aunque nunca son humanas. La existencia y la importancia espiritual de las Mami Wata están profundamente arraigadas en las antiguas tradiciones y la mitología de la costa sur de Nigeria. Las Mami Wata suelen llevar adornos caros, como peines, espejos o relojes. Una inmensa serpiente la acompaña frecuentemente, envolviéndola y poniendo su cabeza entre sus pechos. Otras veces, es posible que intente pasar como completamente humana, deambulando por mercados concurridos o visitando bares. También se puede manifestar en otras formas, incluso como hombre.

La **tortuga** forma también parte de la mitología nigeriana, ya que se le considera un *trickster* y aparece bastante en el folclore del sur de Nigeria, mientras que la **liebre** aparece bastante en tal rol en el norte de Nigeria.

Ghana

En la mitología de Ghana sabemos, a través de su folclore Ewé de Togo y Ghana, que **Adze** es un ser vampírico que toma la forma de una luciérnaga, aunque se transforma a su forma humana al ser capturado. Cuando se encuentra en forma humana, el Adze tiene el poder de poseer a los seres humanos. En forma de luciérnaga, cruza a través de puertas cerradas por la noche y chupa la sangre de las personas mientras duermen. La víctima enferma y muere.

Una mitología similar del pueblo Akan del sur de Ghana, así como Costa de Marfil, Togo y la Jamaica del siglo XVIII, habla de criaturas llamadas **Asasabonsam** o **Sasabonsam**, vampiros que viven en los bosques y se alimentan de personas que deambulan por allí. Se dice que tienen dientes de hierro, piel rosada, cabello largo y rojo, y garfios de hierro en lugar de pies, y viven en los árboles, atacando desde arriba en su forma humanoide, teniendo características de murciélago, incluyendo alas.

El **Obayifo** es una criatura mitológica similar a un vampiro o bruja procedente del folclore asante. En el folclore asante, los Obayifo son muy comunes y pueden habitar los cuerpos de cualquier persona. Se les describe como de ojos cambiantes y obsesionados con la comida. Se dice que, cuando viajan de noche, emiten una luz fosforescente por las axilas y el ano. El Obayifo es similar al Asiman del pueblo Dahomey, una criatura que puede cambiar de forma y volar, convirtiéndose en una bola de luz y cazando en el cielo nocturno.

Anansi, un dios araña *trickster* de la mitología akan, es una figura prevalente. Aparece a menudo en cuentos populares interactuando con el ser supremo y otras deidades que con frecuencia le otorgan poderes sobrenaturales temporales, como la capacidad de atraer las lluvias o que se hagan otras tareas para él. Algunas tradiciones folclóricas describen a Anansi como el hijo de la Madre Tierra Asase Yaa. En otros relatos, Anansi a veces también es considerado un *abosom* (deidad menor) en la espiritualidad akan, a pesar de ser comúnmente reconocido como un *trickster.*

Benín

La mitología de Benín proviene principalmente de Dahomey. Hay varios dioses en la religión de Dahomey, cada uno con su propia mitología. Mitos de los pueblos Fon y Ewe incluyen a las **Aziza**, criaturas parecidas a hadas y que viven en los bosques. Según la leyenda, dan magia buena para los cazadores, y es sabido también que han brindado conocimientos prácticos y espirituales a las personas. La descripción común de los Aziza establece que hay personas peludas y se dice que viven en hormigueros y ceibas.

Camerún

Entre los grupos étnicos Sawa de Camerún, particularmente los pueblos Duala, Bakweri, Malimba, Batanga, Bakoko, Oroko y los pueblos Sawa relacionados, una **Yengu** (plural, Miengu; entre los Bakweri, Liengu) es un espíritu del agua. Las Miengu son similares a los espíritus Mami Wata, y en Bakoko se conocen como Bisima.

La apariencia de las Miengu difiere de un individuo a otro, pero típicamente se dice que son hermosas figuras como sirenas, con cabello largo y hermosos dientes separados. Viven en los ríos y el mar, y traen buena fortuna a quienes les rinden culto. También pueden curar enfermedades y actuar como intermediarias entre los fieles y el mundo de los espíritus. Usualmente, se establecen cultos para adorar a las Miengu.

Níger

En la mitología de Níger, el **Hira** es un monstruo mítico que aparece en cuentos épicos y folclóricos del pueblo Songhai, en particular del pueblo Bozo, en los que se enfrenta al héroe nacional Moussa Gname.

Los **Zin** son espíritus acuáticos míticos que habitan ríos y lagos en la mitología del pueblo Songhai. Son similares a los

Zin Kibaru, espíritus ciegos que habitan los ríos y que dan órdenes a los peces.

Malí

La mitología de Malí proviene de una variedad de etnias. Entre el pueblo Dogón, los **Nommos** son descritos usualmente como criaturas anfibias, hermafroditas, parecidas a los peces. En las representaciones en el arte popular, los Nommos aparecen como criaturas con torsos superiores y piernas o pies humanoides, y un torso inferior y cola similares a los de un pez.

Los Nommos son, según la leyenda, los primeros seres vivos. De acuerdo con las leyendas astrológicas de los Dogón (o al menos, su descripción por parte de antropólogos occidentales), los Nommos eran habitantes de un mundo que giraba alrededor de la estrella Sirio, y descendieron del cielo en una nave acompañada de fuego y truenos. Tras su llegada, los Nommos crearon un depósito de agua y, posteriormente, se sumergieron en ella. Las leyendas de los Dogón afirman que los Nommos requerían un ambiente acuoso para vivir.

Gambia

En Gambia, la mayoría del folclore propone la existencia de una criatura llamada **Ninki Nanka**. Sus descripciones varían, pero la mayoría sostiene que el animal es de forma reptiliana y posiblemente similar a un dragón.

El Ninki Nanka vive en los pantanos. Atrajo la atención general cuando en el año 2006 un grupo de «cazadores de dragones» del Centro de Zoología Forteana (CFZ), un colectivo de criptozoólogos, viajó a Gambia a investigar el Ninki Nanka y obtener testimonios de quienes afirmaban haber visto a la mítica criatura.

Senegal

En la mitología de los pueblos Wólof y Lebou, los **Yumboes** son seres sobrenaturales, muy similares a las hadas europeas. También reciben el nombre de Bakhna Rakhna, que significa literalmente «gente buena». Se dice que son completamente de un color blanco perlado. A veces se afirma que tienen el pelo plateado. Miden alrededor de sesenta centímetros de estatura.

Los Yumboes viven debajo de las colinas de Paps y salen a bailar a la luz de la luna. Se dan festines en grandes mesas, en las que les atienden sirvientes invisibles, excepto por sus manos y pies. Los Yumboes comen peces y maíz, que les roban a los humanos. Invitan tanto a los nativos como a los foráneos a sus banquetes.

DEL POLITEÍSMO AL MONOTEÍSMO

Y de las culturas y religiones politeístas pasamos a las culturas y religiones monoteístas, entre las que se encuentran el judaísmo, que arranca en el siglo XVIII a. C. con el culto exclusivo a Yahveh y el rechazo a la existencia de todos los demás dioses, ya fueran cananeos o extranjeros.

Particular interés tiene el judaísmo rabínico, que se desarrolló entre los siglos III y VI d. C. Luego vino el cristianismo, que surgió con el nacimiento de Jesucristo, el cual reconoce una realidad suprema a la que llama Dios. Y, finalmente, surgió el islamismo en la península arábiga en el siglo VII de la era cristiana, con la aparición del profeta Mahoma, el cual, en un entorno politeísta e idólatra, se refiere a Alá como Dios único en un libro revelado, que es el Corán, y que constituye la base de la religión islamista. De todas ellas haremos una amplia referencia en el capítulo tercero de este libro.

CAPÍTULO 2
Dios en el arte

«El ser humano, desde el origen de los tiempos, y en todas las culturas ha representado en las diversas modalidades artísticas a Dios».

En todas las facetas y disciplinas que comprende el arte, como son la pintura, la escultura, la música, la literatura y la arquitectura, tanto Dios, en las más variadas culturas y religiones (Alá, Yahvé, Brahman, Amón, Júpiter, Zeus, Kukulkán, etc.), como Jesucristo en el cristianismo, han ocupado un notable protagonismo. No ha habido, ni hay, un personaje en la historia de la humanidad que haya tenido y tenga tanto relieve, influencia y representación como ha tenido la figura de Jesucristo.

Durante la historia de la humanidad, tanto Dios, en su sentido más universal, como Jesucristo y los demás representantes de las diversas creencias y religiones han ejercido una gran influencia y han sido el centro principal de gran parte de las obras de arte realizadas a lo largo de la historia, configurando una manifestación cultural significativa de gran transcendencia. A través de las diferentes formas de expresión, las principales religiones del mundo han dejado una huella profunda en la producción artística, transmitiendo sus creencias, mitos y valores a lo largo de las generaciones.

En este capítulo vamos a exponer cómo el arte religioso ha sido plasmado en diferentes disciplinas y medios, así como su evolución en el tiempo y el importante papel que la mencionada representación ha desempeñado en la comprensión espiritual y cultural de la humanidad.

Es evidente que el arte religioso ha rebasado y trascendido las fronteras del tiempo y del espacio, dejando una huella perdurable en la historia y en la cultura de la humanidad. A través de la arquitectura, la pintura, la escultura, la música, la literatura, la danza y los diferentes rituales, las principales religiones han encontrado formas de expresión para transmitir sus creencias, mitos y valores. Estas diferentes maneras de representación artística han sido vitales para la comprensión espiritual y cultural de las sociedades, enriqueciendo nuestra percepción del mundo y, muy en especial, de lo divino.

Aunque en menor medida que en los siglos pasados, en los momentos actuales el arte religioso continúa siendo una fuente de inspiración y reflexión, manteniendo viva la conexión entre lo sagrado y lo humano en la diversidad de expresiones culturales y espirituales en todo el mundo.

Lo que es significativo, y muy importante, es que, a día de hoy, podemos gozar de extraordinarias obras artísticas que pueden ser vistas en los diversos museos más importantes del mundo, oídas en los más famosos auditorios y disfrutadas al aire libre, como en el caso de las esculturas y los magníficos edificios arquitectónicos, al mismo tiempo que pueden ser leídas, vistas y oídas en nuestras casas.

Empecemos por el modo en que Dios ha sido representado en el ámbito de la pintura.

DIOS EN LA PINTURA

La pintura religiosa ha sido una forma poderosa de representar temas y figuras sagradas en el arte. A través de icónicas pinturas, como *La última cena* de Leonardo da Vinci o la bóveda de la Capilla Sixtina de Miguel Ángel, hasta las deidades hindúes y budistas, los artistas se han valido de su genial maestría para contar historias bíblicas, representar divinidades y transmitir enseñanzas espirituales. La iconografía religiosa y el simbolismo han sido elementos fundamentales en esta forma de expresión.

A lo largo de los siglos, el arte cristiano ha desarrollado y presentado muchos tipos diferentes de obras pictóricas, ejecutadas en una amplia gama de estilos, formatos y medios. Así, tenemos en los orígenes del cristianismo el conocido arte paleocristiano, al que le siguió el arte visigodo, el mozárabe, el románico, el gótico, el renacentista, el barroco, el neoclásico, hasta llegar al arte moderno de nuestros días.

El arte religioso utiliza temas y motivos que, por lo general, tienen una narrativa moral reconocible, con el objetivo de inducir fuertes emociones espirituales en el espectador. En el mundo occidental, el arte religioso está estrechamente relacionado con aquellas obras que contemplan o representan un tema cristiano. De ahí que la pintura religiosa occidental esté dominada por escenas del Antiguo Testamento y de la vida de Jesucristo.

Entre los temas más significativos del arte cristiano se encuentran las representaciones de la Virgen María con el niño Jesús, así como las de Cristo en la cruz. Muchas de las pinturas religiosas más famosas se crearon durante el Renacimiento, influyente movimiento cultural que, como sabemos, se originó en Italia.

Los tres grandes maestros del Renacimiento fueron Leonardo da Vinci, Miguel Ángel y Rafael; referentes de la pintura religiosa de los siglos XV y XVI, a los que podemos añadir a Rembrandt, Veronese, Caravaggio, el Greco, Velázquez, Fray Angélico, Brueghel, y un largo etcétera.

Han sido miles las pinturas que han sido realizadas por diferentes artistas que han tratado de plasmar en sus obras la grandeza de Dios y la figura de Jesucristo.

De forma simplificada y a modo de referencia, nos parece oportuno destacar *La creación de Adán* de Miguel Ángel (1512), donde el autor nos muestra lo más representativo del famoso techo de la Capilla Sixtina como es la creación del primer hombre. Esta escena se ubica en el centro de la sala, entre los frescos de *La creación de Eva* y *La separación de las aguas y la tierra*, que está más cerca del altar.

Otras obras significativas del arte religioso son *El Juicio Final* de Miguel Ángel (1475-1564), *La Virgen del jilguero* de Rafael (1505-1506), *La Transfiguración* de Rafael (1520), *Las bodas de Canaá* de Paolo Veronese (1562-1563), *La Torre de Babel* de Pieter Brueghel el Viejo (1563) y *El regreso del hijo pródigo* de Rembrandt (1669). Y, finalmente, tenemos una obra más reciente, el *Cristo de San Juan de la Cruz* de Salvador Dalí (1951).

La creación de Adán (Capilla Sixtina).

Dentro del ámbito pictórico religioso queremos destacar las innumerables obras realizadas por los más insignes pintores de diversas épocas, con motivo de la ascensión de la Virgen a los cielos. Así, los cuadros más representativos se deben a autores tales como Fiorentino, Rubens, Botticini, Bellini, Goya, Carrache, Lebrun, Murillo, Lippi, Knoller, Palomino, Veronese, Van Loon, Vecchio, Caravaggio, etc.

E igualmente cabe mencionar las obras realizadas con motivo de la Virgen y el niño, algunas de las cuales son consideradas como grandes obras de arte, entre las que sobresalen las de Leonardo da Vinci, Rafael, Tiziano, Donatello, Fra Filippo Lippi y Boticelli.

En esta misma línea de representación de la Virgen y el niño tenemos también la expresión de la pintura a través de iconos que se desarrollaron notablemente en el Imperio bizantino, principalmente en la ciudad de Constantinopla, y que posteriormente se expandió a otras regiones influidas por la Iglesia ortodoxa. Los iconos más antiguos, que han sido adecuadamente conservados, son de los siglos VI y VII, y se encuentran casi todos en el monasterio de Santa Catalina, a los pies del monte Sinaí. Entre los iconos más famosos están los de Nuestra Señora de Kazán, de Czestochowa y la del Perpetuo Socorro.

Las religiones proféticas occidentales, es decir, el zoroastrismo, el judaísmo, el cristianismo y el islam, desarrollaron igualmente variados conceptos del juicio final que son muy ricos en imágenes.

DIOS EN LA ESCULTURA

Y la misma influencia que Dios y Jesucristo han ejercido en la pintura universal, también la han tenido en la escultura. Así, podemos poner de manifiesto algunas de las obras más universales, como, por ejemplo, la *Piedad* de Miguel Ángel, una de las grandes esculturas por su excelencia, realizada en mármol entre los años 1498 y 1499, que se encuentra en la Ciudad del Vaticano. La escultura representa a la Virgen María sosteniendo a Cristo muerto tras la crucifixión. El dramatismo que muestra la escena se equilibra con la ternura y la belleza del conjunto: una madre joven implorando piedad por su hijo fallecido.

Es bueno saber que, en realidad, Miguel Ángel esculpió tres figuras de la Piedad: la *Piedad* que se halla en el Vaticano, ya comentada, que es la más conocida y valorada; la *Pietá Rondini*, también llamada *Pietá Florentina*, y, finalmente, la *Pietá Rondanini*, sita en el castillo Sforzesco en Milán, considerada como la última obra esculpida por Miguel Ángel, ya que estuvo trabajando en ella hasta seis días antes de morir.

Piedad (Basílica de San Pedro, Ciudad del Vaticano).

La *Pietá Rondanini* es la más trágica y misteriosa de las esculturas de Miguel Ángel, ya que con ella estaba escribiendo su testamento y, sin pretenderlo, abrió paso hacia una nueva concepción estética del arte que lo hizo único y genial. En esta obra no sabemos muy bien qué impresiona más, si lo acabado o lo no acabado. En el conjunto se percibe el esfuerzo de la figura por abrirse paso a través de la materia. El genio y el arte de Miguel Ángel se manifiestan en una estética de cánones deformados, composiciones forzadas y desequilibrio. Es una obra que, a pesar de su inacabamiento, nos conmueve por su austera religiosidad.

Si bien Miguel Ángel acapara todo el reconocimiento por su magnífica escultura de fama mundial, nos parece oportuno mencionar otras dos esculturas y una pintura efectuadas igualmente sobre el motivo de la Piedad, como son las de Gian Lorenzo Bernini, que también se encuentra en la Ciudad del Vaticano, y la de Jorge Oteiza, ubicada en la fachada de la Basílica de Arantzazu, en Oñati. Esta escultura se diferencia de la de Miguel Ángel en que la Virgen no sostiene a su hijo muerto en el regazo, sino que este descansa en el suelo, mientras que la madre, con su cara en forma de corazón, clama y se enfrenta al cielo. En cuanto a la pintura que trató magistralmente el tema de la Piedad, se encuentra expuesta en el Museo del Prado de Madrid y su autor es Francisco de Goya. En ella se recrea iconográficamente el momento en el que el cuerpo de Jesucristo desprendido de la cruz yace sobre el regazo de su madre.

Otra obra escultórica significativa es *El Cristo yacente* de Gregorio Fernández, realizada en 1625, que representa una imagen de Cristo de tamaño natural, ligeramente encogido, con la cabeza inclinada hacia el hombro derecho.

También nos parece oportuno poner de manifiesto al gran escultor del Renacimiento italiano que fue Donato di Niccolò di Betto Bardi, conocido como Donatello, con obras como las esculturas de *San Jorge*, *María Magdalena*, la *Anunciación Cavalcanti*, la *Madona Pazzi* (realizada en 1430, que se encuentra en el Museo de Berlín) y, sobre todo, el *David* o la *Madonna con el Niño*, que datan del año 1440. Esta última es una obra realizada en terracota policromada y actualmente está expuesta en el Museo del Louvre en París. Entre las pinturas realizadas de la Virgen con el niño de fama internacional es oportuno mencionar las de Leonardo da Vinci y Rafael.

Igualmente, una obra escultórica referente es *El Cristo resucitado* o *Cristo Consolator* de Bertel Thorvaldsen, una estatua de mármol de Carrara del siglo XIX. Desde su terminación en 1838, la estatua ha estado situada en la catedral de Nuestra Señora de Copenhague, en Dinamarca. Es un prototipo de estatua de Cristo muy famosa en el ámbito protestante, sobre todo en aquellas iglesias que permiten hasta cierto punto representaciones figurativas en sus templos, como la propia Iglesia luterana a la cual pertenece la catedral de Nuestra Señora de Copenhague.

Y no queremos terminar esta relación de las grandes obras escultóricas de carácter religioso sin mencionar el *Cristo de San Juan de la Cruz* de Salvador Dalí, citado anteriormente, que fue realizado en 1981 en bronce dorado, siendo llamativo el hecho de que se trata de un Cristo con cadenas.

Aunque no tengan el nivel artístico de las obras mencionadas con anterioridad, nos parece oportuno señalar las esculturas realizadas de los múltiples Sagrados Corazones que hay distribuidos por el mundo. Así, el más grande está en Brasil, el *Cristo Protector de Encantado*, inaugurado en el año 2023, con una altura de 38 metros. Luego está el de Polonia, en un pueblo al oeste del país llamado Swiebodzin, que tiene una altura de 36 metros, cuyo autor es Miroslaw Kazimienz Patecki. El *Cristo de la Concordia* en Bolivia, en la ciudad de Cochabamba, que tiene 34 metros. O el de Río de Janeiro, en Brasil, de 30 metros. Y no queremos dejar de mencionar, dadas nuestras raíces donostiarras, el de San Sebastián, que domina la bahía de la Concha y que fue construido en 1950 por Federico Coullaut Valera, con una altura de 12,5 metros.

Y dentro de las obras escultóricas, como un arte específico, también debemos contemplar la imaginería religiosa que evoca los momentos y las figuras clave de la fe cristiana, y son un elemento importantísimo en nuestros templos, procesiones y en muchas de las manifestaciones religiosas que se realizan en nuestras ciudades y en nuestros pueblos. La tradición imaginera española es famosa en todo el mundo. Entre los principales artistas que han destacado en la imaginería religiosa, tenemos a Francisco Salzillo, Juan Martínez Montañés, Alonso Berruguete, Francisco de Rincón, Sánchez Lozano y González Moreno.

Asimismo, consideramos oportuno mencionar las obras escultóricas de carácter funerario religioso. El arte funerario se remonta a la prehistoria con la creación de los menhires, los crómlech y los dólmenes, que fueron estructuras construidas durante el Neolítico y se dan en Europa occidental, sobre todo en la franja atlántica, donde se cuentan por miles.

Sagrado Corazón de Jesús.

Pasando a la época de los egipcios, fueron quienes construyeron majestuosas pirámides como monumentos funerarios para sus faraones, que eran considerados como dioses. Desde entonces, esta disciplina ha evolucionado y se ha expandido a diferentes culturas y épocas, con la creación de monumentos y objetos para honrar y recordar a los fallecidos con representaciones religiosas.

Entre las obras renacentistas, destacan la del antipapa Juan XXIII en Florencia, que es una gran tumba mural del Renacimiento temprano, obra de Donatello y de Michelozzo. Las dinastías gobernantes a menudo se enterraban conjuntamente, normalmente en monasterios, con símbolos y ornamentos religiosos. En esta línea tenemos la cartuja de Champmol, que se fundó con este fin por los Valois, duques de Borgoña, en 1383. Las tumbas Scaliguer en Verona se caracterizan por su dosel de estilo gótico. Iglesias importantes como San Pedro de Roma, la catedral de San Pablo en Londres, San Juan y San Pablo en Venecia y la basílica de la Santa Cruz en Florencia albergan un gran número de monumentos impresionantes a la mayor gloria de Dios, creados por los más finos escultores y arquitectos de su época. Por su parte, en el Renacimiento tardío son de destacar las tumbas hechas por Miguel Ángel.

En la Edad Media tardía destacaríamos la tumba del papa Urbano VIII de Bernini (1628-1647), en la que un esqueleto alado escribe el nombre del papa en una tablilla bajo su efigie entronizada.

Las grandes tumbas barrocas monumentales continuaron haciéndose, probablemente para recordar al difunto, en las que se incluían imágenes de la muerte, el tiempo, las virtudes y otros iconos religiosos, como los ángeles.

Al margen del ámbito religioso cristiano existen igualmente grandes monumentos escultóricos, tanto por su tamaño como por su calidad artística, especialmente en el budismo, como son el *Buda Gigante de Laykyun Sedkkya* en Birmania, la estatua del

Buda de Ushiku en Japón, el *Gran Buda de Leshan* en China y las múltiples estatuas de Hanuman en la India.

Gran Buda.

DIOS EN LA MÚSICA

La música religiosa ha sido igualmente una forma de expresar la devoción y la conexión espiritual en diferentes tradiciones religiosas. Los himnos cristianos, los cánticos gregorianos, las oraciones islámicas y las canciones *bhajans* hindúes son solo algunos ejemplos de cómo la música ha sido utilizada para alabar lo divino y fortalecer la comunidad de creyentes.

La música religiosa cristiana que hoy conocemos tiene su nacimiento en el comienzo del cristianismo. En un principio fue herencia de la música judía, la cual profundizó y desarrolló durante los siglos posteriores en multitud de formas relacionadas y adaptadas a los distintos ritos de cada época.

En términos temporales, la música religiosa occidental tuvo su desarrollo principal durante la Edad Media cuando la Iglesia católica tenía un gran poder social y económico, período en el que incluía los cantos en latín en sus ceremonias.

Desde su aparición hasta los tiempos actuales, la música sacra occidental ha producido grandes e inolvidables formas musicales, tales como la misa, los réquiems, el *Te Deum*, el *Magnificat*, el *Stabat Mater*, el oratorio, la cantata, el motete, el salmo o el villancico, entre otras.

En este periodo histórico se creó una de las principales vertientes de una significativa manifestación cultural. Nos estamos refiriendo al canto gregoriano, que se caracteriza por la voz humana y el canto litúrgico, sin acompañamiento instrumental.

Fue el papa Gregorio Magno quien compiló la mayor parte de los cantos religiosos de su época y los distribuyó a las iglesias de la región. Por esta razón, la música sacra antigua se difundió por todo el continente europeo y motivó la creación de escuelas de música para monjas y monjes, que compusieron libremente canciones litúrgicas. La monja benedictina Hildegarda de Bingen fue una de las figuras más destacadas de la música sacra medieval del siglo XI.

Además del canto gregoriano, otra forma consagrada de música religiosa es el motete, que es una pieza compuesta basada en textos religiosos. En la mayoría de los casos, esta composición está escrita en latín. Un ejemplo de fuente de inspiración para este formato es el Libro de los Salmos, parte de la Biblia que siempre está presente en la misa católica, generalmente dividida en seis partes: Kyrie, Gloria, Credo, Sanctus, Benedictus y Agnus Dei.

Entre las obras religiosas más significativas de carácter universal, tenemos a compositores y obras de gran relieve como son Bach, con el *Magnificat*, *La pasión según San Mateo*, los *Christmas Oratorio* y las cantatas; Beethoven, con la *Misa solemne*; Haendel, con *El Mesías*; Haydn con *La creación*; Mozart, con el *Réquiem* y su popular *Lacrimosa*; Verdi, también con su *Réquiem*; Pergolesi, con su *Stabat Mater*, y Berlioz, con su *Te Deum*. Asimismo, queremos destacar las famosas y conocidas *Ave María* de Schubert, de Jacques Arcadelt y de Carlos Gounod.

Johann Sebastian Bach.

Es interesante conocer que cada religión adopta una forma de música religiosa diferente para cada propósito. Así, en la música islámica, algunos tipos de música se utilizan para la oración, mientras que otros se utilizan para las celebraciones.

En cualquier caso, en todas las religiones, la música desempeña un papel muy importante. Y en algunas religiones en particular, como el budismo, la música ayuda a las personas a calmar la mente y a concentrarse antes de la meditación. En la música *sij*, conocida como *kirtan*, esta ayuda a las personas a conectar con las enseñanzas de la religión y con Dios. En religiones como el islam, utilizan la música para recitar la palabra de su libro sagrado.

En definitiva, y en todos los casos, la música religiosa ayuda a personas de todas las religiones a conectar con su fe y a recordar sus valores religiosos.

No queremos terminar este apartado sin hacer una referencia a la música góspel, música espiritual o música evangélica. En su definición más restrictiva, es la música religiosa estadounidense que surgió en las iglesias protestantes evangélicas afroamericanas en el siglo XIX y que se hizo muy popular durante la década de 1930. A esta forma de cantar se la denominó «espiritual» debido a que era un canto evangélico para invitar a las personas hacia Dios. Las letras suelen reflejar los valores de la vida cristiana.

La música góspel nació de la tradición de «espirituales negros», una música inspirada en el sufrimiento de generaciones de esclavos africanos que fueron arrancados de su tierra y deportados a los actuales Estados Unidos.

Aunque la música góspel es un fenómeno estadounidense, se ha extendido a lo largo del mundo. Es un género musical caracterizado por el uso dominante de coros con excelente armonía.

Algunas de las obras más significativas de la música góspel son *Oh Happy day*, *Amazing grace*, *Jesús the same*, *Amen*, *Aleluya* y *Kumbaia*.

DIOS EN LA LITERATURA

La presencia de Dios en la literatura supera ampliamente, en cantidad, al resto de disciplinas artísticas. Son millones los libros que se han escrito en torno a Dios. Cada año se escriben y publican miles de ejemplares donde Dios, en sus diferentes visiones y perspectivas, es el eje de los mismos. Por ejemplo, en el año 2023 el libro *Dios, la ciencia, las pruebas* de Michel-Yves Bolloré y Olivier Bonnassis ha sido uno de los libros más vendidos en Francia.

La lista de libros sagrados es enorme, y así tenemos desde la Biblia, el Corán y la Torá, como los más significativos, hasta el Talmud, Upanishad, Vedas, Cánones del Budismo, Libro de Mormón, Tipitaka, Rig Veda, Mahabharata, Bhagavad Gita, Kojiki, Zend Avesta, Guru Granth Sahib, etc.

Biblia Pauperum.

La Biblia es el libro más vendido, a mucha distancia del siguiente, con 5000 millones de ejemplares, y sigue encabezando la lista de los libros más vendidos cada año. Ha sido traducido parcialmente a 2454 idiomas e íntegramente a 438. La edición original está escrita en hebrero, arameo y griego. Y es bueno saber o recordar que fue el primer libro publicado tras la aparición de la imprenta por Gutenberg en el año 1454. Durante los años 1700 y 1800, en muchas familias era el único libro del que disponían en sus casas, y con el que aprendían a realizar las primeras lecturas. A la Biblia se le reconoce como el libro más influyente de todos los tiempos.

El segundo libro por su importancia que es preciso mencionar en este apartado es el Corán, el libro sagrado del islam. Según su cultura y tradición, el Corán es la palabra de Dios transmitida a Mahoma (571-632), que fue recopilada poco después de la muerte del profeta. Para la civilización musulmana el Corán se convirtió en el libro por excelencia, no solo desde el punto de vista religioso, sino también literario. Contribuyó a dar uniformidad a la lengua árabe; se constituyó como modelo gramatical y estilístico, y creó las bases retóricas sobre las que se ha sustentado gran parte de su poesía. Desde su publicación en el siglo VI se han impreso unos 800 millones de ejemplares.

E igualmente, consideramos oportuno señalar el libro por excelencia del pueblo judío como es la Torá o la Ley de Moisés. Según la tradición judía, este libro contempla la totalidad de la revelación y de la enseñanza divina otorgada al pueblo de Israel.

Son innumerables las obras, estudios, investigaciones y novelas que se han escrito sobre Dios y sobre la figura de Jesucristo, con independencia de que unas sean a favor y otras en contra, pero, en cualquier caso, haciendo referencia a ellos. Sin ánimo de ser exhaustivos, sería imposible hacerlo, pero, por ejemplo, para *The Guardian* las mejores novelas que se han escrito sobre Dios son *Los Evangelios*, de Richmond Lattimore; *Los hermanos Karamazov*, de Fyodir Dostoievski; *La versión de Roger*, de John

Updike; *Earthly Powers*, de Anthony Burgess; *El tiempo de los ángeles*, de Iris Murdoch; *La última tentación de Cristo*, de Nikos Kazantzakis; *La suerte de Omensetter*, de Willian H. Gass; *La construcción de la torre*, de Willian Golding, y *Un hombre bueno es difícil de encontrar*, de Flannery O'Connor.

DIOS EN LA ARQUITECTURA

Una de las formas más impresionantes del arte religioso y que manifiesta la presencia de Dios en las diferentes culturas y religiones es la arquitectura sagrada. Desde las majestuosas catedrales góticas y las mezquitas islámicas hasta los templos hindúes y los monasterios budistas, los lugares de culto han sido diseñados para reflejar la espiritualidad y la conexión con lo divino. Estas estructuras no solo son maravillas arquitectónicas, sino también expresiones artísticas que transmiten la identidad y los valores de las diferentes religiones.

Así, nos parece oportuno mostrar las grandes obras arquitectónicas del arte románico que se desarrollaron en los siglos XI, XII y parte del XIII, como son las catedrales de Santiago de Compostela, la Catedral Vieja de Salamanca, la catedral de Bamberg en Alemania, la catedral de Lisboa, la catedral de Módena, la catedral de Santa María y San Cutberto de Durham en Inglaterra, la catedral de San Pedro de Tréveris en Alemania y la catedral de San Trófimo de Arlés en Francia. Además de estas extraordinarias catedrales, tenemos otras obras románicas significativas, como son la iglesia abacial de Sainte-Foy en Francia, la iglesia de Sant Joan de Caselles en Andorra, la iglesia de Sant Climent de Taüll, el monasterio de Sant Benet de Bages en Cataluña, la colegiata de Santillana del mar, la colegiata de San Isidoro en León y el monasterio de Santo Domingo de Silos en Burgos.

En cuanto a las grandes obras arquitectónicas del arte gótico que se desarrollaron en los siglos XIII y XIV, tenemos la catedral de Notre-Dame en París, la catedral de Colonia en Alemania, considerada como el mayor edificio gótico religioso del mundo, la catedral de Notre-Dame de Estrasburgo en Francia, la catedral de Canterbury en Inglaterra, la catedral de Milán en Italia, la catedral de Burgos en España, la catedral de San Esteban de Viena en Austria, la catedral de Reims y la catedral de León en España. Además de estas importantes catedrales góticas, tenemos la Sainte Chapelle de París, el monasterio de los Jerónimos en Lisboa, la basílica de la Santa Sangre de Brujas en Bélgica, la abadía de Bath en Inglaterra (considerada como joya del arte gótico religioso perpendicular) y la Campanilla de Giotto en Florencia.

Catedral de Notre-Dame en París.

En la búsqueda por encontrar un estilo que se separase de lo gótico, nació la arquitectura renacentista, que se desarrolló en los siglos XV y XVI con edificios tan singulares como la catedral de Santa María del Fiore, considerado el primer edificio renacentista, que fue diseñado y construido por Brunelleschi en 1436. Entre las obras religiosas maestras del Renacimiento que han influido en otros edificios en todo el mundo están la basílica de San Pedro y el templete de San Pietro in Montorio de Bramante, finalizado en 1510, ambos en Roma. En Florencia destacan la catedral y la iglesia de Santa María Novella, finalizada en 1470. La iglesia de San Andrés, diseñada alrededor de 1470, en Mantua. En Venecia se hallan las iglesias de San Giorgio Maggiore y la de Il Redentore (Cristo redentor); ambas fueron construidas por Andrés Palladio en 1565 y en 1576, respectivamente.

Frente a la arquitectura renacentista caracterizada por su austeridad clásica, más intelectual que emotiva, surge en los siglos XVII y XVIII la arquitectura religiosa barroca, más rica y lujosa, donde son frecuentes las líneas curvas y onduladas, las formas elípticas y ovales, como alternativa a las líneas rectas. Gian Lorenzo Bernini fue el arquitecto más representativo de todo el Barroco italiano. Sus principales obras fueron la capilla Cornaro, que se encuentra en la iglesia de Santa María de la Victoria de Roma; la escalera convexa del atrio de la iglesia de San Francisco, y la capilla del marqués Raymondi en San Pietro in Montorio. En España podemos señalar como obras más significativas de la arquitectura barroca el famoso Transparente de la catedral de Toledo; la fachada del Obradoiro de la catedral compostelana de Fernando de Casas y Novoa, y los sagrarios de las cartujas de Granada y de El Paular (Rascafría), de Francisco Hurtado Izquierdo, autor asimismo de una de las obras más deslumbrantes del Barroco español como es la sacristía de la cartuja granadina. Por último, queremos señalar la fachada de la catedral de Murcia, construida en 1751 por Jaime Bort.

Una derivación de la arquitectura barroca fue la arquitectura plateresca desarrollada en gran medida en Castilla y León, y es donde encontramos las mayores y mejores obras maestras de este arte postgótico. Destacan el convento de San Marcos en León, construido en 1716, donde llama particularmente la atención la fachada, edificada en dos pisos y rematada con una crestería calada. Asimismo, son dignos de mencionar el trascoro de la catedral de Palencia, la capilla del Salvador en Úbeda (Jaén) y la iglesia de Santo Tomás de Haro en La Rioja.

Y ya, en nuestros tiempos, tenemos las obras arquitectónicas contemporáneas actuales, más próximas a nuestros días, entre las que podemos destacar: la capilla de Notre Dame du Haut (1954), de Le Corbusier en Ronchamp (Francia); la capilla de Santa Mónica (1960), de Félix Candela en México D. F.; la iglesia cristiana del Norte (1963), de Eero Saarinen en Columbus (Estados Unidos); la iglesia de Temppeliaukio (1969), de Timo y Tuomo Suomalainen en Helsinki; la catedral de Brasilia (1970), de Oscar Niemeye en Brasilia (Brasil); la capilla de Valleaceron (2001), de Soledad Madridejos y Juan Carlos Sancho en Almadén (Ciudad Real, España), y la iglesia del Santo Volto (2006), de Mario Botta en Turín (Italia). Para terminar esta importante relación, nos parece oportuno mencionar la Sagrada Familia de Antoni Gaudí en Barcelona, pendiente de culminar.

DIOS EN EL ARTE ISLÁMICO

El arte islámico tiene una cierta unidad estilística, y así, por ejemplo, en arquitectura, crearon edificios con funciones específicas, tales como mezquitas y madrazas, siguiendo el mismo patrón básico, aunque con diferentes formas. Prácticamente no hay arte de la escultura, pero las realizaciones de objetos de metal, marfil o cerámica alcanzan con frecuencia una alta perfección técnica. Existe también una pintura y una excelente y valiosa ilustración en los libros sagrados y profanos.

La religión constituye el gran elemento unificador del amplio territorio musulmán y el dilatado marco temporal —siglo VII hasta la actualidad— por el que se ha expandido el islam. No obstante, este desarrollo espacio-temporal generó una enorme variedad de manifestaciones artísticas. Lógicamente, las condiciones geográficas, desde desiertos a zonas mesetarias o montañosas, así como los factores históricos y los consiguientes sustratos de civilización preexistentes en cada ámbito cultural han incidido de forma decisiva en las expresiones artísticas, determinando su diferente evolución y sus distintas peculiaridades.

Poco se sabe sobre la arquitectura antes de la dinastía Omeya. El primero y más importante edificio islámico es, sin duda, la Casa del Profeta en Medina. Esta casa, más o menos mítica, fue el primer lugar donde los musulmanes se reunieron para rezar, aunque la religión musulmana cree que la oración se puede hacer en cualquier lugar.

Entre los omeyas, la arquitectura religiosa y civil crece con la introducción de nuevos conceptos y diseños. De este modo, el plano árabe, con patio y sala de oración, se convierte en un plano-modelo para otras construcciones. Así, se construyó sobre esta base, en el lugar más sagrado de la ciudad de Damasco —en el antiguo templo de Júpiter y en el lugar donde estuvo la basílica de San Juan Bautista—, la Gran Mezquita de los Omeyas.

La Cúpula de la Roca en Jerusalén es, sin duda, uno de los edificios más importantes de toda la arquitectura islámica, caracterizado por una fuerte influencia bizantina (mosaicos con fondo de oro, plano centrado que recuerda el del Santo Sepulcro), pero que ya tiene elementos puramente islámicos, como el gran friso con inscripciones religiosas del Corán.

Para finalizar este apartado, en el que ha quedado de manifiesto la importancia de la arquitectura islámica, nos parece oportuno hacer una referencia a las grandes obras arquitectónicas del arte religioso islámico desarrollado a lo largo de diferentes etapas y culturas, como son las siguientes:

- La arquitectura omeya (661-750), en la que se edificó la Mezquita de los Omeyas en Damasco, Mezquita de Al-Aqsa en Jerusalén, la Gran Mezquita de Kairuán en Túnez y la Gran Mezquita de Alepo.
- La arquitectura abasí (750-945), en la que se creó la Gran Mezquita de Samarra en Irak, construida por el califa Al-Mutawákkil entre los años 849 y 852, que era el lugar de culto más grande del islam. También la Mezquita de Ibn Tulun, en El Cairo, y la Gran Mezquita de Kairuán en Túnez. Por su parte, la Mezquita iraní de Ibn Tulun (876-879) es un ejemplo de arquitectura abasí construido por el gobernador Ahmad ibn Tulun.
- La arquitectura hispano-islámica, donde se integran la Mezquita de Córdoba (786-siglo XVI), el mejor ejemplo de la arquitectura califal, y el cimborrio mudéjar de la catedral de Teruel.
- La arquitectura fatimí (909-1171), en la que se encuentran la Mezquita de al-Azhar (969-973), la Gran Mezquita de Mahdía (916), la Mezquita de Aqmar (1125) y la Mezquita Al-Hakim (996-1013); todas ellas, ubicadas en El Cairo.
- La arquitectura mameluca (1250-1517), en la que se contempla la Mezquita-madrasa del Sultán Hasán (1356-1359) y la Mezquita de al-Maridani (1503-1504); ambas, en El Cairo.
- La arquitectura otomana (siglos XIV-XIX). Los otomanos lograron el más alto nivel de la arquitectura islámica, no alcanzado ni antes ni después. En este apartado es preciso mencionar la Mezquita de Selim (1568-1574) y las grandes mezquitas clásicas otomanas de Estambul, como

la de Fatih (1463-1470), la de Beyazid (1501-1506), la de Sehzade (1543-1548), la de Suleymaniye o de Solimán el Magnífico (1550-1558) y la Mezquita Azul del sultán Ahmet I (1609-1617), Patrimonio de la Humanidad, así como la iglesia de Santa Sofía, considerada como la octava maravilla del mundo, que, aunque tuvo su origen bizantino en el siglo VI, fue reconstruida en varias ocasiones y se convirtió en mezquita en el siglo XVI.

Mezquita de Solimán, en Estambul.

- La arquitectura mogol (siglos XVI-XVIII), donde destacan la Mezquita Badshahi (1673-1674), literalmente la Mezquita Real, construida por Aurangzeb en Lahore (Pakistán), y la Mezquita Aljama de Nueva Delhi (1650-1656), la más grande de la India.
- La arquitectura chino-islámica, entre las que destacan la Gran Mezquita de Xi'an, construida hacia el año 742 en China, y la Mezquita de Niujie en Pekín.

- Y, finalmente, tenemos la arquitectura afroislámica, en la que destaca la Gran Mezquita de Dienné en Malí, así como los edificios realizados en sintonía con el terreno desértico donde están ubicados, que fueron diseñados y realizados por el arquitecto y poeta Abu Isaq Es Saheli, quien nació en Guadix, Granada, en el año 1290, y murió en Tombuctú, Malí, el 15 de octubre de 1346. Es conocido por el diseño de su obra cumbre, la Mezquita de Djingareyber en Tombuctú, así como por las tres madrazas que componen la Universidad de Sankore, inscritas en la lista del Patrimonio de la Humanidad por la Unesco en 1988. Además, construyó mezquitas, palacios, casas y plazas en las ciudades de Gao, Niani, Tombuctú y Djenné.

DIOS EN EL ARTE CHINO

Desde los orígenes de la historia china se crearon objetos en bronce, jade y hueso que recogieron el espíritu y efecto buscado en los rituales chamanistas dirigidos hacia sus dioses.

Estas formas de bronce y jade muestran por primera vez uno de los principios esenciales del arte chino: la síntesis entre el espíritu creador artístico y la función social y jerárquica a la que estaban destinados desde su concepción. El primero de ellos se mostraba en la exquisitez de las formas, en el origen de los temas decorativos tomando como paradigma las fuerzas de la naturaleza y su acción sobre el espíritu humano, así como en el gran conocimiento técnico de los materiales que ha caracterizado todas las formas artísticas chinas.

Tanto la diversificación de las formas como la iconografía con la que se adornaban correspondían a los principios de jerarquización social y uso ritual que caracterizó los inicios de la civilización china con la dinastía Shang y la dinastía Zhou. En esta última dinastía surgen las escuelas de filosofía donde, profundizando sobre la relación del individuo con su entorno y la consideración social del mismo, se establecieron los fundamentos teóricos sobre los que, siglos más tarde, se desarrollaría la teoría china del arte. Nos referimos fundamentalmente al taoísmo y al confucianismo, sin por ello afirmar que existe una clara división entre lo que algunos consideran arte taoísta como manifestación disgregada de un supuesto arte confuciano.

Es cierto que la poesía, pintura y caligrafía representan todas ellas, a través del pincel, la esencia misma del pensamiento artístico taoísta, pero no hay que olvidar que incluso estas artes sublimes tuvieron su función social, su jerarquización y, en consecuencia, participaron del pensamiento confuciano, así como de su desarrollo religioso.

Estas modalidades, o sea, la pintura, la caligrafía y la poesía, eran para ellos el arte con mayúsculas, reservado a una clase intelectual basada en los clásicos, y en la tradición, donde se reconocía y valoraba al artista y la obra de arte en su unidad y no como producto social. Desde la primera escritura tratada artísticamente y convertida en arte de la caligrafía por Wang Xizhi en el siglo IV d. C. hasta los últimos heterodoxos de la dinastía Qing, como fueron los pintores Zhuda y Shitao, la caligrafía, pintura y poesía han estado unidas en unos mismos principios técnicos y estéticos.

El arte chino tuvo una evolución más uniforme que el occidental, con un trasfondo cultural y estético común a las sucesivas etapas artísticas, marcadas por sus dinastías reinantes. La mayoría del arte oriental tiene una importante carga religiosa principalmente ligado al taoísmo, confucianismo y al budismo, así como de comunión con la naturaleza. Al contrario que en Occidente, los chinos valoraban por igual la caligrafía, la cerámica, la seda o la porcelana, que la arquitectura, la pintura o la escultura, y el arte estaba plenamente integrado en su filosofía y cultura.

Escultura china.

La escultura en piedra y la arquitectura en madera fueron los cauces a través de los cuales la sociedad china se manifestó como colectividad profundamente jerarquizada.

La escultura en piedra se inició como majestuosa y representativa decoración de los caminos funerarios de las tumbas imperiales en la dinastía Han. Grandes animales reales y mitológicos, representación de los estamentos sociales (letrados, militares, extranjeros), fueron los temas elegidos para dignificar el poder.

Por ello, es un arte anónimo, creación de talleres colectivos, en donde la piedra se tallaba monolíticamente en cuanto material y concepto. Sus trabajos son muestra de las esculturas que flanquean el camino de los espíritus de las dinastías Han, Tang y especialmente las tumbas Ming, así como la escultura representativa de los palacios imperiales.

Pero la escultura tuvo también fines religiosos ligados a la difusión del budismo en China. Las grutas de Yungang, Longmen y Dunhuang muestran el trabajo en piedra, ladrillo y estuco, que dio forma al panteón budista. En ellos se aprecia la influencia extranjera y su transformación o adaptación al gusto y estética chinos, como una de las mayores aportaciones de los intercambios producidos en la Ruta de la Seda.

La arquitectura palaciega, funeraria, religiosa y civil partió de simples sistemas de construcción y distribución espacial, haciéndose principalmente eco de su carácter de representatividad.

Entre los ejemplos más significativos de la arquitectura china de carácter religioso se encuentra el Templo del Cielo, que está situado en el parque Tiantan Gongyuan, al sur de la ciudad de Pekín. Es el mayor templo de su clase en toda la República Popular de China. Fue construido en el año 1420, y tanto la dinastía Ming como la Qing lo utilizaron para adorar por las cosechas y dar las gracias al cielo por los frutos obtenidos. Desde el año 1998 está considerado como Patrimonio de la Humanidad por la Unesco.

También es de destacar la Pagoda del Ganso Salvaje, ubicada al sur de la ciudad de Xi'an, que fue construida durante la dinastía Tang en el año 648. El propósito de su construcción fue el de albergar una serie de escritos budistas que había llevado consigo el monje Xuanzang después de un viaje a la India, En ella se aprecia la imbricación de todos los materiales artísticos y su doble función artística y representativa.

En cuanto a la pintura china clásica, podemos señalar que aparece en torno al siglo III a. C., pero no sería hasta el siglo I a. C. cuando la técnica se plasmara sobre papel, a partir del desarrollo de la caligrafía china y el papel de arroz.

La pintura de paisajes constituye el género más «noble» de la pintura china clásica, a través de ella se transmiten las concepciones micro y macrocósmicas chinas del universo. No es un arte figurativo que se haya modelado después, sino el resultado del sentimiento experimentado por el pintor, que, tras la contemplación del paisaje, lo plasma en la pintura.

Únicamente en las pinturas cuyo objeto central son los vegetales, los animales o los seres humanos se introduce el color en la pintura. Los letrados meditando o reunidos (por ejemplo, los *Siete sabios en un bosque de bambú*), o los santos, son los temas particulares de estas pinturas. Algunos pintores se especializaron en un tema concreto: caballos, bambús, incluso gambas.

Tanto la religión budista como la taoísta inspiraron numerosas obras de arte pictórico, que nos presentan las distintas divinidades, monjes y personajes destacados de estas religiones.

Entre las pinturas taoístas se encuentran las diosas de los ríos, de las montañas, de distintas constelaciones, el dios de la guerra, así como Laotsé divinizado, la trinidad taoísta y el dios supremo de este panteón Iujuang Sangti.

Templo del Cielo.

Entre las pinturas budistas están representados tanto Buda como sus discípulos, los Lohans, y los distintos bodisatvas (Wenchu, Pushien y el más popular de ellos, Kuanyin).

Varias obras hacen referencia a los jueces del infierno chino y a los distintos castigos y torturas que los muertos deben sufrir al pasar al otro mundo.

DIOS EN EL ARTE AFRICANO

El continente africano acoge una gran variedad de culturas, caracterizadas cada una de ellas por un idioma propio, unas tradiciones y unas formas artísticas características. Aunque la gran extensión del desierto del Sahara actúa como barrera divisoria natural entre el norte de África y el resto del continente, hay considerables evidencias que confirman toda una serie de influencias entre ambas zonas a través de las rutas comerciales que atravesaron África. La mayoría de las esculturas africanas están exhibidas en museos de Occidente.

Las artes africanas son fiel reflejo de las ricas historias, filosofías, religiones de los habitantes de este vasto continente. El arte africano, además de su importancia inherente a las gentes que lo produjeron, ha inspirado también a algunos de los más importantes artistas y movimientos del arte contemporáneo tanto de Europa como de América. Los artistas occidentales del siglo XX han admirado la importancia que se concede a la abstracción en el arte africano, estimulando con ello su falta de preocupación por el naturalismo.

En numerosas tribus indígenas de África, el arraigo de la tradición artística autóctona permitió el mantenimiento de diversas manifestaciones estéticas hasta épocas relativamente recientes. De hecho, es precisamente a partir de principios del siglo XX cuando este arte comienza a ser apreciado en Occidente, primero por los representantes de la vanguardia, y después por museos y público en general. Hay grandes diferencias estilísticas de unas zonas a otras, encontramos desde figuras y máscaras esquemáticas a piezas muy naturalistas. Aunque casi todas tienen en común la simetría, el darle más importancia a la cabeza y al torso, y mucho menos a las piernas, que se suelen representar cortas y con menos detalle que el resto de las partes del cuerpo.

En términos generales, como todas las manifestaciones artísticas primitivas, el arte africano es esencialmente funcional, siempre surge asociado a un acto religioso o de carácter social, y de ahí que esté fuertemente condicionado por las creencias.

Antes de que se iniciara el proceso de colonización del continente, la mayor parte de los pueblos africanos eran animistas, es decir, atribuían un alma o principio vital a todos los seres y fenómenos de la naturaleza. Solo las civilizaciones más desarrolladas llegaron a crear un panteón de divinidades establecidas. Los africanos creían en un dios todopoderoso que no se comunicaba con los imperfectos seres humanos. Esa divinidad otorgaba a todas las criaturas un espíritu, que podía ejercer una influencia positiva o negativa; los más poderosos eran los antepasados: cuando un hombre moría, su espíritu se separaba de su cuerpo y vagaba por el lugar donde vivió. Los africanos creían que estos espíritus moraban en las figuras talladas que representan a los difuntos y que eran custodiadas por sus parientes.

En general, los valores fundamentales que presiden este sistema de creencias son la unidad y la armonía dentro de la familia y con el clan, con los antepasados y los espíritus. La religión para ellos era un acto comunitario, no individual. Los nativos que se convirtieron al cristianismo o al islamismo se esforzaron por mantener estos principios. En este contexto se desarrollaron dos manifestaciones artísticas básicas diferentes: fetiches y máscaras: Los fetiches son objetos a los que se atribuye un poder sobrenatural para ejercer influencias maléficas o beneficiosas. Cabe distinguir entre figuras-relicario, con cavidades para guardar objetos; fetiches de clavos, que ejercen influencias malignas; fetiches que transmiten los mensajes de los espíritus, y tallas conmemorativas de personajes relevantes. Por su parte, las máscaras se emplean para captar la energía sobrenatural de los espíritus, en ritos funerarios y mágicos o en ceremonias destinadas a propiciar la fecundidad de la tierra. La realización de una máscara o de un fetiche se acompaña de un ritual específico, como el sacrificio previo de un animal.

La elección del naturalismo, de la extrema estilización o, al contrario, del exceso fantasmal se determina por las relaciones complejas que mantienen las esculturas con el medio ambiente. Se revelan como instrumentos activos por los cuales se estructuran y hablan los individuos.

Los objetos representan un papel primordial en las relaciones con el más allá, con el fin de poderse comunicar con los antepasados y con los espíritus.

La gran mayoría de las manifestaciones del arte africano tiene como materia básica la madera. En las tribus más desarrolladas se utilizaron, ocasionalmente, materiales como el hierro (en objetos de uso cotidiano, como cuchillos, azadas y hachas) o el bronce. El oro fue empleado por las culturas más evolucionadas, como las de Costa de Marfil, para joyas pequeñas.

En el arte africano de carácter religioso los principales temas de los objetos artísticos representan:

- **Fertilidad:** en estas sociedades, con economías basadas en la agricultura, ganadería y pesca, los rituales más importantes son los que más obras artísticas han producido, estando relacionados con la fecundidad humana y por extensión la del ganado y los campos. Todos estos pueblos tienen numerosas esculturas de maternidades, parejas y diferentes amuletos destinados a propiciar la fertilidad.
- **La muerte**: otro ritual que genera una gran producción de objetos artísticos. Se piensa que, de algún modo, los

muertos siguen presentes en el mundo de los vivos y con capacidad de influenciar en sus vidas. Por lo que hay que complacer a los difuntos, propiciando rituales y objetos escultóricos.

- **Espiritualidad**: el fetichero o *nganga* es a la vez médico, psicólogo y guía espiritual. Dentro de las prescripciones, puede incluir el encargo de la realización de una escultura a la que inducirá los poderes curativos concretos.

Las otras grandes demandantes de arte africano son las sociedades de máscaras, buena parte de ellas son secretas y casi todas masculinas. Junto a estas sociedades, los grandes y pequeños imperios africanos han generado también multitud de objetos de prestigio, esculturas, asientos reales, bastones de mando, tejidos, etc., destinados a exaltar el poder de sus propietarios.

En cuanto a la arquitectura africana se refiere, podemos señalar que existe una amplia variedad de estilos arquitectónicos. A lo largo de su historia, los grupos etnolingüísticos que poblaron África han tenido sus propias tradiciones arquitectónicas. En algunos casos, se han podido identificar amplios estilos, tales como la arquitectura saheliana en África occidental. En la zona de influencia del islam y la Iglesia ortodoxa, la arquitectura desempeñó un papel fundamental: existen notables ejemplos, tanto en el área occidental del continente (la mezquita de barro de Yené, en Malí) como en las regiones orientales (iglesias rupestres de Lalibela, en Etiopía).

Respecto a la música, África es un vasto continente que tiene diferentes regiones y naciones, y, por tanto, una gran variedad de tradiciones musicales. La música del norte de África tiene en su mayor parte una historia diferente de la región subsahariana.

La literatura es, probablemente, la más universal y considerada de las artes en África. Incluye mitos, cuentos, embrujos, proverbios y, sobre todo, poesía. Es también la manifestación más inaccesible a los forasteros, lo que explicaría por qué ha merecido, en términos comparativos, tan poca atención. Aunque se ha transmitido sobre todo oralmente, también ha existido cierta tradición escrita entre los hausa y suajili.

Algunos artistas contemporáneos han adoptado temas cristianos para los diseños de puertas, artesanados y pilas bautismales de las iglesias y catedrales del África cristiana.

Artistas como Twins Seven Seven y Ashira Olatunde, ambos de Nigeria, o Nicholas Mukomberanwa, de Zimbabue, o Eric Adjetey Anang, de Ghana, o Amadou Camara Gueye, de Senegal se cuentan entre los más brillantes seguidores de estas nuevas formas de creación artística.

SEGUNDA PARTE

DIOS HOY

CAPÍTULO 3
Dios hoy

Si bien es cierto que a lo largo de la historia de la humanidad tanto Dios como las religiones, y en consecuencia las organizaciones religiosas, han ocupado un papel relevante en los ámbitos de las artes, de las conquistas, de las guerras, y han contado con un gran poder, tanto político como social, que les ha permitido ejercer una gran influencia durante muchos años, de forma que les ha posibilitado que el mundo haya girado alrededor de lo que en cada cultura establecían los líderes religiosos. Sin embargo, también es un hecho evidente que, en la sociedad actual en la que vivimos, tanto Dios como las religiones están perdiendo peso día a día y que cada vez la figura de Dios, y la influencia de las religiones, y de sus respectivas organizaciones, es cada vez más irrelevante y resulta menos necesaria.

Son muchas las personas que en la actualidad han desplazado a Dios de sus vidas y viven como si no existiese. Dios siempre ha estado cuestionado, pero hoy lo está más que nunca. Los testimonios en contra de Dios reciben en los momentos actuales más audiencia que los que se pronuncian a su favor. Manifestarse creyente, al igual que ocurría hace unos años cuando uno se manifestaba ateo, suscita rechazo e incomprensión. Creer en Dios hoy es de incultos, tercermundistas o retrógrados, sin embargo, muchos de ellos creen en el horóscopo, en los espíritus, en las supersticiones y en dioses de comprar y tirar.

De ahí, y esto resulta aún más patente, que en la actualidad son mayoría las personas que «pasan» de Dios, les es indiferente. Son numerosas las que, a lo largo de estos últimos años, se han ido alejando de su figura, hasta quedarse en un espacio vacío de «sin», ni de «con». No creen en Dios, lo han marginado de sus vidas, pero tampoco han encontrado algo que les llene y les satisfaga.

A muchos, en la actualidad, Dios les resulta un «ser extraño» que no les aporta nada y, por lo tanto, no lo necesitan. Cuando entran en una iglesia o asisten a una celebración religiosa, todo les parece artificial, absurdo y vacío.

En la actualidad, la cuestión de Dios apenas atrae o inquieta a un número amplio de personas. Cada vez son más a los que sencillamente les deja indiferente. Ya no se rechaza la idea de Dios, como sucedía en la segunda mitad del siglo XX, momento en el que había numerosos ateos activos que presentaban sus argumentos y razonamientos en contra de su existencia. En la actualidad, sencillamente se le ignora.

En cuanto a la práctica religiosa se refiere, los datos de los que disponemos ponen de manifiesto que, en los últimos cincuenta años, se ha reducido a la tercera parte. Las iglesias se hallan vacías y quienes acuden a los actos religiosos son, sobre todo, mujeres mayores.

Dios está en retroceso especialmente en los «países cristianos» occidentales, no tanto en los musulmanes. Su arraigo en la vida cotidiana se debilita. Vivimos en una civilización irreligiosa.

Cuando se habla del magisterio de la Iglesia, solo se piensa en el referente a la jerarquía eclesiástica como si fuese la única organización o fuente con capacidad para exponer, interpretar y vigilar con autoridad los principios religiosos y la custodia de la fe auténtica.

Por ello, muchos creyentes cristianos orientan hoy su vida sin tener en cuenta las directrices que proceden del magisterio eclesiástico. Las orientaciones emanadas de la Iglesia no son reconocidas ni admitidas por los que hasta hace poco han sido sus seguidores. A la jerarquía eclesiástica no se le da ni se le reconoce la «autoridad» al efecto.

Se ha llegado a la convicción de que la creencia y la fe se puede desarrollar no solo «desde fuera», sino que también «desde dentro» de uno mismo, desde la experiencia religiosa propia de cada ser humano.

No obstante, y a pesar de que la creencia en Dios se está debilitando y reduciendo de forma progresiva en el mundo occidental desarrollado, en el resto del mundo sigue creciendo, especialmente el islamismo, lo cual nos lleva a que siga habiendo multitud de creyentes a lo largo y ancho del mundo, tal y como vamos a ver a continuación.

DISTRIBUCIÓN DEL NÚMERO DE CREYENTES Y NO CREYENTES EN EL MUNDO

A pesar del progresivo descenso que se viene produciendo, especialmente en los países desarrollados, la religión sigue siendo una parte integral de la vida de muchas personas, y el 84 % de la población mundial se identifica con un grupo religioso. El dogma del mundo está cambiando rápidamente, impulsado principalmente por los cambios demográficos, así como por el cambio de fe de las personas.

Según Visual Capitalist, empresa de medios de comunicación ubicada en Vancouver, Canadá, en su trabajo *The global religious composition landscape*, realizado en el mes de febrero de

2022, podemos observar que la distribución de creyentes en el mundo es la siguiente:

- 2400 millones de cristianos: 32 %
  - Católicos: 1313 millones.
  - Protestantes: 801 millones.
  - Ortodoxos: 286 millones.
- 1900 millones de musulmanes: 23 %

- 1100 millones de hindúes: 15 %
- 506 millones de budistas: 7 %
- 429 millones en otras religiones tribales: 3 %
- 50 millones de taoístas / sintoístas: 1 %
- 25 millones de sijs: 1 %
- 15 millones de judíos: 0,2 %
- 1200 millones de no creyentes: 16 %

Y según estimaciones efectuadas por Pew Research Center, organismo internacional de mayor prestigio de prospectiva de análisis de investigación de datos y de tendencias sociológicas, con sede en Washington, señala que para el año 2050 la distribución de creyentes y no creyentes en el mundo va a ser la siguiente:

		2050	2020
Cristianismo	31,4 %	2900 millones	2.400 millones
Islam	29,7 %	2800 millones	1900 millones
Hinduismo	14,9 %	1400 millones	1100 millones
Budismo	5,5 %	486 millones	506 millones
Judaísmo	0,2 %	16 millones	15 millones
Otras religiones	5,1 %	449 millones	429 millones
No creyentes	13,2 %	1230 millones	1200 millones
	100 %		

El perfil religioso del mundo está cambiando a gran velocidad, impulsado principalmente por las diferencias en las tasas de natalidad y el tamaño de las poblaciones jóvenes entre las principales religiones del mundo.

Así, las previsiones son que el cristianismo se va a mantener estable en términos relativos en el 31 %, si bien en términos absolutos va a subir en 500 millones. Se estima que en el año 2050 habrá unos 2900 millones de cristianos. La creencia religiosa va a bajar en Europa un 10 % y va a crecer en América Latina y África, donde el 40 % serán cristianos (1 de cada 4). Cuatro de cada diez cristianos del mundo vivirán en África subsahariana. En Estados Unidos los cristianos pasarán de representar más de tres cuartas partes de la población en 2010 a dos tercios en 2050. Los musulmanes serán más numerosos en Estados Unidos que las personas que se identifican como judías por motivos religiosos.

El islamismo y el número de musulmanes practicantes van a crecer y pasar en términos relativos del 23 % al 30 %, alcanzando a los cristianos, y en términos absolutos van a crecer en 900 millones, situándose cerca de los 2800 millones. Por lo que el número de musulmanes se va a igualar con el de cristianos en todo el mundo. El crecimiento se va a producir en todo el mundo, excepto en América Latina. En Europa van a crecer hasta llegar al 10 % de la población total. En España hay dos millones de musulmanes.

El budismo va a bajar un 0,3 % en términos relativos y 20 millones en términos absolutos, para situarse en la órbita de los 500 millones.

La India conservará una mayoría hindú, pero también tendrá la mayor población musulmana de cualquier país del mundo, superando a Indonesia.

El judaísmo se va a mantener en cifras absolutas y relativas en el orden de los 16 millones, pero se estima significativo señalar que el 12 % va a ser ultraortodoxo. En España se estima que hay alrededor de 45.000 fieles.

Los no creyentes van a disminuir del 16 % al 13 % en términos relativos y van a subir 30 millones en términos absolutos, situándose cerca de los 1230 millones. Se estima que en Europa van a crecer un 10 %.

En España, al igual que en el resto de Europa y América del Norte, el proceso de secularización sigue su curso. Así, según los datos de los que disponemos:

- Fundación Ferrer i Guàrdia 2022:
  - Creyentes: 58,8 %
  - No creyentes: 39,3 %
- CIS, junio 2024:
  - Creyentes: 57,4 %
  - No creyentes: 40,5 %
  - Católicos: 54,5 %
  - Practicantes: 17,8 %
  - No practicantes: 36,7 %

Por otra parte, es interesante saber que en España tenemos:

- 16 confesiones recogidas.
- 8 confesiones de arraigo: católicos - musulmanes - protestantes - evangélicos - mormones - ortodoxos - judíos - testigos de Jehová.

En la plasmación de cultos y de fieles adscritos a las diversas religiones existentes en el mundo, además de los mayoritarios (cristianos, musulmanes, hindúes, judíos y budistas) a los que a continuación haremos una amplia referencia, nos parece oportuno realizar una mención a los cultos y practicantes de carácter minoritario. Los colectivos más significativos son los siguientes:

- **Ortodoxos**. Pertenecientes a la llamada a la Iglesia cristiana bizantina, que se practica en los países del este de Europa, pero con la emigración se ha expandido a la Europa occidental. En España superan 1.500.000 fieles.
- **Cristianos evangélicos**. Las ramas evangélicas más antiguas surgieron en Europa en los siglos XVI y XVII. Sus fieles han crecido de forma exponencial en América. En España forman parte de esta confesión cerca del 2 % en la rama cristiana protestante.

- **Mormones**. Oficialmente están adscritos a la llamada Iglesia de Jesucristo de los Santos de los Últimos Días. Fue creada en Estados Unidos en el año 1830 por Joseph Smith. En España hay alrededor de 60.000 personas que pertenecen a esta Iglesia.
- **Testigos de Jehová**. Pertenecen a la entidad religiosa del cristianismo. Su origen se remonta a finales del siglo XIX y su creador fue Charles Taze Russell en Estados Unidos. En España hay cerca de 120.000 personas evangelizadas.
- **Gnósticos**. Su origen es un tema ampliamente controvertido. Entre los practicantes esotéricos destacan los pertenecientes al Movimiento Cristiano Gnóstico Universal, fundado por el colombiano Samuel Aun Weor. Existen centros gnósticos repartidos a lo largo de todo el mundo.
- **Adventistas**. Pertenecientes a la Iglesia Adventista del Séptimo Día. Fue fundada por William Miller en Estados Unidos a mediados del siglo XIX. En España tienen presencia desde 1903 y cuentan con cerca de 17.500 miembros.
- **Cienciología**. Su constitución como Iglesia de la Cienciología se produjo en el año 1953 en Estados Unidos a cargo de Donnald Hubbard. Los primeros grupos en España datan de alrededor del año 1980.
- **Taoístas y Confucionistas**. Derivados de la religión tradicional china. Se practica, sobre todo, en China, Corea, Vietnam, Japón, Taiwán, Hong Kong y Macao. Con datos del 2010 se estima que en el mundo hay cerca de 110 millones de seguidores, En España son minoritarios.

DE LO GENERAL A LO PARTICULAR

Si pasamos de lo general a lo particular, en lo referente a Dios en el momento actual, nos podemos encontrar tanto con ilustres creyentes como con ilustres no creyentes.

Así, entre los primeros, o sea, entre los ilustres creyentes, tenemos a Albert Einstein, quien manifestó: «No soy ateo, y no creo que me pueda llamar panteísta». El ilustre científico no creía en un dios personal. Ahora bien, su negación de un dios personal no suponía la negación de Dios. Para Einstein, Dios era la mente superior, el espíritu superior ilimitado, la fuerza racional superior y la fuerza misteriosa que mueve las constelaciones.

También resultan notables creyentes los padres de la física cuántica: Max Planck, Werner Heisenberg, Erwin Schrödinger y Paul Dirac. Así como otros científicos, tales como Paul Davies y, especialmente, Charles Darwin, naturalista inglés y padre del evolucionismo biológico, quien señaló: «Creo en una Primera Causa, dotada de una mente inteligente y análoga en cierta medida a la del hombre; y merezco, por tanto, ser llamado teísta». Finalmente, podemos señalar a filósofos y científicos como Pascal, Spinoza, Teilhard de Chardin, Bayes, y escritores como Tolstói.

Y lo mismo que ha habido y hay en la actualidad notables creyentes, también ha habido y hay notables no creyentes en los ámbitos científicos, sociales, literarios, etc., como son los casos de Freud, Karl Marx, Nietzsche, Sartre, Camus, y también un largo etcétera, e ilustres personas que se debatieron entre creer y no creer, como es el caso de Stephen Hawking y Kant, que señaló: «Nada podemos conocer de Dios; sin embargo, nuestra máxima moral debe orientarse a creer en él y a esperar una vida futura para que sea posible el cumplimiento del bien supremo».

Es cierto que cada vez es mayor el número de personas que han dejado de asistir a los actos religiosos, pero, al mismo tiempo, existe una gran búsqueda de la espiritualidad y de aspectos que transcienden al ser humano, tal y como podemos comprobar a continuación:

- Una tercera parte de la población cree en el espiritismo y en la reencarnación.
- El 68 % de las personas creen en el diablo.
- En EE. UU. hay censadas doscientas religiones.
- En los últimos años se han construido más de mil iglesias.
- Dios ha sido sustituido por la superstición, la astrología, la adivinación.
- Tres de cada cuatro jóvenes creen en la astrología.
- Son millares las personas que defienden la existencia de ovnis y de extraterrestres.
- Muchas personas creen en la veracidad de los curanderos.
- Se han intensificado las prácticas de la meditación zen.
- Llama la atención el éxito editorial que tienen libros de temas religiosos, como *El Código da Vinci*, *María Magdalena*, *La última cena sagrada*, *Homo Deus*, *Dios. Ciencia y pruebas*, etc.

Al igual que le pasó a Moisés en su huida de Egipto, cuando fue al monte Sinaí a la búsqueda de las Tablas Sagradas, a su regreso, tras cuarenta días de ausencia, encontró al pueblo hebreo adorando a un becerro de oro. Pues ahora pasa algo parecido: la marginación de Dios, su abandono de nuestras vidas, ha hecho que aparezcan nuevos dioses, tales como el dinero, el consumismo, el sexo, el poder, la información y la divinidad en la propia persona.

En el momento actual, el vacío que ha dejado Dios en nuestro interior ha sido ocupado por la propia persona. Yuval Noah Harari, en su libro *Homo Deus*, señala que «en el siglo XXI los humanos intentarán alcanzar la inmortalidad, la felicidad y la divinidad», así como que «el Homo sapiens ya ha terminado su recorrido para crear el Homo Deus».

Más adelante, Harari dice que, cada vez más, «el nuevo Dios es el dataísmo (datos, información). Si Dios es producto de la imaginación humana, la imaginación humana es a su vez producto de algoritmos bioquímicos». Y añade lo siguiente:

> En el siglo XVIII, el humanismo dejó de lado a Dios al pasar de una visión del mundo teocéntrica a una visión del mundo homocéntrica. En el siglo XXI, el dataísmo podría dejar de lado a los humanos al pasar de una visión del mundo homocéntrica a una visión del mundo datacéntrica. Este cambio no será una revolución filosófica, sino una revolución práctica.

CREENCIAS RELIGIOSAS MÁS SIGNIFICATIVAS

Con el transcurso de los años, la humanidad ha pasado de las culturas politeístas que hemos expuesto en el primer capítulo a las culturas monoteístas, como son el judaísmo, el cristianismo y el islam, y a las que podríamos añadir el budismo, aunque no adoren a un dios concreto.

A pesar de las significativas diferencias teológicas y culturales entre estas religiones, hay muchos elementos en común que las vinculan. Además de tener un origen común en Abraham, todas ellas creen en la existencia de un único dios. Son religiones éticas y valoran la justicia, el amor al prójimo y la caridad. También comparten relatos y personajes bíblicos, como Moisés y Jesús, que son considerados profetas por las tres religiones.

Es importante destacar que, a lo largo de la historia, estas religiones han tenido momentos de convivencia pacífica y de conflicto. Si bien comparten un origen común, las diferencias doctrinales y culturales han llevado a tensiones y enfrentamientos en diferentes épocas y lugares.

En la actualidad, el judaísmo, el cristianismo y el islam continúan siendo seguidos por millones de personas en todo el mundo. Cada una de estas religiones tiene sus propias prácticas, rituales y creencias, pero todas comparten, tal como hemos señalado, ese vínculo ancestral a través de Abraham.

Este origen común nos invita a reflexionar sobre la importancia del diálogo interreligioso y el respeto mutuo. A pesar de las diferencias, estas tres religiones tienen mucho más en común de lo que muchos piensan. Aunque nos parezca complejo y problemático, es fundamental buscar puntos de encuentro y promover la tolerancia y el entendimiento entre las diferentes comunidades religiosas.

- El judaísmo.
- El cristianismo.
- El islam.
- El budismo.

El judaísmo

Entrando en las religiones monoteístas, empezaríamos por el judaísmo, cuyos orígenes los encontramos en la emigración de una tribu sumeria que hacia el siglo XVIII a. C. abandonó Caldea para instalarse en el país de Canaán. Los descendientes de Abraham se constituyeron pronto en doce tribus que fijaron su residencia en Egipto. Considerados como esclavos, fueron liberados y unificados por Moisés. Tras su estancia en el desierto y la conquista de Canaán, los hebreos se hacen sedentarios y son dirigidos por sacerdotes, príncipes y jueces, hasta que acaban formando el reino de Israel. El judaísmo, que tenía orígenes politeístas, se consolidó así en una estricta creencia monoteísta y en el culto exclusivo a Yahveh, con el rechazo de la existencia de todos los demás dioses, ya fueran cananeos o extranjeros.

Históricamente, es la más antigua de las tres principales religiones abrahámicas y cuenta con el menor número de fieles entre ellas.

Aunque no existe un cuerpo único que sistematice y fije el contenido dogmático del judaísmo, su práctica se basa en las enseñanzas de la Torá, también llamado Pentateuco, compuesto por cinco libros. A su vez, la Torá o el Pentateuco es uno de los tres libros que conforman el Tanaj (o Antiguo Testamento), a los que se atribuye inspiración divina.

En la práctica religiosa judía, la tradición oral desempeña un papel importante. Según las creencias que siguen, la misión fue encomendada a Moisés, a quien se le entregó la Torá, que ha sido conservada desde su época y la de los profetas. La tradición oral rige la interpretación del texto bíblico, la codificación y el comentario. Esta tradición oral fue transcrita, dando nacimiento a la Mishná, que posteriormente sería la base del Talmud y de un enorme cuerpo exegético, desarrollado hasta el día de hoy por los estudiosos. El compendio de las leyes extraídas de estos textos forma la ley judía o *halajá*.

El rasgo principal de la fe judía es la creencia en un dios omnisciente, omnipotente, personal y providente, que ha creado el universo y ha elegido al pueblo judío para revelarle la ley contenida en los Diez Mandamientos y las prescripciones rituales de los libros tercero y cuarto de la Torá. Consecuentemente, las normas derivadas de tales textos y de la tradición oral constituyen la guía de vida de los judíos, aunque su observancia varía mucho de unos grupos a otros.

Otra de las características del judaísmo que lo diferencia de las otras religiones monoteístas radica en que se considera no solo como una religión, sino también como una tradición, una cultura y una nación. Las otras religiones trascienden varias naciones y culturas, mientras que el judaísmo considera la religión y la cultura concebidas para un pueblo específico.

El judaísmo se creó por Abraham en el siglo V a. C., y el judaísmo rabínico, tal y como hoy lo conocemos, se desarrolló entre los siglos III y VI d. C. Su libro básico es la Biblia hebrea y el Talmud, que fueron compilados en este período. En la actualidad se estima que hay unos 16 millones de judíos.

Tal como hemos señalado, el judaísmo se caracteriza por su creencia en un dios único, omnipotente, creador del mundo y soberano de la historia que ha pactado con Israel una alianza. Dios es absoluto, eterno e interviene en la historia de los hombres y se solidariza con los justos y oprimidos; es clemente y misericordioso. Es un dios de amor y justicia.

Los judíos piensan que Israel es el pueblo de Dios. Para merecer su amor, el pueblo debe cumplir la ley, la Torah. Esta ley abarca todos los sectores de la vida moral, política, social y económica del individuo, así como los ritos, fiestas, alimentación, sexualidad y tiempos. Todo se halla regulado.

El culto tiene para ellos una gran importancia, y tratan de que no caiga en el ritualismo. Los profetas denunciaron durante mucho tiempo la propensión judía al mero formalismo. Por otra parte, las fiestas y el culto carecen de significación si no van acompañados de obras de justicia.

Los judíos creen en la resurrección y consideran que la muerte es el regreso del alma a su lugar de origen y hay que vivirla como una noche entre dos días. El cuerpo muere, pero el alma sobrevive al sepulcro y permanece existiendo. Al morir se nace a un mundo espiritual. Y la muerte es la despedida del alma que retorna a su creador, mientras que el cuerpo regresa a la tierra, porque aquella viene de la esencia más interna de Dios. Para ellos, la vida es una preparación para ese mundo venidero; si se dedica la vida a crecer internamente, la cercanía de Dios será un paraíso; lo contrario, constituirá un alejamiento del creador del universo. Según Maimónides, filósofo y astrónomo, especialista en la Torah que vivió hacia el año 1200, dice: «Cuando finalice el proyecto Mundo, tal como lo conocemos, empezará una nueva etapa, la resurrección de los muertos, donde cuerpo y alma podrán vivir eternamente, en armonía, y toda la misión del cuerpo será estar al servicio del alma». La muerte es como «una mudanza, un tránsito, donde el alma recobra su estado de cercanía al Creador y ya no hay barreras».

Dentro de la religión judía, existen tres ramas principales que la conforman, y cada una de ellas tiene una versión propia de quien es reconocido como judío.

En primer lugar, se halla el judaísmo ortodoxo, que defiende que la ley judía (*halajá*) establece que aquel que ha nacido de madre judía o ha realizado un proceso de conversión (*guiur*) conducido por un rabino, una comunidad judía (la sinagoga) y finalizado ante un *beit din* (tribunal judío) ortodoxo es judío por definición.

En segundo lugar, está el judaísmo conservador, que defiende los mismos puntos que el anterior, con la particularidad de que los procesos de conversión aceptados son los realizados por la ortodoxia (proceso anteriormente citado) o por los *beit din,* propios del judaísmo conservador.

Y, en tercer lugar, está el judaísmo reformista, que considera que son judíos aquellas personas que han nacido de padres judíos o se han convertido ante un *beit din* ortodoxo, conservador o ante un rabino reformista (cabe mencionar que cada rabino reformista tiene libertad para decidir cuándo un prosélito pasa a ser judío). A este punto cabe añadir que los rabinos reformistas estadounidenses establecieron que los hijos de padre judío podían ser considerados como tales si recibían algún tipo de educación judía. Esto se debe a que un 57 % de los hombres judíos decidían casarse con mujeres gentiles.

Por lo tanto, ser judío es una cuestión de ascendencia biológica o adopción espiritual, por medio de hacerse prosélitos, descendientes biológicos o espiritualmente de los patriarcas Abraham, Isaac y Jacob. Según la *halajá*, una persona judía puede ser cristiana o musulmana sin perder su condición formal de judío, pero perdiendo los derechos religiosos y comunitarios, como es, por ejemplo, el derecho a la sepultura en un cementerio judaico.

Los principios básicos sobre los que se rige el judaísmo son los siguientes:

El judaísmo se basa en el Tanaj (lo que los cristianos llaman Antiguo Testamento), compendio de 24 libros que cuenta la historia del hombre y de los judíos, desde la Creación hasta la construcción del Segundo Templo, e incluye también preceptos religiosos, morales y jurídicos, filosóficos, profecías y poesías, entre otros. Sus cinco primeros libros, en conjunto conocidos con el nombre de la Torá o Pentateuco, son considerados escritos por inspiración divina y, por ende, sagrados, y su lectura pública se lleva a cabo en la sinagoga los días lunes, jueves y sábados, formando parte fundamental del culto judío, lo que le ha valido al pueblo judío el nombre de Pueblo del Libro.

La Torá es la fuente primera de los siete preceptos morales básicos que obligan a todo ser humano como tal, y de los 613 preceptos religiosos que obligan a los judíos.

Los preceptos jurídicos, éticos, morales y religiosos que emanan de la Torá, y que junto a su explicación de la Mishná conforman el corpus jurídico principal del judaísmo, el Talmud, que es conocido como la ley judía o *halajá*, cuya fuente compilativa principal es reconocida por los judíos de todo el mundo

La plegaria más solemne de la religión judía es la denominada *Shemá Israel*, que plasma la esencia misma de la creencia monoteísta. Aparece en el quinto y último libro de la Torá: «Oye, Israel, el señor es nuestro Dios, el señor es Uno».

El símbolo judío de nuestros días por excelencia es la estrella de David, también conocido como el «escudo de David», llamado así por la creencia de que el rey David lo adoptó como símbolo de armas en su escudo de guerra y en el de sus soldados, aunque aparece con su significado actual muchísimo más tarde, hacia la Edad Media. El otro símbolo conocido más antiguo del judaísmo es el candelabro ritual de siete brazos, emplazado antiguamente en el Tabernáculo (Éxodo) y luego en el primer y segundo Templo de Jerusalén.

Símbolo judío.

La vida judía se rige por un calendario basado en la combinación del ciclo mensual lunar y del año solar, cuyos orígenes se remontan a tiempos bíblicos, y por el cual se rigen las festividades y ritos de la religión hasta el día de hoy.

La festividad judía más venerada es el Shabat (sábado, reposo, cese de actividad), considerado sagrado, y superado en solemnidad solo por el Día del Perdón o Yom Kipur, precisamente llamado también Sábado de Sábados. Su relevancia en la vida judía es tal que está incluido entre los diez mandamientos, que se estiman palabra divina.

El liderazgo de la comunidad judía tradicional está en manos del rabino, persona culta y docta en la *halajá* que conduce a sus acólitos no solo en lo espiritual y religioso, celebrando el culto judío, sus festividades y celebraciones, sino que se gana el respeto de sus fieles como autoridad moral y líder comunitario, brindando consejo, solucionando problemas y dirimiendo todos los conflictos que pudiesen suscitarse entre sus miembros.

El culto judío se celebra en el templo o sinagoga, que sirve asimismo de lugar de reunión y encuentro comunitario, para cuyo fin el rezo en público requiere de un mínimo de diez varones. La sinagoga sustituye en tal función al Templo de Jerusalén, destruido en el año 70 y lugar único de oración y peregrinación hasta su desaparición física. Del mismo modo, los sacrificios rituales que allí se efectuaban fueron reemplazados por sendas plegarias, que el judío piadoso eleva tres veces al día: al alba, por la tarde y al anochecer. En días festivos se agrega una cuarta plegaria a media mañana, y solo en Yom Kipur se cierra la celebración con una quinta plegaria.

La religión y el pueblo judío consagraron desde siempre a la tierra de Israel, también llamada Tierra Sagrada, como uno de sus ejes principales, ya desde sus mismos albores (Génesis), convirtiéndose esta en parte integral de la idiosincrasia judía. Para ellos, el mundo se divide entre la Tierra Santa y todo el resto, a la que le llaman «diáspora». Así, las sinagogas de todo el mundo se construyen de cara a Israel; los rezos y festividades concuerdan con su clima y sus estaciones; gran parte de los preceptos pueden cumplirse solo al pisar su suelo. Dentro de la tierra de Israel, Jerusalén ocupa un lugar único en la devoción judía, y dentro de la ciudad, entre los restos del Templo de Salomón, el llamado Muro de los Lamentos es considerado el más sagrado de los sitios. También comparten con Jerusalén su condición de santidad, aunque en menor medida, las ciudades de Hebrón, Safed y Tiberíades.

El pueblo judío se identificó desde un principio con la lengua hebrea, considerada lengua sagrada, en la que están escritas la Torá y la mayor parte de la literatura judía. Relegada a condición de lengua muerta durante siglos, reservada a la oración, a la literatura y a los textos jurídicos y teológicos, fue recuperada como lengua hablada y modernizada con el resurgir del sionismo, y en la actualidad está adoptada como la lengua oficial del Estado de Israel.

El cristianismo

La segunda religión monoteísta importante en el tiempo es el cristianismo.

El cristianismo es una religión abrahámica monoteísta basada en la vida y enseñanzas de Jesús de Nazaret. En la actualidad es la religión más extensa del mundo y su influencia en la cultura occidental ha sido decisiva a partir del momento de su expansión, especialmente cuando pasó a ser la religión oficial del Imperio romano en el siglo IV.

Es una religión diversa tanto cultural como doctrinalmente. Tiene tres ramas o corrientes principales: el catolicismo (que responde a la autoridad del papa), la ortodoxia (separada del catolicismo en 1054) y el protestantismo (separado del catolicismo en el siglo XVI).

Sus adherentes, llamados «cristianos», comparten la creencia de que Jesús de Nazaret es el Hijo de Dios y el Mesías (en griego, Cristo) profetizado en el Antiguo Testamento y que sufrió, fue crucificado, descendió al infierno y resucitó de entre los muertos para la salvación de la humanidad.

Surgió del judaísmo a mediados del siglo I d. C., en la provincia romana de Judea, con el nacimiento de Jesús en una Jerusalén ocupada por los romanos, predominante pero no enteramente judía, donde confluían las filosofías tradicionales diferenciadas del pensamiento griego clásico con las del Imperio romano del momento.

En sus primeras décadas, el cristianismo era considerado por algunos como una doctrina sectaria de las tradiciones judías ortodoxas. Los primeros líderes de las comunidades cristianas fueron los apóstoles, y sus sucesores, los padres apostólicos. Este cristianismo primitivo se extendió de forma notable, pese a ser una religión minoritaria y perseguida. Durante los primeros siglos, los Padres de la Iglesia consolidaron gradualmente las doctrinas del cristianismo y elaboraron el canon del Nuevo Testamento.

El cristianismo primitivo se desarrolló en una época del Imperio romano durante la cual se practicaban muchas religiones, entre las que predominaban las religiones grecorromanas, el culto imperial romano y las diferentes religiones mistéricas, así como las religiones monoteístas filosóficas, como el neoplatonismo, el gnosticismo y, en menor medida, las religiones tribales «bárbaras» practicadas en la periferia del Imperio.

En el primer concilio de Constantinopla que tuvo lugar en el año 381, se integró la figura del Espíritu Santo para ser adorado y glorificado junto al Padre y al Hijo, y así se dice:

> Creemos en un solo Dios, Padre todopoderoso, Creador del cielo y de la tierra, de todo lo visible y lo invisible; y en un solo Señor, Jesucristo, el unigénito de Dios, nacido del Padre antes de

todos los siglos, luz de luz, Dios verdadero de Dios verdadero; engendrado, no creado, consustancial con el Padre, por quien todo fue hecho; que por nosotros los hombres y por nuestra salvación bajó del cielo y se encarnó por obra del Espíritu Santo y de María la Virgen y se hizo hombre; por nuestra causa fue crucificado en tiempo de Poncio Pilato y padeció y fue sepultado, y resucitó al tercer día según las Escrituras y subió al cielo; y está sentado a la derecha del Padre; y de nuevo vendrá con gloria, para juzgar a vivos y muertos, y su reino no tendrá fin. Y en el Espíritu Santo, Señor y dador de vida, que procede del Padre; que con el Padre y el Hijo recibe una misma adoración y gloria, que habló por los profetas. En una Iglesia santa, católica y apostólica. Confesamos un solo bautismo para la remisión de los pecados. Esperamos la resurrección de los muertos y la vida del mundo futuro. Amén.

La Iglesia de los primeros concilios ecuménicos se conoce frecuentemente como la Gran Iglesia, porque la Iglesia católica y las Iglesias ortodoxas orientales estaban en plena comunión. A partir de ese momento, y debido a disputas cristológicas, la Iglesia del Oriente se dividió y separó tras el Concilio de Éfeso (431) y las Iglesias ortodoxas orientales se separaron tras el Concilio de Calcedonia (451). La Iglesia católica y la Iglesia ortodoxa se separaron definitivamente en el Gran Cisma de 1054, en gran medida, por diferencias acerca de la autoridad del papa de Roma.

El protestantismo, aunque es en realidad un conjunto de denominaciones, aparece por primera vez durante la Reforma protestante del siglo XVI, debido a que eran muchos los fieles que percibían que se estaban produciendo importantes desviaciones teológicas y eclesiológicas en la Iglesia católica. Como respuesta a la Reforma protestante, la Iglesia católica celebró el Concilio de Trento (1545-1563) e impulsó la Contrarreforma.

Con el descubrimiento de América y la expansión europea, el cristianismo se extendió por América y por otras partes del mundo.

El cristianismo se basa en un hecho histórico específico, claramente diferenciado de otros más o menos parecidos, y tiene como único y claro punto de referencia la persona y el mensaje de Jesús de Nazaret; su vida, muerte y resurrección.

El cristianismo reconoce una realidad suprema a la que llama Dios. Pero no se trata de un poder o fuerza impersonal. Dios es alguien con el que el ser humano puede entrar en diálogo. Es el Dios de Jesús de Nazaret, creador de todo el universo, que se preocupa de los hombres y mujeres, y actúa en ellos con su gracia. Es el Dios que resucitó a Jesús y lo elevó sobre toda criatura del cielo y de la tierra. En el cristianismo hay tres figuras clave que configuran la Santísima Trinidad. Esta creencia afirma que Dios es un ser único que existe como tres personas distintas: el Padre, el Hijo y el Espíritu Santo.

Para el cristianismo el mundo que nos rodea es obra de Dios. Él sigue sosteniendo lo que «en el principio creó». Aquí y ahora es donde se está realizando la obra de salvación para cada uno.

Dios quiere al ser humano en medio de su creación para hacerla más humana.

Los cristianos creen en la resurrección y consideran que hay un más allá después de la muerte. La doctrina «oficial» de la Iglesia católica establece que, tras la muerte, y así señala que «cada persona tendrá un juicio de acuerdo a sus obras y, como consecuencia de estas, se producirá la salvación o la condenación eterna de forma que las personas que hayan sido buenas irán al cielo y las malas al infierno». Para los cristianos la vida no es un paréntesis entre la nada y la nada, y la muerte no es un hachazo inexorable que malogre el vivir, como pueden considerar los ateos, sino que es el inicio de una nueva vida espiritual. La muerte es el final de la vida terrena y el paso a una vida de mayor plenitud. El cristianismo considera que nuestras vidas están marcadas por el tiempo, en el curso del cual nacemos, crecemos y, como todos los seres vivos de la tierra, al final morimos. Con la muerte se pone fin a nuestra peregrinación aquí en la tierra, pero gracias a Cristo la muerte tiene un sentido positivo. Como dice san Pablo: «Para mí la vida es Cristo, y la muerte, una ganancia». Y también: «Si hemos muerto con Él, viviremos con Él».

Existe un núcleo más o menos compartido de creencias y doctrinas entre los diferentes grupos cristianos, si bien algunas de esas doctrinas no son aceptadas por todos. En ese núcleo se encuentra:

- Que Dios padre creó y conserva el universo.
- Que Dios padre se reveló desde el principio a los hombres y cuida del género humano para dar vida eterna a todos los que buscan la salvación con la perseverancia en las buenas obras.
- Que Dios es uno y, al mismo tiempo, tres personas distintas (Padre, Hijo y Espíritu Santo), con misiones diferentes; la doctrina de la Trinidad es aceptada por la mayoría

de los cristianos en la actualidad, pero no por todos, y es motivo de controversia desde los inicios del cristianismo.

- Que Dios habló a la conciencia de nuestros antepasados en distintas ocasiones y de muchas maneras por medio de los profetas, y que en la etapa final habló por su Hijo Jesucristo, hombre verdadero, que lleva a su plenitud la acción del Padre a favor de la humanidad.
- Que Jesucristo es el Mesías, es decir, el ungido de Dios en la tierra, su enviado, quien había sido anunciado en las profecías del Antiguo Testamento. A la vez, Jesucristo es el hijo de Dios y su forma de hacerse carne, es decir, de hacerse humano y padecer los sufrimientos de la humanidad. Nació de una mujer virgen, María, por obra y gracia del Espíritu Santo. Murió crucificado a los 33 años, lo que implicó un sacrificio para liberar a la humanidad de sus pecados y renovar su pacto con Dios.
- Que Jesucristo fue quien reveló la verdadera naturaleza de Dios, llamando a Dios «su Padre y nuestro Padre» y anunciando la venida del Espíritu Santo, el Espíritu de Dios, el mismo que lo movió a él y que hizo de sus apóstoles sus testigos.
- Que Jesucristo resucitó al tercer día de su muerte, se apareció a sus discípulos y posteriormente ascendió al cielo, donde se sentó a la derecha de Dios. Desde entonces, los fieles esperan su segunda venida, que marcará el fin de los tiempos y la llegada del juicio final, en el que los muertos resucitarán y serán juzgados. Los buenos y fieles entrarán en el Reino de Dios, y los malos e infieles irán a un lugar de castigo eterno, el infierno.
- Que su libro sagrado es la Biblia, que consiste en el Antiguo Testamento (coincidente con la Biblia hebrea) y el Nuevo Testamento.

En la actualidad, el cristianismo abarca tres grandes ramas:

- **El catolicismo o la Iglesia católica.** Es la rama más numerosa del cristianismo y abarca 24 Iglesias (la Iglesia latina y las Iglesias orientales o uniatas), que se hallan bajo la autoridad del papa, ubicado en la Ciudad del Vaticano. Su doctrina se basa no solo en la figura de Jesucristo, sino también en la Virgen María y en un extenso conjunto de santos, santas y mártires cristianos. Se estima que en esta rama hay unos 1390 millones de fieles en todo el mundo.
- **La ortodoxia o Iglesia ortodoxa.** Su nombre completo es Iglesia católica apostólica ortodoxa y se la considera la heredera del cristianismo de la mitad oriental del Imperio romano. Agrupa 15 Iglesias autocéfalas y varias Iglesias autónomas, que tienen sus propias autoridades, pero comparten la misma doctrina y reconocen al patriarca de Constantinopla como líder honorífico. La ortodoxia se separó de la Iglesia católica durante el Cisma de Oriente y Occidente en 1054, y hoy en día posee alrededor de 300 millones de fieles en todo el mundo.
- **El protestantismo o las Iglesias y movimientos protestantes.** El protestantismo nació en el siglo XVI con la llamada Reforma protestante, iniciada por Martín Lutero (1483-1546). Esta reforma rompió con muchos de los preceptos del catolicismo, especialmente con la idea de la infalibilidad del papa, cuya autoridad decidieron no reconocer. Así, nacieron diferentes iglesias y movimientos protestantes que, aunque permanecen fieles al cristianismo, lo interpretan de un modo distinto a la doctrina católica, pues defienden un retorno al cristianismo primitivo y promueven la doctrina de la salvación por la fe. Las principales Iglesias y movimientos protestantes son: la Iglesia anglicana, las Iglesia luterana, la Iglesia evangé-

lica, las Iglesia pentecostal, la Iglesia bautista y la Iglesia restauracionista. En total, el protestantismo posee unos 800 millones de seguidores en todo el mundo.

La religión cristiana se caracteriza por sus ritos, que pueden variar mucho, dependiendo de la Iglesia cristiana en la que se practiquen. Sin embargo, algunos son compartidos por todas o por la mayoría de las comunidades cristianas, aunque no necesariamente del mismo modo. Así, por ejemplo, tenemos:

- **El bautismo**. Es el rito o sacramento de iniciación a la fe cristiana, generalmente llevado a cabo en la niñez. Consiste en derramar agua sobre la cabeza de la persona o sumergir completamente a quien es admitido como cristiano, a semejanza del rito iniciático que realizaba Juan el Bautista en el río Jordán y con el que fue bautizado Jesús, según la tradición cristiana. Se considera que el agua del bautismo limpia del pecado original a la persona bautizada, que así renace espiritualmente y es preparada para el encuentro con Dios.
- **La misa**. Es una reunión, por lo general semanal, en la que se lleva a cabo la liturgia cristiana, en días y horarios específicos según el contenido a leer y los hechos a conmemorar. Las principales misas son las que se celebran los domingos (considerados el día del Señor) y las que corresponden a fechas importantes para la religión cristiana, como son el nacimiento de Cristo (las misas de vigilia y de Navidad del 24 y el 25 de diciembre, o el 6 y el 7 de enero en la Iglesia ortodoxa) y la resurrección (la misa del Domingo de Pascua). En algunos casos, también se celebran misas diarias.
- **La eucaristía o comunión**. Es el rito o sacramento de aceptación voluntaria del cuerpo y la sangre de Cristo, que según algunas teologías se manifiestan en el pan y el

vino consumidos al final de la misa. En la Iglesia católica, se celebra un evento importante, conocido como «primera comunión», que consiste en la primera participación de los jóvenes cristianos en el sacramento de la eucaristía. A este sacramento sigue la confirmación, que supone la integración plena del individuo en la comunidad cristiana.

- **La confesión y la penitencia.** Practicadas en el catolicismo y en la ortodoxia, consisten en la narración de los propios pecados por parte del fiel a un sacerdote confesor, para que este lo absuelva y lo oriente espiritualmente hacia el perdón de Dios mediante la imposición de una penitencia.

El cristianismo es la religión que en la actualidad tiene más fieles o seguidores, se estima que son próximos a los 2400 millones, si bien su influencia está en retroceso en Europa e importante alza en América Latina y África. Para el 2050 se considera que puede haber en el mundo 2900 millones de cristianos.

El islam

La tercera religión monoteísta importante en el tiempo es el islam.

El islam surgió en la península arábiga en el siglo VII de la era cristiana con la aparición del profeta Mahoma, que nació en La Meca. Quedó huérfano muy pronto y fue recogido por su tío. Trabajó con caravanas y guerreó dentro de su tribu. Hombre excepcionalmente dotado, administró con gran interés los bienes de una viuda rica, con la que se casó. Conoció la religión judía y la cristiana. Hacia los cuarenta años, pasó por una crisis religiosa y se retiró a meditar al desierto. Allí se sintió llamado a conducir a su pueblo hacia la religión del Dios único, al que llamó Alá, en un entorno politeísta e idólatra. Él mismo se presenta como profeta del Dios único, y señaló que había recibido un libro revelado, llamado el Corán. Tuvo una fuerte oposición inicial entre sus paisanos que lo llevó a emigrar al norte de Arabia, a Medina, pero, años más tarde, vuelve a reconquistar la Meca y consiguió establecer la unidad de todo su pueblo. Murió en el año 632 sin descendencia masculina, lo cual provocó una lucha de poder entre sus seguidores que ha permanecido a lo largo de la historia.

Un siglo después de la muerte de Mahoma, el islam se extendió desde el océano Atlántico en el oeste hasta Asia central en el este.

La muerte de Mahoma abrió una profunda pugna en el seno del islam que se saldó en el 661, tras la primera fitna o guerra islámica, cuando sunismo y chiismo separaron sus caminos. Los primeros consideraron que Abu Bakr, amigo de Mahoma, debía ser el nuevo líder, mientras que los segundos apoyaron a Alí, primo del profeta. Con la victoria del bando suní, el chiismo quedó relegado a una minoría que ha sido desde entonces perseguida dentro del islam.

La rivalidad entre ambas ramas musulmanas ha estado presente en infinitas pugnas por el poder entre los países árabes, como ha sucedido en el Irak suní de Sadam Huseín —con la mayoría del país siendo chií—; en la Siria dominada, hasta hace poco, por la familia alauí Al Asad, una rama lejana del chiismo, y también en la tensión regional entre Irán, bastión del chiismo, y la Arabia Saudí cuna del sunismo fundamentalista.

Junto con suníes y chiíes, la primera fitna también dio pie al surgimiento de una nueva rama independiente dentro del islam: el jariyismo. El término árabe *jariyí*, «el que sale», hace referencia al grupo de musulmanes que abandonaron el bando de Alí en el 657 cuando este aceptó una mediación entre él y su adversario.

Pero los jariyíes tampoco fueron los primeros en apartarse de la doctrina única del islam. En realidad, fueron los coranistas quienes decidieron seguir su propio camino tras el impulso que les dio el segundo de los califas ortodoxos —así se conoce a quienes gobernaron el Imperio islámico tras la muerte de Mahoma—. Fue Omar quien prohibió el jadiz durante su mandato entre 634 y 644. El jadiz hace alusión a los hechos o dichos de Mahoma recogidos testimonialmente por segundas personas, los cuales no son considerados textos sagrados por los coranistas.

Los seguidores del islam se denominan «musulmanes», de ahí que no deba confundirse lo «islámico» o lo musulmán, término que designa a todo lo relativo al islamismo, con lo «islamista». El islamismo es un conjunto heterogéneo de movimientos políticos cuya ideología y programa político consiste esencialmente en la adaptación de la vida política a las reglas y mandatos religiosos del islam. Con frecuencia se confunden los significados de palabras o términos como «árabe», «musulmán» o «mahometano», «islámico» e «islamista», que tienen significados distintos.

Desde la fundación del islam como religión, la comunidad musulmana se divide en dos grandes ramas principales: los sunitas y los chiitas, y otras ramas secundarias, como con el sufismo, la jariyismo, el ibadismo y el ahmadismo en la India.

Las dos principales ramas del islam, sunismo y chiismo, se han enfrentado desde sus orígenes para decidir quién tiene el derecho legítimo a liderar a los musulmanes. Este enfrentamiento ha provocado una profunda división que todavía sigue en la actualidad.

Aunque los sunitas y los chiitas comparten creencias y prácticas religiosas, es cierto que se diferencian en muchos otros aspectos, como los rituales, las leyes, los fundamentos de la teología y la organización de sus comunidades.

Sunitas y chiitas son musulmanes separados por los ritos religiosos, al igual que les ocurre a los cristianos, protestantes y evangélicos.

Los sunitas son el grupo mayoritario entre los musulmanes, donde cerca del 90 % de la población musulmana en todo el mundo pertenece a esta rama, considerada la más tradicional del islam.

El nombre de «sunitas» proviene de la Sunna, la colección de enseñanzas, dichos y actos atribuidos al profeta Mahoma y que han sido transmitidos de forma oral a lo largo de los siglos.

Los sunnitas se definen a partir de la siguiente expresión: «Pueblo del ejemplo de Mahoma y de la comunidad».

Los sunitas creen que Mahoma no designó específicamente a un sucesor para dirigir la comunidad musulmana antes de su muerte; sin embargo, aprueban la elección privada del primer compañero, Abū Bakr. Los sunitas también creen que el cargo de califa puede alcanzarse democráticamente, al obtener la mayoría de los votos, pero después de los Rashidun el cargo se convirtió en un gobierno hereditario dinástico debido a las divisiones iniciadas por el Umayyad y otros. Hasta la caída del Imperio otomano en 1924 con la toma del poder por parte de Kemal Ataturk, nunca había habido otro califa tan ampliamente reconocido en el mundo musulmán como Abdul Mejid II.

Por su parte, los chiitas constituyen cerca del 10 % de los musulmanes que existen en el mundo. Tienen una jerarquía de clérigos que defienden una interpretación más abierta de los textos islámicos.

Esta rama de la religión nació como una facción política liderada por Alí, primo y yerno de Mahoma, quien estaba casado con Fátima, la hija del profeta.

Alí murió asesinado durante las guerras de poder que se desataron después de la muerte del profeta. A sus hijos, Hassan y Hussein, también se les negó el derecho de sucesión. Desde entonces, los chiitas reclaman su papel como líderes del islam por ser los descendientes directos de la familia del profeta.

Muchos conflictos y guerras que se han producido a lo largo de la historia en la región del Oriente Medio tienen su origen en la división entre sunitas y chiitas. El enfrentamiento entre estas dos ramas del islam ha provocado guerras civiles en países como Siria, Irak, Yemen y el Líbano, donde la población se ha visto gravemente afectada.

A esto se debe añadir la escalada de tensión entre las dos grandes potencias que lideran los dos bloques del islam: Arabia Saudí, cuya monarquía es sunita, e Irán, gobernado por líderes chiitas.

En los últimos años, la aparición del autoproclamado Estado Islámico también ha influido en el frágil equilibrio de fuerzas en la región. El grupo terrorista que se deriva del mismo se define como una versión radicalizada del sunismo, aunque la gran mayoría de la comunidad musulmana rechaza su violencia.

Según el cuadro elaborado por el Orden Mundial podemos poner de manifiesto la ramificación del islam contemplando su evolución histórica de la siguiente forma:

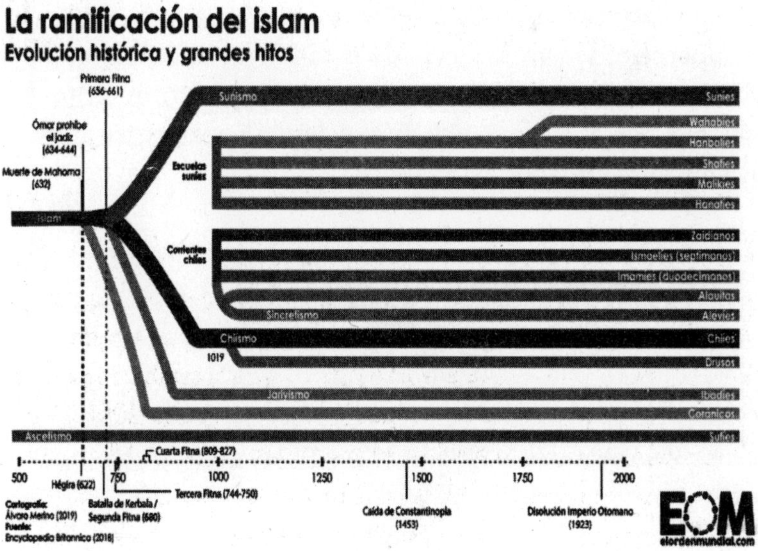

El Corán es el libro religioso principal de lectura de los musulmanes. Es un manual de oración, un código de derecho y una guía de vida. Según sus convicciones, Mahoma no escribió el Corán. El libro es la palabra de Dios. El autor es el propio Alá. Mahoma es, simplemente, el receptor de su revelación. Tiene gran parecido al Antiguo Testamento y al Evangelio.

Para los musulmanes, a diferencia de los cristianos, Dios es único, no ha engendrado ni ha sido engendrado. Todo es perecedero. Para ellos, Mahoma es el enviado de Alá, el último de los profetas, tras Abraham, Moisés y Cristo. A los niños, al nacer, las primeras palabras que se le susurran al oído y las últimas que un musulmán pronuncia cuando muere son las que constituyen el principio del islam: «Doy testimonio de que no hay más Dios que Alá, y Mahoma es su profeta».

Al igual que otras religiones abrahámicas, el islam también enseña que hay un juicio final donde los justos son recompensados en el paraíso y los injustos son castigados en el infierno.

Los conceptos religiosos y las prácticas incluyen los cinco pilares del islam, que son actos de adoración obligatorios, así como el seguimiento de la ley islámica (*sharía*), que toca prácticamente todos los aspectos de la vida y la sociedad, desde la banca y el bienestar hasta las mujeres y el medio ambiente. Las ciudades de La Meca, Medina y Jerusalén albergan los tres lugares más sagrados del islam.

Símbolo islámico.

Para los musulmanes el alma es inmortal. Dios juzgará a los hombres y mujeres, y estos resucitarán. El paraíso es descrito como un oasis con toda clase de árboles y fuentes de agua. En lo más hondo del infierno están las personas que se han comportado mal.

Los musulmanes consideran que, cuando la persona ha sido buena, el alma sale del cuerpo fácilmente, sin ningún dolor. En cambio, cuando ha sido mala, su alma sale con mucho dolor. Si el alma ha sido buena, en el cielo se invoca a Alá por su misericordia, pero se la rechaza si ha sido mala. En cualquier caso, Alá pide que se devuelva esa alma a su tumba y permanezca junto a su cuerpo a la espera del juicio definitivo. El islam se interesa más en explicar cómo tenemos que obrar en la vida que cómo vamos a vivir tras la muerte, aunque, eso sí, existe una abundancia de textos sobre el día del juicio final.

Los musulmanes deben testimoniar que no hay otro Dios que Alá, y que Mahoma es su profeta. Los cinco pilares en que se basa el islam, según el sunismo, son los siguientes:

- **La fe, el testimonio**. Primer pilar del islam, que dice: «No hay dioses, solo un Dios [principio suficiente] y Mahoma es su profeta».
- La **oración**. Debe ser realizada cinco veces al día (del alba, del mediodía, de la media tarde, del crepúsculo y de la noche), repitiendo textos tradicionales del Corán, con actitudes y gestos en dirección a La Meca (la Mezquita Sagrada) y la oración comunitaria de los viernes en la mezquita, presidida por el califato.
- La **limosna**, también conocida como el **azaque**. Es una obligación económica imponible sobre los bienes privados en beneficio de un grupo específico de personas en un momento determinado.
- El **ayuno** en el mes de Ramadán (el noveno según el calendario lunar islámico), que consiste en la abstención

de ingesta de alimentos de cualquier índole y de contacto sexual hasta la puesta del sol. Este principio es dispensado por motivos de salud, edad, embarazo o viaje, debiendo compensarse su no cumplimiento con la ayuda equivalente a un necesitado o el ayuno en otro momento del año.

- La **peregrinación** a La Meca (con mayor precisión a la Kaaba, considerada por los creyentes como el primer santuario monoteísta, erigido por Adán mismo y reconstruido por Abraham e Ismael), al menos una vez en la vida, mientras exista la bonanza de medios para ello.

El modo de vida islámico se encuentra basado en una relación personal entre Alá y el creyente, siguiendo la Sharía, en donde la intención será el rasgo fundamental que rija todas las acciones del mismo.

En la actualidad, el islam es la segunda religión más grande del mundo, tras el cristianismo, al tener 1900 millones de seguidores, y es la que tiene mayor previsión de crecimiento para los próximos años en términos de seguidores. Se estima que van a alcanzar los 2800 millones, aproximadamente el 30 % de la población mundial, en el año 2050.

El budismo

Y finalmente, tenemos el budismo, que comenzó en el siglo V a. C. con el nacimiento, en los confines del Nepal, de Siddhartha Gautama, Buda (el Despierto), quien fue un asceta, filósofo y sabio sobre cuyas enseñanzas se fundó el budismo. Tenía todo para ser feliz, pero la vejez, el sufrimiento y la reflexión sobre la muerte lo llevó a un cambio radical de su vida. A los veintinueve años se escapó de casa por la noche, abandonando a su esposa y a su hijo pequeño. Se entregó a la austeridad hasta agotarse. A los seis años de su marcha consideró que había descubierto el secreto del dolor universal y decidió mostrar el camino a los demás. Enseñó principalmente en el noroeste de la India durante unos cuarenta años. Su enseñanza se basa en una visión del sufrimiento y en cómo superar el mismo (nirvana).

Después de su muerte, la comunidad budista compiló sus enseñanzas en extensas publicaciones, los discursos (*sutras*) y los códigos monásticos. Estas enseñanzas se transmitieron en dialectos como el pali, a través de una tradición oral en las diversas comunidades que se extendieron a lo largo de toda la India. Las generaciones posteriores compusieron textos adicionales, como tratados sistemáticos, biografías del Buda, colecciones de cuentos populares y discursos adicionales.

La mayoría de las tradiciones del budismo y la filosofía del mismo comparten el objetivo de superar el sufrimiento y el ciclo de muerte y renacimiento, ya sea por el logro del nirvana o por el camino de la budeidad. Las escuelas budistas varían en su interpretación del camino hacia la liberación, la importancia relativa y la canonicidad asignadas a los diversos textos budistas, así como por enseñanzas específicas. Las prácticas, ampliamente observadas, incluyen el modo de refugiarse en el buda, el *dharma* y la *sangha*, el cumplimiento de los preceptos morales, el monasticismo, la meditación y el cultivo de las perfecciones y virtudes.

A pesar de la enorme variedad de prácticas y de manifestaciones existentes, las escuelas budistas comparten varios principios filosóficos entre sí. Todos los elementos de las enseñanzas filosóficas fundamentales se caracterizan por estar estrechamente interrelacionados y conectados unos con otros, por lo que para alcanzar su entendimiento se necesita una visión holística, como un todo, de su conjunto. Además, se suele subrayar el hecho de que todas las enseñanzas están orientadas a guiar o señalar el *dharma*, es decir, la ley universal u orden cósmico del cual debe darse cuenta y descubrir el propio practicante.

Aunque el budismo tiene un vasto número de escrituras y prácticas, el núcleo esencial del budismo son las cuatro nobles verdades, los ocho preceptos y el noble camino óctuple, y todos ellos se caracterizan por no tener ni hacer mención alguna a dioses o a alguna veneración a deidades. Son puramente éticas, meditativas, y muestran directrices basadas en las verdades relativas al sufrimiento. Ambos aspectos configuran el núcleo del budismo y los vamos a desarrollar más adelante.

Si bien el budismo es considerado como religión no teísta, sí acepta la creencia de realidades espirituales, como el renacimiento, el karma y la existencia de seres espirituales, pero no rinde culto a dioses concretos.

En el budismo existen cuatro ramas principales:

- La ***mahayana***, conocida como doctrina del «gran vehículo». Es la rama principal y la practican el 65 % de los budistas. El *mahayana*, que incluye las tradiciones de la tierra pura, el zen, el budismo de Nichiren, el Shingon y la escuela del Tiantai, se practica en todo el este de Asia.
- La ***theravada***, conocida como la doctrina de los ancianos. La practican el 28 % de los budistas. El budismo *theravada* es dominante en Sri Lanka y el sudeste asiático, como en Camboya, Laos, Birmania y Tailandia.
- La ***vajrayana***, conocida como doctrina del «vehículo del *vajra*». Es una de las minoritarias al ser practicada por el 5 % de los budistas.
- La ***navayāna***, conocida como doctrina del «nuevo vehículo». Es la más reducida al no llegar al 2 % de los budistas.

Símbolo budista.

Como hemos señalado, el budismo contempla, como uno de sus pilares, la vivencia de las cuatro nobles verdades, que son:

- **La universalidad del dolor**. Todo es dolor y tiene su origen en la fugacidad de las realidades. *Duhkha* es el concepto central del budismo y se traduce como la «incapacidad de satisfacer». La vida es imperfecta, la insatisfacción y el sufrimiento existen y son universales. Este es el punto de partida de la práctica budista. Todo es sufrimiento: el nacimiento es sufrimiento, la vejez es sufrimiento, la enfermedad es sufrimiento, la muerte es sufrimiento, asociarse con lo indeseable es sufrimiento, separarse de lo deseable es sufrimiento, no obtener lo deseado es sufrimiento. De ahí que los cinco agregados de la adherencia sean sufrimiento. La orientación básica del budismo expresa que anhelamos y nos aferramos a situaciones y cosas impermanentes. Esto nos coloca en el estado de *samsara*, el ciclo de repetidos renacimientos y muertes. Queremos alcanzar la felicidad mediante situaciones y bienes materiales que no son permanentes y, por tanto, no logramos nunca la verdadera felicidad.

- **El origen del dolor**. El sufrimiento se origina en el ansia que causan los deseos, los sentidos o el placer sensual, así como cualquier situación o condición placentera, buscando la satisfacción ahora aquí y después allí. Hay tres formas de anhelo: anhelo de placeres sensoriales, anhelo a continuar el ciclo de vida y muerte, y el anhelo a no experimentar el mundo y los sentimientos dolorosos. El error se produce al creer que algún acto, logro, objeto, persona o entorno nos llevarán a la satisfacción permanente del «yo», cuando el «yo» en sí no es más que una fabricación impermanente de la mente. El apego y el anhelo producen karma que nos ata al *samsara*, o sea, al ciclo de renacimientos y muertes.
- **La supresión del dolor**, a través del aniquilamiento del deseo, de apagar la sed insaciable para lograr la meta de la salvación. El sufrimiento se extingue con el abandono del anhelo y con la ausencia de la pasión. Esto es el nirvana. Esta verdad dice que es posible poner fin al sufrimiento. El nirvana es el «apagar» de nuestras vidas, tal como la llama de una vela que se extingue con el viento.
- **El camino de salvación**, en base a la recta opción y visión de las cosas, la recta intención, la recta palabra, la recta acción, la recta forma de vida y la recta concentración. El budismo prescribe un método, o camino, con el que se intenta evitar los extremos de una búsqueda excesiva de satisfacción por un lado y de una mortificación innecesaria por el otro. Este camino comprende la sabiduría, la conducta ética y el entrenamiento o cultivo de la mente y corazón por medio de la meditación, la atención y la plena consciencia del presente de manera continua. Se requiere método y disciplina para eliminar la ignorancia,

el anhelo y finalmente el *duhkha*, que, como hemos señalado en la primera verdad, es el camino de la sabiduría, de la ética y de la meditación, expuesto de manera detallada en el noble camino. Su doctrina se fundamenta en el esfuerzo personal y considera que no se debe esperar nada de nadie, sino que debemos basarnos en nosotros mismos, y esa es la base para suprimir el dolor y acceder a la liberación. Hay que tomar un camino que sea un término medio entre las austeridades y la vida mundana.

Asimismo, consideran que tanto los laicos como los principiantes en la práctica del budismo deben observar y cumplir los ocho preceptos básicos, que son los siguientes: no matar, no robar, castidad, no mentir y no ingerir productos intoxicantes que oscurezcan el espíritu, además de no realizar actividad sexual, abstenerse de comer en el momento equivocado (después del mediodía), abstenerse de usar joyas, perfumes, adornos, entretenimientos y de dormir en una cama alta.

Y muy ligado a los preceptos señalados está el noble camino óctuple que se concreta en los siguientes aspectos:

- **La visión correcta**. La creencia de que hay una vida futura y que la misma no termina con la muerte, así como que Buda enseñó y siguió un camino exitoso hacia el nirvana.
- **El pensamiento correcto**. La intención a la renuncia, a pensamientos de no sensualidad, a la paz, evitando la mala voluntad y la crueldad.
- **El hablar correcto**. No mentir, no hablar con palabras ásperas o hirientes, no decirle a una persona lo que otra dice sobre ella, así como hablar con lo que conduce a la salvación.
- **La acción correcta**. No matar ni herir, no tomar lo que no se da, no realizar actos sexuales en la vida monás-

tica. Para los budistas laicos es un requerimiento vivir sin practicar una conducta sexual inapropiada, como la participación sexual con alguien casado o con una mujer soltera protegida por sus padres o parientes.

- **Los medios de vida correctos**. Para los monjes, significa poseer lo que es esencial para mantener la vida y suplicar por su comida. Para los budistas laicos, es abstenerse de trabajos inmorales y no convertirse en un medio de sufrimiento para los seres sintientes.
- **El esfuerzo correcto**. Proteger la mente contra los pensamientos sensuales y otros obstáculos espirituales. Este concepto, afirma Harvey, tiene como objetivo prevenir estados no saludables que interrumpen la meditación.
- **La atención plena correcta**. Nunca estar ausente, y siempre ser consciente de lo que uno está haciendo. Esto fomenta la atención plena sobre la impermanencia del cuerpo, los sentimientos y la mente, además de los cinco obstáculos, de las cuatro nobles verdades y de los siete factores del despertar.
- **La concentración correcta**. Meditación correcta, unificación mental o concentración, explicada como las cuatro *jhānas*.

El pensamiento budista no tiene por objeto la veneración de una persona humana o divina. Buda no es una deidad, ni un mediador enviado por ningún dios; no puede actuar como salvador o redentor de otros.

El budismo es una religión cosmocéntrica ya que incide en que lo absoluto lo encontramos en el cosmos, siendo la persona humana una ilusión, y el yo personal efímero, a diferencia de las religiones occidentales que estiman a la persona como el eje esencial.

Mucho más importante que la persona de Buda es la idea de enseñanza o doctrina (*dharma*) que él ofrece. Según la concepción budista, el *dharma* es intemporal, no vinculado a la historia o al sujeto. En línea con la tradición india, la doctrina revelada por Buda fue transmitida inicialmente por vía oral, cuidadosamente memorizada, y solo muchos años después fue puesta por escrito.

Los budistas creen en la reencarnación, que la vida es eterna y cada ser vivo está sometido a un ciclo continuo de nacimiento y muerte, por lo que todo ser humano atraviesa sucesivas encarnaciones, así que la muerte no se considera el fin. Consideran que la muerte no es un castigo, sino parte de la naturaleza de la vida; la cuestión es cómo vamos a morir, cuándo y dónde, algo que desconocemos, por lo que conviene meditar sobre ello. Sí es importante para ellos saber que no es Dios quien decide las condiciones de nuestra muerte, sino que lo determina el propio karma, es decir, las consecuencias de nuestras acciones. El alma, ciertamente, no muere. Si nuestra mente está muy aferrada a lo material, la muerte será dolorosa y sufrida, por lo que, mientras mayor sea ese apego, más complicada será la reencarnación, en la que cree el budista. Las sucesivas reencarnaciones constituyen un estado, del que es necesario salir para alcanzar el nirvana y no proceder a una nueva reencarnación. Por eso, mientras más karma malo acumulemos, pasaremos más encarnaciones y más costará alcanzar el nirvana. En definitiva, piensan que Dios no puede salvar al mundo, somos los humanos quienes podemos y debemos hacerlo.

El budismo es actualmente una de las religiones más antiguas y practicadas en el mundo al contar con más de 500 millones de seguidores. Desde su aparición, y a lo largo de los siglos en que se desarrolló, el budismo ha sido seguido en varios países y diferentes culturas, añadiendo a su cultura india de origen el resto de las culturas de la mayoría de los países asiáticos.

POSICIONES RELIGIOSAS EN LA ACTUALIDAD

Tras la exposición de los aspectos más significativos que caracterizan a las más importantes religiones existentes en el mundo, creemos de interés señalar que en el momento actual se puede observar la existencia de diferentes comportamientos en las personas en cuanto a la práctica religiosa se refiere, y así podemos estructurarlos y clasificarlos en nueve grupos diferenciados, como son los siguientes:

1. Los creyentes de siempre

Vamos a denominarlos «creyentes tradicionales», que son aquellos que mantienen las creencias y siguen por tradición los ritos heredados de su cultura y, en especial, de sus padres, del entorno y de la sociedad donde viven.

Siguen haciendo y repitiendo lo que siempre han hecho. Muchas de estas personas no han sabido crecer ni madurar en lo que a sus creencias religiosas se refiere y se han quedado ancladas en una posición de confort y rutina.

2. Los que han hecho o construido su propia religión a base de coger ideas de un sitio y de otro

Hay muchas personas que han creído durante años y ahora no creen en la figura del Dios que se les inculcó. Creyeron en una divinidad tal como se la pintaron y ahora han descubierto que no es real. Tampoco creen en el Dios que presentan los sacerdotes o la Iglesia; no obstante, sí creen en un ser superior, en algo o alguien que ha creado el universo y todo lo que nos rodea, y piensan que todo esto ha tenido que salir de algo o alguien, y ese algo o alguien, al que llaman Dios, es en el que creen ahora, el cual los ha llevado a construir una posición personal, o bien a configurar su propia religión en base a adaptar lo que de las diferentes religiones les parece más apropiado.

3. Los fundamentalistas

Los dogmáticos, los fanáticos que se consideran poseedores de la verdad y llevan su religión a extremos perversos. Tratan de «imponer» sus ideas y sus razones por las buenas o por las malas. Los hay en todas las religiones.

Todos los fanáticos religiosos, da igual la religión de que se trate, son iguales. Da lo mismo que sean cristianos, musulmanes, evangelistas, judíos, incluso ateos. Como se sienten en posesión de la verdad, no vacilan, cuando tienen la ocasión, en enfrentarse, incluso con formas agresivas, contra quienes no comparten sus ideas.

No hay personas más peligrosas que los fanáticos religiosos con poder, ya que tratan de aplicar e imponer sus ideas a la fuerza con los métodos más inquisitoriales a su alcance, con la convicción de que están haciendo lo que procede y que Dios está de su parte. Hoy lo vemos en algunos países musulmanes, tales como Afganistán, Somalia, Libia, Pakistán, Sudán, Yemen e Irán, o comunistas, como Corea del Norte, al igual que lo vimos hace unos años en Rusia y China, y en la Edad Media lo vimos en países cristianos.

Creen tener toda la razón, la cual no puede ser cuestionada por nada ni por nadie. Son incapaces de intercambiar o contrastar ideas, dado que son inflexibles con las suyas; tratan de adoctrinarte; te insinúan que eres ignorante, que no ves lo evidente; al mismo tiempo que son incapaces de escuchar, pues no les interesan otras ideas, dado que están convencidos de las suyas. No toleran la disidencia; son incapaces de ceder o de admitir nada de la posición de la otra parte; practican el proselitismo; tratan de ganarte para su causa, de captarte para su grupo, y te perseguirán insistentemente hasta que se dan cuenta de que los rechazas.

Recomendamos huir de los fanáticos, de los fundamentalistas y de los dogmáticos. Es mejor alejarse de ellos como alma que lleva el diablo. Cuanta menor relación se tenga con ellos, mejor.

4. Los teístas

Los teístas afirman la existencia de un dios creador del universo que está comprometido con su mantenimiento. Creen en un dios personal que atiende y entiende nuestras plegarias, si bien este dios personal no debe confundirse ni asimilarse en ningún caso con un dios «persona física». Son creyentes que pueden estar adscritos o no a una religión concreta. Existen religiones teístas como el judaísmo, el cristianismo o el islam.

5. Los deístas

Los que reconocen la participación divina en la creación del universo, aunque descartan la posterior intervención sobrenatural. Rechazan la religión organizada y los dioses personales revelados, argumentando que las divinidades no intervienen de forma alguna en los quehaceres del mundo. Los deístas creen en Dios; sin embargo, a diferencia de los teístas que afirman que Dios participa activamente en su mantenimiento, los primeros señalan que Dios no es una parte activa en el universo o en la vida de las personas. Para ellos, Dios no es personal. Muchos han sido los deístas importantes que han existido a lo largo de la historia. Este sería el caso, por ejemplo, del inventor Benjamin Franklin, de Montesquieu, de Rousseau o incluso del presidente de los Estados Unidos George Washington.

Estas son algunas de las particularidades que caracterizan a los deístas:

- Aseguran la existencia de Dios, pero no aceptan los credos de ninguna religión en particular.
- Consideran que Dios creó las leyes de la naturaleza, pero no aceptan que esté representado, total o parcialmente, en libros o escritos sagrados.
- Usan la razón para reflexionar acerca de cómo puede ser Dios, en lugar de aceptar que se les adoctrine sobre él.
- Prefieren guiar sus opciones éticas a través de su conciencia y reflexión racional, en lugar de adecuarlas a lo dictado en libros sagrados o por las autoridades religiosas.
- Disfrutan de la libertad de buscar la espiritualidad por sí mismos, e intentan que su vida espiritual no se configure por la tradición, ni por una autoridad religiosa.
- Prefieren considerarse racionales antes que religiosos.
- Consideran que hay creencias básicas que son racionales y pretenden eliminar lo que pueda haber de superstición.
- Rechazan los acontecimientos sobrenaturales, tales como los milagros, las profecías y las interpretaciones de los libros religiosos.
- Rechazan la religión organizada y los dioses personales «revelados».

6. Los ateos

Personas que no creen en Dios y se basan en argumentos reflexionados y razonados.

7. Los agnósticos

Personas que, sin negar su existencia, consideran que Dios es inaccesible al entendimiento humano.

8. Los espirituales

Son aquellas personas que, sin creer en Dios, practican la meditación, ya que ello les permite interiorizar en sus vidas, encontrarse con uno mismo. Piensan en los aspectos que más les preocupan y reflexionan sobre el sentido de la vida.

9. Los indiferentes

Los que pasan de Dios, no les interesa nada. Con mucha frecuencia, la idea que muchos indiferentes tienen de Dios es pequeña y reducida. En esos casos, inevitablemente llega un momento en el que ese Dios les parece extraño, no les dice nada, les resulta incómodo o molesto y, en consecuencia, prescinden de Él, pasan de Él.

En resumen, con independencia de los colectivos y las posiciones mostradas con anterioridad, podemos señalar que, hoy como siempre, existen dos formas de ver la vida: con Dios y sin Dios.

Si la vida la vemos con Dios, tiene sentido que yo me prive de mis egoísmos y de mis ambiciones a favor de mi hermano, ya que ambos somos hijos del mismo ser creador. Mi vida con Dios da sentido a que yo esté orientado en gran medida «al servicio» de los demás.

Si la vida la vemos sin Dios, no tiene sentido que yo me prive de nada por los demás. Me puedo privar por «solidaridad», pero en el fondo esto supone una cierta incoherencia. Si voy a morir, y después de la muerte no hay nada, por qué voy a privarme de placeres que puedo disfrutar para dárselos a otros. ¿Por qué no voy a competir con ellos, a brazo partido, para hacerme con esos bienes que a mí me dan placer mientras vivo? ¿Por qué no voy a tratar de intentar que los demás estén a mi servicio?

Las personas que no han tenido una experiencia personal de Dios, quienes siguen una creencia que se les ha inculcado por parte de sus padres, sus profesores o los sacerdotes de su Iglesia, viven una fe «de segunda mano».

Si nuestra fe, nuestra creencia, no se alimenta de la experiencia interior, es decir, si no se vive la misma, con toda probabilidad, la iremos perdiendo. Una creencia que no se alimenta se extingue.

JESUCRISTO HOY

Expuestos los diferentes dioses que ha habido a lo largo de la historia, así como las religiones más significativas, no podemos terminar este capítulo sin hacer una mención específica a la figura más relevante que ha tenido la humanidad a lo largo de su historia. Nos estamos refiriendo, evidentemente, a Jesucristo.

Como sabemos, Jesús es una figura histórica nacida hace más de 2000 años en Nazaret, y que constituye otro de los grandes personajes religiosos de la historia de la humanidad, como Zoroastro, Abraham, Moisés, Lao-tsé, Confucio, Buda, Mahavira (Jainismo) y Mahoma, quienes han influido en gran medida en la historia por sus corrientes filosófico-religiosas y por su gran influencia social y política, en cada uno de los territorios geográficos en que están implantados.

Indudablemente, Jesús ha sido la figura más grande que ha habido en la historia de la humanidad, posiblemente el ser humano que más ha influido en los últimos dos mil años, en muchos ámbitos, pero especialmente en el desarrollo espiritual de las personas, ya que ha inspirado a millones de ellas y ha sido el origen de numerosas escuelas y filosofías religiosas.

Se han realizado más investigaciones, pronunciado más conferencias, efectuado más estudios y escrito más libros sobre Jesucristo que sobre todos los demás personajes universales juntos.

E, igualmente, ha sido el inspirador y la persona que más influencia ha ejercido en las conquistas territoriales, más que cualquier otro hombre o mujer que jamás haya existido, mucho más, incluso, que Julio César, Napoleón, Alejandro, Carlo Magno, Washington, etc.

Por él se han llevado a cabo guerras, se ha matado a millares de personas, se ha perseguido y torturado a herejes y disidentes, y también por él se han hecho las mayores y mejores obras de humanidad y se ha ayudado a vivir más dignamente, en su nombre, a millones de personas.

Tal como hemos señalado en el capítulo anterior, Jesucristo ha sido la persona que mayor influencia ha ejercido en la música, en la pintura, en la arquitectura, en la escultura y en la literatura. Se han escrito multitud de libros y se han realizado numerosas obras de arte acerca de él.

Por último, no olvidemos, es la persona por la que, en base a la fecha de su nacimiento, se estableció el calendario gregoriano, que sustituyó al calendario juliano, por el cual nos regimos en el día a día todo el mundo moderno.

En definitiva, Jesús ha sido el principal inspirador de la humanidad, ya que lo ha hecho sobre millones de personas, de ahí que haya tenido y tenga, aún en la actualidad, millones de seguidores.

La importancia de la figura de Jesús se debe a que ha sido el líder más enigmático e inspirador que ha tenido la humanidad, porque presentó en su día y sigue presentando en la actualidad un proyecto atractivo: la llegada del Reino de Dios.

El Reino de Dios que él propugnó y que nos presenta es un lugar donde todos pueden vivir felices; un lugar donde predomina la justicia, el amor y la solidaridad entre todos y donde se puede disfrutar de una vida en plenitud; un reino donde poder encontrar paz y felicidad, y, muy importante, un espacio en el que se puede y se debe tratar de lograr y alcanzar la plenitud en esta vida terrenal.

Jesús, no nos cabe ninguna duda, fue un revolucionario religioso que puso en cuestión la religión convencional de su tiempo y mostró un nuevo camino de vida y esperanza.

Jesús fue un revolucionario cuyas exigencias eran, en el fondo, más radicales que las presentadas por otros líderes políticos o religiosos en la época en que vivió. Propugnó lo siguiente:

- En lugar de matar o herir, es mejor curar y consolar.
- En lugar de devolver el golpe, es mejor perdonar sin condiciones.
- En lugar de emplear la violencia, es mejor estar dispuesto a sufrir.
- En lugar de exterminar a los enemigos, es mejor amarlos.

Por defender esta forma de vivir la vida fue acusado y, posteriormente, crucificado. No fue por insurrección política, sino por provocación religiosa. No fue por haber adoptado una posición violenta, sino por mostrar una actitud crítica para con la ley, el Templo y sus representantes.

Jesús criticó de forma radical la religiosidad tradicional de muchos judíos piadosos. Profetizó la destrucción del Templo y efectuó una acción de protesta contra la explotación del Templo, y, por tanto, contra los sacerdotes que se beneficiaban económicamente de la situación. Se solidarizó con el pueblo llano. Criticó a los círculos dominantes, así como a la concepción relativa respecto al sábado y a los preceptos sobre el ayuno y la pureza legal.

Jesús fue el creador de un proyecto y de un movimiento renovador que dio origen al cristianismo y al que lo acompañaron y siguieron números discípulos.

La gran revolución religiosa que Jesús llevó a cabo consistió en haber abierto a los hombres y mujeres de su tiempo y del nuestro otra vía de acceso a Dios, distinta a la que se practicaba hasta el momento, orientada únicamente al cumplimiento de las leyes sagradas, y que consiste en ampliar la visión de una simple relación con el prójimo, a otra más profunda de entender la relación como un servicio al prójimo.

Jesús estableció y presentó una hoja de ruta, mostrando dos vías de acceso a Dios:

- La oración, el hablar con el Padre.
- La ayuda al hermano necesitado.

Jesús declaró «benditos del Padre» a los que hacen el bien, a los necesitados, o sea, a los hambrientos, extranjeros, desnudos, encarcelados, prostitutas, enfermos, así como a los que luchan por solidaridad y compasión con los que sufren. Los otros, a los que declara «malditos», lo son, no por su incredulidad o falta de religión, sino, sobre todo, por su falta de corazón ante el padecimiento de los demás.

De ahí que podamos concluir que nadie ha tenido un poder y ha ejercido una tan grande influencia sobre los corazones de millones de personas, a lo largo de toda la historia de la humanidad, como Jesús.

Si ha sido así a lo largo de la historia, en la actualidad, aunque haya muchas personas que se han distanciado de su figura, Jesucristo sigue siendo para millones de personas un «maestro» y un referente de vida, por diversas razones:

- Muestra un camino de vida diferente.
- Presenta a un dios que pide el amor al prójimo como a uno mismo, el amor a los enemigos, que está al lado de los pobres, los débiles y los necesitados.
- Aporta una forma y un horizonte diferente de vivir la vida, una dimensión más profunda.
- Muestra un estilo de vida basado en el amor a los demás y, en especial, a los necesitados.

- Señala la existencia de un camino para llegar a Dios y aporta una dimensión transcendente del hombre, al mismo tiempo que trata de humanizar nuestra vida presente.
- Descubre y pone a nuestra disposición un dios que es amor, perdón y que está al lado del débil, del pobre y de todo aquel que sufre.

Como dice José Antonio Pagola en su libro *Jesús Maestro Interior*:

> Su entrega incondicional a los necesitados pone al descubierto nuestro radical egoísmo. Su pasión por introducir en el mundo la justicia y solidaridad sacude nuestro bienestar y nuestro olvido de los hambrientos. Su ternura hacia los enfermos y su acogida amistosa a los pecadores desenmascara nuestra mezquindad. Su libertad para buscar siempre el bien humano nos hace reconocer nuestras servidumbres y cobardías.

El Dios de Jesús no es de poder, como lo eran las divinidades paganas, ni es de sabiduría, como lo eran los de algunas corrientes filosóficas, anteriores y posteriores, sino que es amor, bondad y salvación. Y, muy importante, es un dios cercano y accesible a todos.

Sin embargo, y a pesar de todo ello, tal y como hemos señalado, la figura de Jesucristo, al igual que la de Dios, se halla en retroceso en los momentos actuales.

Hubo un tiempo en que era peligroso confesarse cristiano. Podía suponer, incluso, ser castigado, torturado o condenado a muerte en un circo devorado por los leones. La persecución ha acompañado a menudo a los cristianos, como sucede hoy en día en algunos países árabes.

También es preciso señalar que ha habido tiempos en que ser cristiano era ventajoso. Significaba prestigio y se conseguían tratos privilegiados en los negocios y en el escalafón social por parte de las autoridades y de la misma sociedad.

En los tiempos actuales, ser cristiano o manifestarse como cristiano, más que peligroso o ventajoso, es sencillamente difícil, ya que las corrientes, las influencias sociales y el contexto en que nos movemos es antirreligioso. En las conversaciones ordinarias se evita hablar de cualquier aspecto que incida en el ámbito religioso, pues es un tema que no interesa, y cuando se hace, con frecuencia, se genera polémica; en ocasiones, se producen desagradables enfrentamientos, e incluso se puede ser objeto de críticas.

Por ello, está claro que la figura de Jesucristo se ha debilitado en los últimos años, y las previsiones son que, con el transcurso del tiempo, y ante el descrédito que tiene la jerarquía eclesiástica y los sacerdotes que la representan, el cristianismo va a ir en retroceso en los países desarrollados, no así en los subdesarrollados. Ya lo señaló P. Josep Moingt, cuando dijo: «La Iglesia perdió primero a la clase obrera, luego perdió a los intelectuales, y ahora está perdiendo a las mujeres».

Es evidente que el cristianismo no tiene riesgo de desaparecer, siempre habrá millones de personas que creerán en Jesucristo y lo tendrán como Dios, la prueba más clara es que se estima un crecimiento en los próximos años, pero sí tiene altas probabilidades que termine convirtiéndose, al menos en Europa y en el mundo desarrollado, en un movimiento de espiritualidad centrado en la figura de un Jesús hombre, no Dios, que nos presenta un modelo de vida a seguir, consistente en desarrollar la tarea de humanizar la vida de acuerdo con los valores expuestos en su día por Él y que los hemos puesto de manifiesto con anterioridad.

De ahí que, si el cristianismo, o en un orden más concreto la jerarquía eclesiástica, pretende recuperar parte del espacio que ha perdido en los últimos años, si quiere ganarse sobre todo a los jóvenes que son las semillas de su futuro, debe modificar cuanto antes el actual *modus operandi* que viene practicando en la actualidad, y al mismo tiempo debe reorientar su estrategia y sus estructuras jerárquicas. La Iglesia, como religión, debe reconocer la igualdad de derechos de hombres y mujeres rehabilitando a las últimas y dándoles las mismas prerrogativas que a los hombres; debe posibilitar un mayor protagonismo y responsabilidad a los laicos en los actos religiosos; debe permitir que los sacerdotes puedan contraer matrimonio, y debe actualizarse y acomodarse a las nuevas situaciones sociales y a las demandas colectivas razonables, cada vez más generalizadas, como son la homosexualidad, el matrimonio entre iguales, la eutanasia y el aborto en determinadas situaciones.

CAPÍTULO 4

Aumento de la increencia y pérdida de la religiosidad

Tal y como vamos a poner de manifiesto a continuación, tanto Dios como las religiones, especialmente en el mundo desarrollado, están perdiendo influencia al desplomarse tanto el número de creyentes como la realización de las prácticas religiosas.

Es evidente que las personas son cada vez más indiferentes a Dios y a la religión, tal y como los datos lo constatan.

Según el informe sobre *Laicidad en cifras*, principal anuario que analiza la situación de la laicidad en España desde el año 1987, publicado por la Fundación Ferrer i Guàrdia en el año 2023 a partir de la recopilación de los principales datos sobre las creencias de la población española, con datos hasta el 2022, se constata que el número de no creyentes está en alza en España llegando al 39,3 % de la población, mientras que el de creyentes está en el 58,8 %. Así tenemos:

	NO CREYENTES	CREYENTES
1980	8,5 %	
2018	27,0 %	69,5 %
2019	27,5 %	
2020	33,9 %	
2021	37,0 %	
2022	39,3 %	58,8 %
2024	40,5 %	57,4 %

Igualmente, tal como vemos por los últimos datos publicados por el CIS (Centro de Investigación Sociológica) en junio de 2024, se señala que, en España, el número de creyentes continúa a la baja al pasar del 58,8 % al 57,4 %, mientras que el de no creyentes está al alza al pasar del 39,3 % al 40,5 %.

EVOLUCIÓN DE CREYENTES Y NO CREYENTES

La evolución de la adscripción a opciones de conciencia no religiosa, según datos obtenidos por la Fundación Ferrer i Guàrdia, en el período que va entre 1980 y 2022, se muestra en la siguiente página.

Del estudio sobre el que venimos haciendo referencia se constata que la población española es cada vez menos creyente. Cuatro de cada diez personas se declaran ateas, agnósticas o indiferentes ante la religión.

En 44 años los no creyentes han pasado del 8,5 % en 1980 al 40,5 % en 2024.

La pandemia ha acelerado la pérdida de religiosidad y la secularización de la sociedad española, al aumentar la cifra de agnósticos y ateos del 27,5 % en 2019 al 37,0 % en 2021, un incremento de casi diez puntos porcentuales en solo dos años.

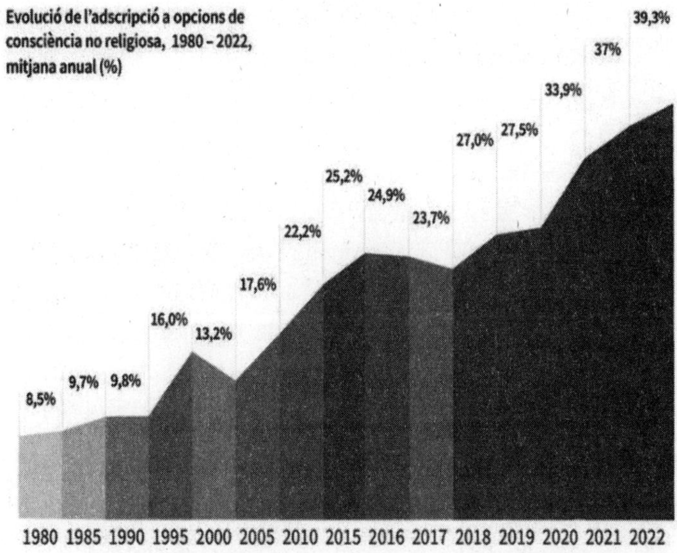

Fuente: Fundación Ferrer i Guàrdia. Elaboración propia a partir de los barómetros de opinión del CIS.

En cuanto a las religiones que se profesan en nuestro territorio, con datos del CIS de junio 2024, la distribución de creyentes y no creyentes en España es la siguiente:

- Católicos: 54,5 %
  - Practicantes: 17,8 %
  - No practicantes: 36,7 %
- No creyentes: 40,5 %
  - Ateos: 15,8 %
  - Agnósticos: 11,7 %
  - Indiferentes: 13,0 %
- Otras religiones: 2,9 %
  - Protestantes: 1.200.000
  - Ortodoxos: 1.000.000

    - Musulmanes: 900.000
    - Budistas: 90.000
- No contestan: 2,1 %

Una situación significativa es la del cristianismo evangélico, que, sin mayores incidencias y de forma discreta, es la religión que más aumenta en España desde hace dos décadas, alcanzando el 2 % de la población española, al contrario de lo que puede estar ocurriendo con los musulmanes, que suponen el 1,5 %, si bien estamos haciendo referencia a porcentajes relativos muy bajos.

A estos datos podemos añadir los que aporta Javier Urra en su libro *El ser humano, un ser espiritual*, donde nos expone lo siguiente:

- Un 25 % de los españoles que se definían como «cristianos» ahora se encuentran entre los de «sin religión».
- El 36 % de los españoles se definen como «ni religiosos ni espirituales».
- El 34 %: «religiosos y espirituales».
- El 17 %: «espirituales, pero no religiosos».
- El 12 %: «religiosos, pero no espirituales».

Javier Urra sigue señalando que «estamos transitando de un cristianismo cultural, social, a otro de convicción y de elección».

Por países, y según una encuesta desarrollada por la firma WIN/Gallup internacional, tenemos que las naciones más y menos religiosas son los siguientes:

- Más religiosas:
    - Tailandia: 94 % (budismo predominante)
    - Armenia: 93 %
    - Bangladesh: 93 %
    - Georgia: 93 %
    - Marruecos: 93 %

(Recordemos que el % de creyentes a nivel mundial se sitúa en el 84 %).

- Menos religiosas:
  - China: 7 %
  - Japón: 13 %
  - Suecia: 19 %
  - República Checa: 23 %
  - Holanda: 26 %
  - Reino Unido: 30 %
  - Alemania: 34 %

EVOLUCIÓN DE CREYENTES Y NO CREYENTES POR EDADES

Si analizamos la religiosidad por edades, tenemos, en porcentaje del total con datos del año 2020, los siguientes datos:

- Entre los jóvenes de 18 a 24 años, en el año 2020, la distribución era paritaria: el 48,9 % se manifestaban no creyentes frente al 48,5 % de creyentes.
- Entre 45 y 54 años predominaban los creyentes con un 71,4 % de la población frente al 25,4 % de no creyentes.
- Por lo que se desprende de los datos de la investigación, la creencia en Dios es cosa de mayores. En el tramo de más de 65 años son creyentes el 88,6 % frente al 9,6 %, que se manifiestan no creyentes.
- De acuerdo con la tendencia general que se viene observando, en la medida que vayan falleciendo los más mayores, se irá incrementando de forma notable la población no creyente.

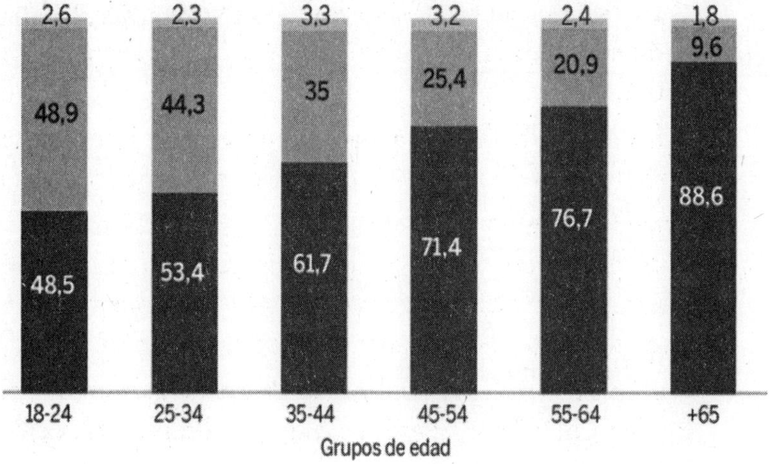

Fuente: Fundación Ferrer i Guàrdia, a partir de INE
y el barómetro del CIS. *El País*.

Si contemplamos los datos de los que disponemos del año 2022, podemos conocer que la población no creyente, en dos de sus tramos, es la siguiente:

- No creyentes:
  - De 18 a 24: 60,3 %
  - De 25 a 34: 57,9 %

De lo que se desprende que el 60,3 % de las personas jóvenes entre 18 y 24 años se declara no religiosa (atea, agnóstica o indiferente). En diez años el número de jóvenes no creyentes se ha duplicado y han pasado del 30 % en 2012 al 48,9 % en 2020 y al 60,3 % en 2022.

Según la última investigación realizada por la Fundación SM, que obtiene cada cuatro años una radiografía sobre la juventud española, tenemos los siguientes resultados:

- Para casi la mitad (50 %) de los jóvenes españoles, la religión no tiene interés y ningún tipo de importancia en sus vidas.
- Los jóvenes para los que la religión es muy importante han descendido del 8,3 % al 5,9 % en un período apenas de cuatro años.
- Los jóvenes católicos se han reducido en más de un 20 % en solamente diez años, pasando aproximadamente de ser la mitad a no llegar si quiera a un tercio de los mismos.
- Por primera vez, los resultados del estudio arrojan que el número de jóvenes católicos muy practicantes es mayor en el género masculino.
- Se ha apreciado, también sin precedentes, que existen «creencias espirituales» al margen del pensamiento cristiano no adscritos a ninguna relación.

Volviendo a lo global, la posición de crecimiento de los no creyentes también la manifiestan más de la mitad de las personas entre 25 y 34 años en un 57,9 %. En las franjas de población de más edad, la proporción de personas religiosas aún es mayoría, pero el relevo generacional puede provocar que en los próximos años haya cambios sustanciales.

COMPROMISO CON LA RELIGIÓN: PRACTICANTES

Una cosa es el número de creyentes y otra diferente, el de practicantes.

A inicios de siglo, en el año 2000, casi el 50 % de la población religiosa se consideraba practicante, y las personas no practicantes eran minoría con un 34,4 %. Una década después, solo el 31,3

% de la población con opciones de conciencia religiosa afirmaba ser practicante, que representan el 18,7 % de la población total. Es la cifra más baja desde que se registran datos al respecto. La gran mayoría de creyentes, un 64,2 %, se declara no practicante (solo 1 de cada 3 personas creyentes se considera practicante).

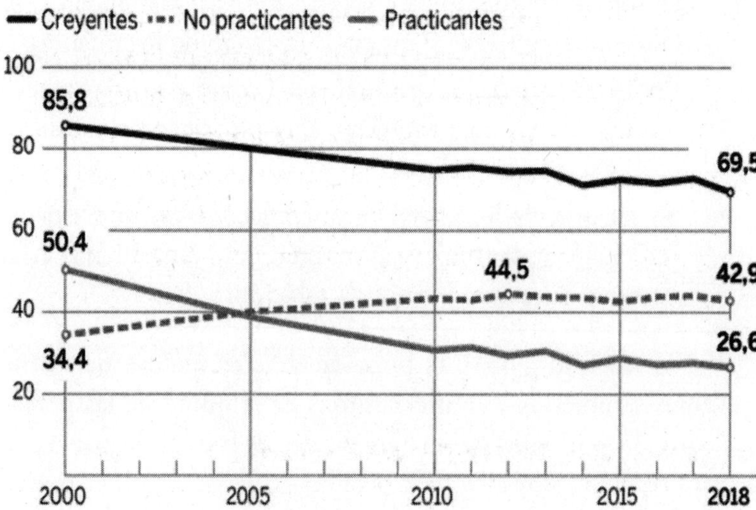

Fuente: Fundación Ferrer i Guàrdia, a partir de INE y el barómetro del CIS. *El País*.

El año 2018 la situación del número de creyentes en España se sitúa en el 69,5 % de la población, pero practicantes son solo el 26,6 % y el 42,9 % no practicantes, situación que, al igual que el número de creyentes, estaba en pendiente descendente si tenemos en cuenta que en el año 2000 el número de creyentes era el 85,8 %, el de practicantes 50,4 % y el de no practicantes 34,4 %.

Como hemos señalado con anterioridad, según datos del 2022 el número de creyentes en España bajó al 58,8 % y en el 2024 al 57,4 %.

A continuación, vemos la evolución de las personas adscritas a opciones de conciencia religiosa practicantes y no practicantes sobre el total de la población entre los años 2020 y 2022 (%).

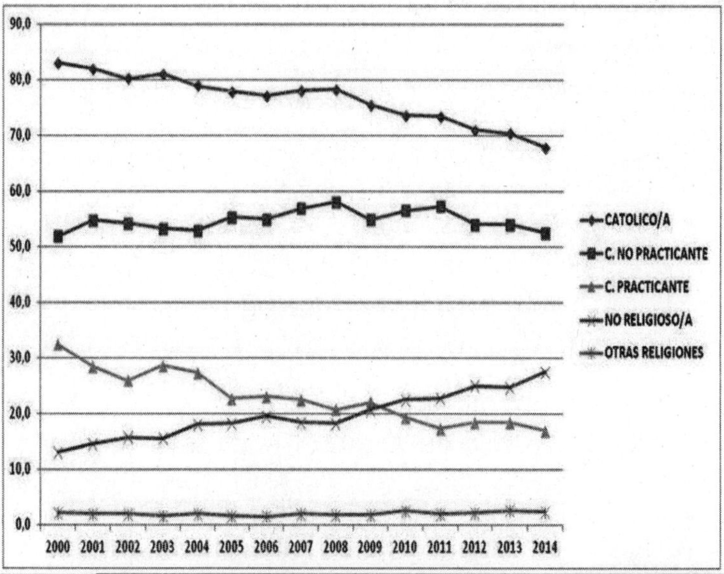

	Datos a mes de diciembre de cada año. % s/poblacion total > 18 años)														octubre	Por tramos de edad		
	2000	2001	2002	2003	2004	2005	2006	2007	2008	2009	2010	2011	2012	2013	2014	18-34	35-54	55+
CATOLICO/A	83,1	82,0	80,2	81,0	78,9	77,9	77,1	78,1	78,3	75,5	73,6	73,5	71,0	70,4	67,9	50,6	66,6	81,6
C. NO PRACTICANTE	51,9	54,8	54,2	53,3	52,8	55,2	55,0	56,9	58,0	54,8	56,5	57,2	54,0	54,0	52,5	46,6	55,6	53,3
C. PRACTICANTE	32,4	28,5	25,9	28,6	27,4	22,7	23,1	22,6	20,8	22,0	19,3	17,3	18,4	18,5	16,9	6,0	13,1	28,9
NO RELIGIOSO/A	13,1	14,6	15,8	15,6	18,1	18,3	19,5	18,5	18,3	20,6	22,5	22,8	25,0	24,8	27,5	44,3	28,4	14,7
OTRAS RELIGIONES	2,2	2,0	1,9	1,6	1,9	1,6	1,5	1,9	1,8	1,8	2,5	1,9	2,1	2,6	2,3	3,0	2,6	1,3

Fuente: Fundación Ferrer i Guàrdia, a partir de los barómetros de opinión de 2020, 2021 y 2021 del CIS.

Con datos del CIS de 2023, los católicos practicantes siguen en caída libre y son el 19,2 %, mínimo histórico, y de ellos el 33,7 % reconoce no participar de los ritos religiosos.

	2018	2023
Creyentes	69,5 %	52,9 %
Católicos practicantes	26,6 %	19,2 %
Cat. no practicantes	42,9 %	33,7 %
Ateos		16,2 %
Agnósticos		15,2 %
Indiferentes		12,1 %
Creyentes de otra religión		2,5 %
No contestan		1,1 %

MATRIMONIOS

La evolución de matrimonios según la tipología de confesionales y civiles en el período 1992-2021 ha sido la siguiente:

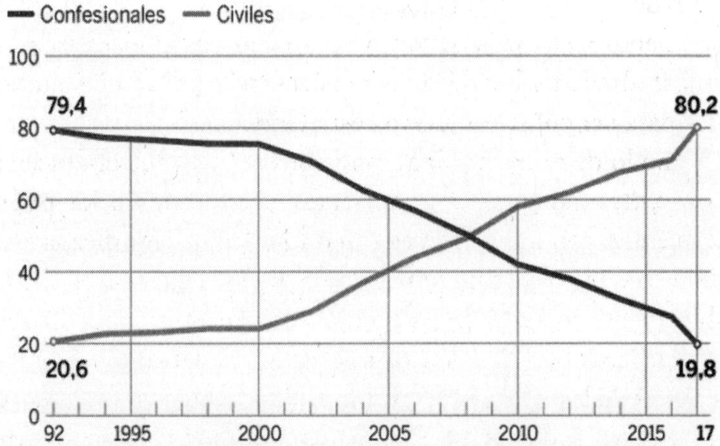

Fuente: Fundación Ferrer i Guàrdia. Elaboración propia a partir del movimiento natural de la población.

Si bien en 1992 los matrimonios religiosos eran del 79,4 % y los civiles del 20,6 %, el equilibrio se produce en el año 2008 con un 50 % tanto de religiosos como de civiles.

Los matrimonios civiles, desde hace varios años, continúan siendo la modalidad más practicada en ocho de cada diez enlaces. En el 2017 la distribución es 80,2 % civiles y 19,8 % religiosos.

En cuanto al número de matrimonios que se llevan a cabo en España de forma confesional, en la actualidad sigue cayendo por debajo del 20 %, hasta llegar al 16,6 %. Así tenemos, con datos del 2021, que el 83,4 % de las uniones matrimoniales son de forma no confesional, frente al 16,6 % de matrimonios religiosos.

Una evolución que ha dado la vuelta por completo a la situación que había hace 30 años. En 1992, el 20,6 % de los matrimonios fueron civiles, frente al 79,4 % de confesionales. En el año 2008 hubo un equilibrio 50 %-50 %, y a partir de ahí las uniones civiles han sido las elegidas mayoritariamente por los españoles.

El número de matrimonios se vio afectado a partir del mes de marzo de 2020, registrándose un 45,7 % menos que en 2019. Como hemos señalado, en el año 2021 los matrimonios civiles fueron del 83,4 %. Por tanto, podemos señalar que se detiene el crecimiento de la proporción de matrimonios civiles, estabilizándose alrededor del 85 %. Será necesario esperar a los nuevos datos para ver cómo evoluciona esta tendencia.

A modo de reflexión final, podemos señalar que el descenso de creyentes que se está produciendo, sobre todo en los países que cuentan con mayor riqueza y educación, no significa la desaparición de las religiones tal como pone en evidencia el último índice global sobre «Religión y ateísmo» elaborado por Gallup Internacional, donde se señala que aproximadamente tres cuartas partes de los habitantes en el mundo son personas religiosas. Para la mayoría de ellas, la religión sigue siendo algo importante en sus vidas.

Pero, tal como han mostrado todas las encuestas al respecto, el ateísmo avanza imparable. El psicólogo Nigel Barber, conocido experto en estudios transculturales, pronostica que en menos de 30 años las personas religiosas serán minoría en el mundo.

Según Barber, que expuso sus teorías en el libro *Why Ateism Will replace religion*, señala que el declive de la religión está directamente relacionado con el desarrollo económico y la cultura de cada país. Según sus estimaciones, en 2041 el porcentaje de personas no religiosas superará al de religiosas.

Los países que cuentan con un mayor nivel y estabilidad económica y con un mayor nivel cultural son aquellos en los que el número de creyentes ha bajado con mayor intensidad. Japón, Alemania, Francia, Reino Unido, Holanda, Canadá, Corea del Sur, Estonia y Uruguay son países en los que la religión era muy importante hace apenas un siglo, pero en los que en la actualidad las tasas de creyentes se sitúan entre las más bajas del mundo. Y resulta muy significativo que el descenso de las personas creyentes se está produciendo incluso en los países considerados como muy religiosos, como son los casos de Irlanda, Polonia, Brasil o Jamaica.

Con arreglo a lo expuesto, parece obvio que en la actualidad Dios no está de moda y no encuentra fácil acomodo, al menos en el ámbito occidental.

Igualmente, es fácil constatar que cada vez se habla menos de Dios. En las últimas décadas, Dios ha entrado en crisis. Existe un gran silencio sobre su figura, y su muerte ha sido repetidamente anunciada. Hace más de un siglo, Nietzsche lo envió a engrosar la lista de desaparecidos cuando dijo: «Dios ha muerto». Ni siquiera de su muerte se habla. Se ha hecho un gran silencio sobre Dios.

Los datos evidencian que hay un cierto cansancio respecto a Dios y, muy en especial, a lo religioso, así como a la jerarquía eclesiástica.

Como luego veremos, las causas del aumento de la increencia y de la pérdida de la religiosidad son múltiples y variadas, y en el próximo capítulo las vamos a desarrollar en profundidad. No obstante, y a modo de anticipo, podemos señalar que hay una estrecha relación del descenso de la religiosidad cuando el nivel de riqueza y la calidad de vida aumenta, y en paralelo, cuando aumentan los niveles de educación, y juntando ambos aspectos se llega a la convicción de que Dios no es necesario. Asimismo, la falta de adaptación de las organizaciones religiosas a la problemática de los tiempos actuales está originando que la espiritualidad moderna, libre de normas y jerarquías, vaya por caminos diferentes a la religión organizada.

CAPÍTULO 5
Causas de la pérdida de religiosidad

Tal como hemos señalado en el capítulo anterior, es evidente que tanto el ámbito religioso como el espiritual no están atravesando por su mejor momento en la sociedad actual. Su deterioro y falta de interés es manifiesto.

Si bien religiosidad y espiritualidad son dos conceptos diferentes que conviene distinguir, ambos están próximos y no son, en absoluto, incompatibles ni excluyentes, por lo que pueden solaparse o existir separadamente. Dada su proximidad, en el desarrollo de este capítulo los vamos a tratar de forma conjunta, si bien, para evitar confusiones al respecto, vamos a mostrar sus características diferenciales.

La religiosidad se refiere a la adherencia a un conjunto de creencias y prácticas propias en el ámbito de una institución religiosa organizada. Por su parte, la espiritualidad es una dimensión interna del ser humano que incluye cuestionamientos sobre el significado, propósito y sentido de la vida, su conexión con lo transcendente, con los otros, con la naturaleza o con la vivencia de unos determinados valores.

La espiritualidad es algo propio y particular de cada ser humano, un sentir y una propiedad que nadie puede arrebatarnos, ya que está ubicada en nuestro interior y, desde ella, desarrollamos nuestra capacidad de introspección, de escucha, de diálogo y de penetración en lo más profundo de nuestra humanidad.

Es cierto que todas las religiones tratan de promover la espiritualidad a través de unos principios, de unos ritos y de unas prácticas concretas; sin embargo, puede haber espiritualidad sin religión, como es el caso de los no creyentes que pueden desarrollar la primera sin pertenecer a ninguna organización religiosa, y también se puede dar el caso, aunque nos pueda sorprender, de religión sin espiritualidad, que es el caso de las personas que viven la práctica religiosa como rutina y sin vivencia interior. Son muchas las personas, creyentes y no creyentes, que desarrollan y disponen de una potente dimensión espiritual, tienen una profunda dimensión interior, estando o sin estar adscritos a un movimiento religioso en particular.

Tenemos la firme convicción de que el ser humano, además de tener un cuerpo, un cerebro y un corazón, tiene también un espíritu, una conciencia, una dimensión interior, que le hace diferente y superior a los demás seres de la naturaleza.

Dicho de otra manera, el ser humano está configurado por dos estados o dimensiones: una inferior, materialista, física, racional y emocional, que predomina en nuestra personalidad, y otra, inmaterial, superior, a la que denominamos espiritual.

La dimensión espiritual es algo que está dentro de nosotros, que jamás nos abandona, aunque a veces no seamos conscientes de ella, y que es preciso buscarla confiadamente, sin prejuicios, en nuestro interior.

A la dimensión espiritual, al igual que a las otras tres dimensiones, hay que dedicarle tiempo, hay que alimentarla a través de la introspección interior, de la toma de conciencia, de la reflexión, de la meditación; en definitiva, de la conexión espiritual.

Son muchas las personas que manifiestan sus dudas respecto a la dimensión espiritual del ser humano. La corriente de los tiempos es propicia para ello. Sin embargo, y como muy bien señala José Antonio Pagola:

> Es cada vez más evidente que tras un período de distanciamiento y vacío espiritual, el ser humano nuevamente vuelve a necesitar algo que le llene. Son muchos los que sienten un desasosiego dentro de sí y necesitan algo que calme su afán de búsqueda y su desorientación. Cuando el ser humano busca en su interior reactiva, pone en marcha y desarrolla la conciencia espiritual que estaba dormida y que vuelve a despertar.

Tal como señalábamos con anterioridad, la dimensión espiritual no es exclusiva de los creyentes, es algo que está dentro de todos los seres humanos tanto creyentes como no creyentes. Es la que conduce a la persona a buscar un sentido interior, la que le lleva hacia lo intangible y hacia el perfeccionamiento de la conciencia.

Leonardo Boff, en su libro *Memorias de un teólogo de la liberación*, señala lo siguiente:

> El hombre o la mujer espiritual son aquellos que pueden percibir la otra cara de la realidad, que son capaces de captar la profundidad oculta y la referencia a la Realidad Última, esa a la que las religiones llaman Dios.

En cualquier caso, es constatable que todo lo que suene a espiritual o religioso está en decadencia. Así como hace unos años se producía un menosprecio hacia las personas no creyentes, particularmente hacia los ateos, hoy se hace lo mismo hacia los creyentes. Casi da vergüenza decir que se es creyente. En determinados ámbitos resulta difícil manifestarse como creyente, así como cultivar la espiritualidad interna, ya que para muchos resulta retrógrado y tienen la sensación de que es una cuestión que pertenece a tiempos pasados.

No obstante, tal como hemos señalado con anterioridad, y es muy oportuno tenerlo en cuenta, la espiritualidad es una de las cuatro dimensiones fundamentales del ser humano, se sea creyente o no, de forma que, cuando no es atendida en su adecuada medida, se produce un desequilibrio personal cuya manifestación más notoria es un profundo vacío interior.

A pesar de la numerosa población que al día de hoy es creyente, tanto la espiritualidad como la religiosidad se están reduciendo, año a año, de forma notable, tal como hemos puesto de manifiesto en el capítulo 3.

¿A qué se debe esta caída notable de la espiritualidad y de la religiosidad? ¿Qué aspectos más significativos están influyendo en la pérdida de ellas?

Sin entrar en un análisis profundo tanto de carácter sociológico como filosófico, podemos señalar que los aspectos o causas más relevantes que están influyendo en mayor medida en la pérdida de la espiritualidad y de la religiosidad en los momentos actuales son los siguientes:

LA CONVICCIÓN DE QUE DIOS NO ES NECESARIO

Dios ha dejado de ser necesario en nuestras vidas. Hace relativamente pocos años, creer en Dios era algo «natural». Las personas nacían, vivían y morían en la creencia de una fe. Sin embargo, en el transcurso de los últimos años se aprecia que son muchos los que se han ido distanciando de la religión. Y por lo que parece, ya no se necesita a Dios para nada. ¿Por qué? ¿Qué es lo que está sucediendo?

Son muchas las personas que en la actualidad pasan de Dios,

no les aporta nada en sus vidas cotidianas, no les resuelve nada, sino, al contrario, les obstaculiza y les supone un incordio en su modo de vivir, al tener que plantearse y responder a cuestiones que les pueden inquietar y que nada les interesan. No creen en la existencia de un ser superior al ser humano, no les importa nada ni el origen del universo ni el de la vida, no lo sienten dentro de sí. En este marco, Dios les sobra.

El deseo de ser autónomos, de no depender de nada ni de nadie, de poder decidir sin influencias exteriores y el no tener que dar cuentas a nadie, prima en gran medida en los comportamientos de muchas personas en la actualidad. No importa ni interesa profundizar en una búsqueda del gran misterio de la vida. ¿Para qué lo van a hacer, si todos los esfuerzos que se hagan al respecto van a ser inútiles?

LOS DESENGAÑOS Y LAS DECEPCIONES SUFRIDAS

Hay muchas personas que, debido a que las enseñanzas que han recibido a lo largo de sus vidas en materia religiosa no se sostienen con un mínimo de racionalidad en los momentos actuales y que las prácticas religiosas que realizan son rutinarias, vacías de contenido y sentido, lo cual las ha llevado a estar profundamente desengañadas, decepcionadas, se sienten estafadas, consideran que todo es falso, que se les ha tergiversado la historia de forma evidente, que se ha manipulado la doctrina e interpretado de forma consciente e interesada para que las respectivas jerarquías puedan seguir manteniendo a sus rebaños dentro de sus rediles.

Al mismo tiempo, para muchos, religión es sinónimo de oscurantismo, de superstición y de incultura, no es más que una construcción humana, un invento que ha realizado la propia persona para mitigar su angustia vital.

La increencia, por falsedades y manipulaciones que comentamos, la sustentan en enseñanzas que les han tratado de inculcar, tales como que el hombre procede del barro a través de un soplo divino y la mujer de la costilla de su compañero, o que Jesús, el personaje central del cristianismo, nace de una madre virgen, o que hizo milagros del tipo de convertir el agua en vino, o que dio de comer a una muchedumbre con cinco panes y unos peces, o la existencia de un cielo donde se premia a los buenos y de un infierno donde se castiga a los malos, o la infalibilidad del papa, la existencia del purgatorio... Para qué seguir.

En este marco, y en la situación en la que han vivido, muchos sienten que han despertado de una falacia, de un engaño en el que han permanecido de forma inocente durante muchos años. Han descubierto las mentiras y la incoherencia entre lo que se decía y se hacía, todo lo cual los ha llevado a una increencia total y absoluta.

De ahí que sean muchos los que piensan que las religiones son instrumentos para someter, manipular y lograr fines en beneficio de las personas y organizaciones que las dirigen.

LA FALTA DE ADAPTACIÓN DE LAS ORGANIZACIONES RELIGIOSAS A LA PROBLEMÁTICA DE LOS TIEMPOS ACTUALES

Son muchas las personas que han sido creyentes y hoy piensan que las religiones en general no están a la altura de la situación presente, ni han evolucionado acorde a los tiempos que vivimos, que siguen ancladas en el pasado.

Si esa involución es así en todas las religiones en general, podemos señalar, en un orden más concreto, que la religión católica tampoco lo ha hecho. El posicionamiento que viene adoptando la jerarquía eclesiástica ante ciertos temas, tales como el papel secundario que la mujer desempeña en la propia jerarquía y en las celebraciones religiosas, la homosexualidad, el matrimonio en el sacerdocio, su ligazón al poder, la eutanasia, el posicionamiento ante los casos de pederastia..., no es precisamente acorde a los tiempos que vivimos.

A estas personas decepcionadas les parece que las iglesias están desfasadas, que sus cánticos son horteras y que las predicaciones que se realizan son vacías y faltas de profundidad y sentido. El anquilosamiento de las ceremonias religiosas lleva a que sean actos rutinarios que no aportan nada a sus seguidores.

En los momentos actuales, las religiones son incapaces de dar respuesta a las necesidades espirituales de sus fieles, a sus inquietudes e interrogantes más vitales.

Por ello, no es nada extraño que la increencia y la indiferencia religiosa afecte en gran medida a los que, hasta hace poco, eran creyentes, especialmente debido al hecho de que la práctica religiosa ha perdido y está perdiendo progresivamente significación y relevancia vital.

Finalmente, hay una gran parte de la población que considera que siempre, y también ahora, la iglesia ha estado y está unida a los ricos y a los poderosos, y que no defiende, como debería hacerlo, a los pobres, a los necesitados y a los marginados, que son la esencia y el pilar fundamental de su doctrina.

EL AUMENTO DE LOS NIVELES DE EDUCACIÓN DERIVADOS DEL CRECIMIENTO ECONÓMICO

A mayor nivel cultural, menor religiosidad, y a la inversa, a mayor pobreza e ignorancia, mayor religiosidad.

Tal como se puede observar en las sociedades y culturas que nos rodean, parece evidente que, en la medida que ha crecido el nivel económico y el nivel de educación de la sociedad, menor es la religiosidad, y a la inversa, los países más pobres, los de menor nivel de vida y educación, son en los que la religiosidad se mantiene estable e incluso crece.

En un orden más concreto, los países que cuentan con un mayor nivel de vida y mayor nivel cultural, como son los casos de EE. UU., Japón, Alemania, Francia, Reino Unido, Holanda, España, Italia y Canadá, en los que la religión ha sido muy importante hasta hace apenas un siglo, podemos observar que, en la actualidad, el número de creyentes ha bajado en mayor medida e intensidad que la que se ha producido en el resto de los países y se sitúan entre los más bajos del mundo. Y, al contrario, los únicos países donde está aumentando el número de creyentes se encuentran en América Latina, África y parte de Asia.

EL PREDOMINIO DE LO MATERIAL SOBRE LO ESPIRITUAL

Son numerosas las personas que dan por supuesto que su bienestar está estrechamente relacionado con la tenencia de bienes y cosas, y, a tales efectos, se afanan por poseer dinero, objetos, joyas, automóviles, viviendas, ropas..., hasta que descubren que en realidad por ese camino encuentran dinero, objetos, joyas, automóviles..., pero no el bienestar que tanto ansían. Por dentro, se sienten vacías e insatisfechas.

Es evidente que el bienestar derivado de los avances tecnológicos, económicos y sociales ha mejorado notablemente nuestros niveles de vida en las últimas décadas, al menos en los países de Occidente. Pero la mejora de los niveles de vida no nos ha llevado a una mejora de nuestro bienestar interior ni de nuestra dimensión espiritual, sino al contrario. El disponer de un número superior de bienes materiales nos ha hecho más ricos, pero no nos ha hecho más felices. Como muy bien dice Fernando Cabral en una de sus canciones: «No es rico el que más tiene, sino el que menos necesita».

En gran parte de nuestra sociedad occidental se han sustituido los valores de «vida» por valores de «consumo». Hemos transformado nuestras pretensiones de crecimiento personal, de vida y paz interior por mayores cotas de bienestar y consumo. Hemos renunciado a lo espiritual por la acumulación de bienes materiales. Ello ha originado en muchos casos frustración y ser víctimas de nuestras propias ambiciones y posesiones, debido a que lo exterior nunca conforta íntegramente nuestro interior. Nos hemos convertido en «poseedores poseídos», en víctimas de lo que poseemos.

El bienestar derivado de lo material es bueno y necesario cuando nos ayuda a ser mejores, no cuando nos esclaviza y nos transforma haciéndonos seres dependientes. Julián Marías lo señala muy adecuadamente cuando dice: «La pretensión actual de felicidad incluye el bienestar, pero el bienestar por sí mismo no produce la felicidad; es simplemente un requisito de ella».

Vivimos excesivamente sumergidos en la vorágine imparable de lo material, en los acontecimientos y avatares del día a día, en preocupaciones que la mayoría de ellas no nos aportan nada, y nos olvidamos de lo principal, lo que de verdad llena nuestro interior. No solo se ha reducido la religiosidad, sino que, lo que nos parece más grave, estamos mermando, reduciendo, nuestra dimensión espiritual.

Hay un poema de Malinowski muy acertado que señala:

> Lo más caro de la vida
> no se adquiere con dinero.
> Sin embargo, las gentes
> pretenden alcanzarlo amasando fortunas,
> y así sepultan bajo billetes
> lo que tanto anhelaban.

Si supeditamos y pretendemos buscar nuestro bienestar en la disposición de bienes materiales, estamos dándoles un poder sobre nosotros. Hacer depender nuestro bienestar, externo e interno, de elementos materiales es un error que se va agravando con el tiempo.

En la medida que seguimos el camino expuesto en el párrafo anterior, estamos convirtiendo nuestra vida en una especie de yoyó que sube y baja constantemente. Cuando algo responde a nuestros deseos, transitoriamente nos sentimos eufóricos, alegres y dichosos. Sin embargo, cuando ese algo nos contraria o no responde a lo que buscamos, nos deprimimos y entristecemos.

Anthony de Mello, en su libro *La oración de la rana*, dice:

> En realidad, nunca posees cosas.
> Tan sólo las retienes durante un tiempo.
> Si eres incapaz de desprenderte de ellas,
> serás agarrado por ellas.
> Todo cuanto atesores
> debes tenerlo en el hueco de la mano,
> como si fuera agua.
> Trata de apresarla
> y desaparecerá.
> Intenta apropiártela
> y se marchará.
> Déjala en libertad
> y será tuya para siempre.

En este entorno materialista, hay poco o ningún hueco para el desarrollo de la dimensión espiritual que, al igual que el comer, beber, hacer ejercicio y desarrollarse intelectualmente, necesita el ser humano.

Es evidente que la carencia de la dimensión espiritual está estrechamente relacionada con el auge del materialismo imperante. Enrique Rojas dice muy acertadamente:

La enfermedad de Occidente es la de la abundancia: tener todo lo material y haber reducido al mínimo lo espiritual. Todo ha ido siendo demasiado fácil. Ya no hay guerras en esta parte del mundo. No interesan los héroes. Los personajes que se proponen como modelos no tienen ideales: son vidas conocidas por su nivel económico y social, pero rotas, sin atractivo para echar a volar y superarse uno a sí mismo. Gente repleta de todo, llena de cosas, pero sin brújula. Recorren su existencia consumiendo, entretenidos en cualquier asuntillo y pasándolo bien, sin más pretensiones.

Las cada vez mayores ansias por lo material han movido a identificar la realización del ser humano con la posesión y el enriquecimiento, olvidando el espíritu y todo lo que lleva con él.

Todo ello nos indica que las condiciones que nos impone lo que llamamos «vida civilizada moderna» no son las más apropiadas para el desarrollo de la dimensión espiritual.

Son muchos los que piensan que tanto Dios como la vida espiritual no son necesarios, solo cuenta vivir el aquí y ahora; por lo tanto, mientras estemos en este planeta, vivamos y disfrutemos todo lo que podamos, que pronto moriremos, ya que tras la muerte no nos importa lo que pueda haber.

Pues bien, ante esta posición y ante este entorno materialista, poco propicio para el desarrollo de la dimensión espiritual, lo procedente es tomar conciencia y reaccionar. Para ello, es necesario ir asumiendo en nuestras vidas los valores de mayor contenido espiritual, como son la honradez, la solidaridad, la cooperación, la justicia y la generosidad.

Del mismo modo que es necesario alimentar el cuerpo, la mente y el corazón, también hay que alimentar el espíritu. El cuerpo necesita carga de energía, y el espíritu, meditación. Es necesario equilibrar y complementar la acción con la reflexión.

Tenemos que ser conscientes de que lo material nunca nos va a satisfacer plenamente, al igual que nunca vamos a abarcar lo transcendente, pero sí debemos ser capaces de captar la importancia del desarrollo de la dimensión espiritual que nos constituye y que está dentro de nosotros.

El desarrollo de la dimensión espiritual es un proceso de búsqueda, autoconocimiento, maduración, encuentro de significado a la vida y de desarrollo personal.

Para ello, es conveniente realizar periódicamente una introspección sincera. Relajar profundamente nuestro cuerpo. Expulsar de nuestra mente cualquier pensamiento ajeno o errante. Dejar a un lado las pretensiones materialistas que nos invaden. Penetrar lo antes posible en el silencio interior. Dejar decididamente a un lado todo plan, todo proyecto, todos los problemas y preocupaciones que nos absorben en el momento presente, y tratar de concentrarnos en el instante en que vivimos, relajarnos y dejarnos absorber, poco a poco, en la paz interior a la que llegaremos a través de la práctica de la meditación e introspección en nuestro yo más profundo.

CAPÍTULO 6

Creencia en Dios sin religión

Hoy es cada vez más frecuente escuchar a muchas personas que creen en la existencia de algo superior, que consideran que hay algo que está por encima del ser humano y a quienes no les cuesta llamarle Dios a esa creencia que ellas tienen. Lo que no creen es en las religiones, en las Iglesias y en los dogmas establecidos por sus respectivas jerarquías. Han perdido la fe en el Dios tradicional que les fue enseñado en la infancia en el seno de sus familias o en sus escuelas, muchas de ellas de carácter religioso, y se han alejado totalmente de los actos, ritos y celebraciones que han practicado durante años, sin que ello obste para que sigan creyendo que hay «algo», que hay un ser superior y que Dios existe.

Por otra parte, también hay muchas personas, especialmente en los países de cultura cristiana, que han pasado de vivir una creencia en un dios muy ligado a los ritos y prácticas religiosas difundidas y dominadas por una jerarquía eclesiástica con un gran poder en los ámbitos social, político y familiar, a romper con todo ello, y a dejar de lado, las creencias y costumbres que han practicado en los últimos años, pasando a la increencia, a la indiferencia, al pasotismo, en definitiva, a vivir sin ningún dios.

Hasta hace muy pocos años todos los acontecimientos importantes que se desarrollaban a lo largo de la vida tenían una estrecha relación con actos litúrgicos en el ámbito de una iglesia. El nacimiento llevaba implícito el bautizo en una pila bautismal; el paso de la niñez a la adolescencia se relaciona con el acto de la primera comunión; el matrimonio se llevaba a cabo en un altar donde los contrayentes se comprometían para siempre y se prometían amor eterno, respeto y fidelidad ante Dios hasta el día de su muerte, delante de un sacerdote, que era quien consagraba y daba por válido el matrimonio; el perdón de los pecados se realizaba en un confesionario, y, cuando uno moría, se organizaba un funeral como acto de despedida de la vida en la tierra y pase a un encuentro con Dios en el cielo, al que acudían todos los familiares y amigos, creyentes y no creyentes.

Del contexto expuesto en el párrafo anterior al actual se ha producido un gran cambio, tanto religioso como social, ya que se ha puesto en evidencia que tanto la Iglesia como Dios no son necesarios para vivir ni para celebrar los grandes acontecimientos de la vida. Se ha suprimido y eliminado a Dios totalmente, radicalmente, de los actos más significativos y singulares de nuestras vidas. El nacimiento ya no va emparejado con el bautizo, es suficiente con hacerlo en el registro civil; la primera comunión está desapareciendo y se ha convertido en un acto social, en una fiesta familiar donde los padres, madres y familiares, en su mayor parte escasamente creyentes, y poco o nada practicantes, los cuales, a pesar de que tienen la absoluta seguridad de que sus hijos, los protagonistas principales de la fiesta, no van a volver a comulgar de nuevo, ni asistir a actos religiosos en años, celebran una fiesta social como si de una boda se tratase. Las confesiones y los confesionarios han desaparecido de las iglesias, nadie se confiesa ya. Ha cambiado el concepto de «pecado». No tiene sentido pedir perdón, y menos contar a otra persona nuestras miserias personales. En cuanto al matrimonio, cada vez se casan menos parejas, se ponen a vivir juntos sin más, y los que lo hacen han sustituido la iglesia por el juzgado, el ayuntamiento de su pueblo o el entorno de una isla tropical. En los momentos actuales, el 84 % de las parejas realizan el matrimonio por lo civil y solo el 16 % lo celebran en una iglesia. Además, ¿para qué se van a casar y jurarse fidelidad y amor eterno si saben perfectamente, por las estadísticas existentes, que su relación no va a durar más de cinco años? Y, por último, en cuanto al funeral, la ceremonia religiosa se está sustituyendo por actos civiles, muchos de ellos más emotivos que los que se realizan en el seno de una iglesia donde los sacerdotes practican guiones rutinarios, manidos y rituales repetidos una y mil veces, vacíos de contenido, en los que el acto de despedida al difunto se realiza sin calor alguno.

Consecuencia de todo ello es que en la actualidad ya no hay bautizos, ni comuniones, ni confesiones, ni matrimonios, ni funerales, ya que son muchos los que han llegado a la conclusión de que tanto las iglesias como Dios ya no son necesarios. En este contexto, los sacerdotes que constituían un pilar fundamental de nuestras comunidades, con un poder y una influencia extraordinaria, han terminado desapareciendo, solo quedan algunos muy mayores a los que no se les permite jubilarse, dado que no existe relevo generacional, y a los que resulta cada vez más difícil su sustitución debido a que no tienen ni existen nuevas vocaciones. La situación actual es que no hay sacerdotes, no hay nuevas vocaciones, y el paso a que la mujer tenga un protagonismo igual a la del hombre sigue vedado y no les está permitido dirigir la celebración de una ceremonia. En definitiva, son muchas las personas, y cada vez más, a las que los actos religiosos no les aporta nada sustancial.

En este marco que hemos expuesto se puede observar con facilidad que hemos pasado de vivir inmersos en ámbitos y culturas altamente influenciadas por las religiones dominantes en cada territorio, donde los sacerdotes y los religiosos ejercían una gran influencia y desempeñaban su labor con poder y férrea autoridad, presentándonos, en la mayor parte de las ocasiones, a Dios como un ser castigador, discriminador, vengativo y distante, y, de forma muy excepcional, como modelo de amor, de solidaridad y camino a seguir, a otro contexto, totalmente diferente, donde Dios ha desaparecido, ya no se le necesita para vivir, lo cual ha provocado una nueva situación en la que un gran número de personas han pasado de ser creyentes a declararse ateas, negando la existencia de Dios, agnósticas o indiferentes respecto a toda creencia y vivencia espiritual. Es llamativo que, en un espacio tan breve de tiempo, hayamos pasado de un polo al otro opuesto.

Entre ambos extremos hay muchas personas que han quedado en una situación intermedia, han roto con las religiones, con las iglesias, con los dogmas, pero piensan que Dios existe, que para vivir sus creencias no les es necesario la existencia de estructuras u organizaciones en las que deban participar y compartir con otros lo que sus convicciones y sus razones los llevan a creer en la existencia de un ser superior al que no tienen ningún problema en llamarle Dios. Dicho de otro modo, hay muchas personas que creen en Dios, pero no necesitan ninguna religión que las guíe o les indiqué lo que es correcto o incorrecto.

En la sociedad actual coexisten diferentes modos de concebir la vida y de vivirla en cuanto a la dimensión espiritual se refiere. Esta situación no es mala en sí misma, pero hay que reconocer que afecta claramente a que se tiende a privatizar la vida religiosa, es decir, a reducirla al ámbito de lo privado, a hacerla irrelevante en el ámbito de lo social y, finalmente, a negarle toda proyección pública.

El pluralismo y el relativismo respecto a los modos de pensar llevan a que cualquier ideología que intente ofrecer una visión del mundo y de la propia sociedad sea rechazada de plano. La consecuencia más inmediata es que el ser humano experimenta un vacío de sentido y una honda sensación de desamparo. Entonces, cada uno tiende a construir su propia visión del mundo y su propio código ético y moral, dando como resultado una conciencia moral fragmentada e individualista, negando la existencia de una ética universal válida para todos.

En este marco, algunas personas se han elaborado su propio sistema particular de creencias sin preocuparse de más. Sencillamente, van seleccionando y escogen, de todo el panorama a su alcance, aquello que les parece más aceptable, y con ello se confeccionan un «credo» a su medida. Toman unas cosas de una religión, otras de otras, creen en algunas cosas y dejan de creer en otras.

Cada cual delimita el campo de sus creencias, a partir del criterio subjetivo de lo que es razonable para ellos, eligiendo entre lo que las religiones pueden ofrecerles. Hemos entrado en una especie de *self-service* de las creencias. Cada uno toma lo que le interesa.

Estas personas no se adhieren de manera incondicional a nada, cada persona elige lo que más se ajusta a sus creencias personales. Así, para unos existe el demonio y el infierno, para otros no hay ni cielo ni infierno. Unos creen que hay vida después de la muerte, que se van a reencarnar, mientras que otros piensan que tras la muerte no hay nada. Unos creen en la existencia del pecado, y otros, que la Virgen es la madre de Dios. Unos creen en las apariciones de la Virgen en determinados lugares, y otros, en los milagros. Unos creen que es posible conectarse con los muertos, y otros, en el tarot. Y así podríamos seguir con múltiples y variados ejemplos.

Esta posición o situación en la que las personas creen en la existencia de Dios al margen de religiones concretas, de dogmas, de libros sagrados y de revelaciones místicas recibe la denominación de «deísmo».

El deísmo es una idea y un movimiento que tuvo su desarrollo más significativo en el siglo XVIII, al mismo tiempo que se produjo la revolución científica copernicana, especialmente en Inglaterra y Francia, si bien el primero que utilizó el término deísta fue Pierre Viret, discípulo de Juan Calvino, en el año 1564, en su obra *Instruction chrétienne en la doctrine de la Loi et de l'Evangil*, de claro carácter antitrinitario, y donde, no obstante, trató de diferenciarse del ateísmo para evitar posteriores acusaciones y condenas.

Una vez que el deísmo empezó a desarrollarse y tener un amplio colectivo de seguidores en un espacio muy corto de tiempo, sus más encarnizados opositores consideraron el deísmo de posición atea, ya que ponía en duda o negaban los dogmas establecidos y aceptados hasta el momento por las distintas confesiones religiosas de la época.

Deístas significativos fueron Francis Bacon, Spinoza, Edward Herbert, John Locke, Thomas Hobbes, Jean Jacques Rousseau y Voltaire. Caso interesante fue el de Isaac Newton, que se posicionó a medio camino entre el deísmo y el teísmo, ya que estuvo cercano a las posiciones deístas, pero se diferenció de ellos debido a que, aunque creía en las profecías bíblicas, rechazó con firmeza las doctrinas de la trinidad y de la encarnación como aspectos irracionales.

El deísmo parte de la creencia de que Dios existe y que ha sido Él quien ha creado el universo y la vida, pero a partir de ello deja que su obra actúe y siga sin su mediación. Dios no interviene en el mundo, ni se revela a las personas, ni interfiere en la vida de las mismas. Bajo esta óptica, ninguna Iglesia, ni religión, ni ritos, ni libros sagrados, ni sacerdotes tienen sentido.

De ahí que los deístas, en general, rechacen la religión organizada y los dioses personales «revelados», argumentando que las divinidades no intervienen de forma alguna en los quehaceres del mundo. Sus creencias se basan en el pensamiento racional, sin tener necesidad de apoyarse en argumentos de las religiones reveladas o de la autoridad religiosa. Son creyentes sin religión.

Creen en la existencia de un dios supremo, pero del que nada se sabe. Para ellos, Dios es indefinible, indescriptible e irrepresentable, un misterio. El Dios de los deístas no es personal, sino impersonal, metafísico; no se le puede caracterizar ni representar; no tiene forma ni figura, es transpersonal, suprapersonal.

Para los deístas más tradicionales, Dios creó el universo y la vida, pero a partir de ese momento se retiró y dejó de involucrarse en su evolución adoptando una posición inactiva o pasiva.

El deísmo tiene, sin embargo, en común con el teísmo que ambas posiciones admiten la existencia de un dios creador del universo, de las leyes de la naturaleza y de la vida. La desavenencia principal proviene en que los deístas prescinden de las iglesias, de los sacerdotes, de los libros sagrados y de los dogmas, y rechazan frontalmente los acontecimientos sobrenaturales tales como los milagros y las profecías.

En definitiva, los deístas creen en la existencia de Dios, pero no aceptan los credos ni ninguna religión en particular. Prefieren guiar sus opciones éticas a través de su conciencia y reflexión racional en lugar de tener que adecuarlas a lo dictado en escritos sagrados o por las autoridades religiosas. Usan la razón para reflexionar acerca de cómo puede ser Dios, si bien no aceptan que se les adoctrine sobre Él y consideran que su creencia se basa en razones y argumentos personales, aunque son conscientes de que no son demostrables. De ahí que prefieran la consideración de ser racionales antes que religiosos. Por último, los deístas disfrutan de la libertad de buscar la verdad y vivir la espiritualidad por sí mismos.

Por tanto, la creencia en Dios de este colectivo no es el resultado o consecuencia de vivir en un determinado territorio o cultura donde se educa, inculca y muchas veces se impone una creencia, desde la más tierna infancia, sino que es una forma de ver y entender la vida a través del desarrollo de una creencia adulta, madura y responsable basada, en todo lo posible, en la razón. Es una creencia reflexionada y, con frecuencia, contrastada con otras perspectivas, al mismo tiempo que es libre y cimentada en una profunda experiencia personal. Después de un proceso de reflexión, contraste y maduración, ante la opción de creer o no creer, optan por la primera.

El deísmo ha ido evolucionando con el transcurso de los años, pasando de ser una concepción que podríamos calificar como clásica o tradicional, en la que se considera que Dios existe, pero que su papel, una vez construido el universo y la vida, es pasivo, inactivo, indiferente al transcurrir tanto del universo como de la vida, a otra concepción mucho más moderna, y que ha tenido un desarrollo explosivo en los últimos años, consistente en la creencia de que Dios existe y es un ser superior al ser humano, pero que, además de ser el creador del universo y de la vida, está con nosotros, dentro de nosotros, que es un ser próximo y que nos acompaña en nuestro vivir. Al mismo tiempo, Dios es la respuesta al sentido de la vida y de la muerte, eso sí, sin interferir en el transcurrir del universo, ni en la vida de las personas. Es un ser inalcanzable, incomprensible, que no requiere de religión, ni de doctrinas, ni dogmas, para el desarrollo de las creencias y de las vivencias espirituales de la persona.

Frente al Dios omnipotente, omnipresente, omnisciente, que todo lo sabe y conoce, irrepresentable, infinito, misterioso, son muchas las personas que creen en un dios próximo con el que se comunican con habitualidad. Le hablan y saben que los escucha, aunque no tengan respuesta alguna. Creen en Él, aunque no lo vean, no lo oigan, pero lo sienten. Para ellos, es un ser en el que confían y saben que está a su lado; que los acompaña en el caminar de la vida y que los quiere, y, algo muy importante, se sienten amados por Él.

Igualmente, para ellos, Dios es el sentido último de la vida, el sentido globalizante, el que da sentido al resto de los pequeños sentidos parciales. Dios no es una realidad aislada al margen de nuestra vida, algo trascendente que no entra en las cosas de la vida, sino que Dios está en la vida y da sentido a la misma y a cualquier experiencia humana que tengamos.

Por tanto, Dios es el centro, el eje principal de sus vidas, el principio rector de todos sus actos, quien los ayuda a encontrar el papel y la misión que tienen en la vida.

Para los creyentes, deístas o teístas, Dios es una experiencia profunda en la vida, ya que lo sienten en su interior, se sienten amados, acompañados, confían en Él y sienten que son un instrumento suyo para hacer un mundo mejor.

Por último, y muy importante, para muchos creyentes Dios es una fuerza espiritual que da sentido a sus vidas, les permite vivir mejor, les posiciona y ayuda a resolver las situaciones y conflictos que la vida les presenta, y además es compañía en la soledad, esperanza en la oscuridad, comprensión en la debilidad y luz y apoyo en el caminar.

CAPÍTULO 7
Creer en Dios en entornos de increencia

No es fácil creer en Dios en un entorno donde la increencia crece de forma notable; donde cada vez son más los que pasan de Dios o se manifiestan como no creyentes; donde la espiritualidad se vive cada vez de forma más distante.

El marco en el cual nos movemos no promueve precisamente la creencia religiosa ni la vivencia de una mayor espiritualidad, sino al contrario, tal como vamos a poner de manifiesto a continuación.

Algunos de los aspectos que mayor relevancia tienen en nuestro entorno actual respecto a la influencia que ejercen en la increencia de las personas son los siguientes:

EL DESARROLLO CIENTÍFICO Y DE LA TECNOLOGÍA

Un rasgo relevante de nuestra cultura es el desarrollo del espíritu científico, fruto de las grandes conquistas y de los descubrimientos producidos en el último siglo. De ellos arrancan innumerables avances técnicos y tecnológicos que no solo han modificado nuestro modo de vivir, sino que llegan a determinar la concepción que la persona tiene de sí misma.

No se pueden negar los bienes que la ciencia y la técnica han aportado y aportan a la persona y a la sociedad. Pero, aun reconociendo tales beneficios, es preciso considerar también la existencia de ciertos riesgos en el sentido de que el ser humano se puede distorsionar con sus conquistas, se fascine ante ellas y piense que «es como Dios», que todo lo puede lograr. El ser humano puede llegar a absolutizar la ciencia y la técnica, y acabar excluyendo a Dios como innecesario al pensar que, si la ciencia lo explica todo, ¿para qué sirve la fe o creer en la existencia de un ser superior?

Es evidente que los descubrimientos científicos y la tecnología han tenido una importante evolución y un gran desarrollo en los últimos años con efectos muy positivos tanto en el ámbito económico como en el social, pero en paralelo esta evolución ha llevado a muchas personas a pensar que «todo» está regulado por la ciencia y que en ese marco no cabe la existencia ni la creencia en un ser superior, ni el desarrollo de la dimensión espiritual.

Es cierto que, desde hace varios siglos, especialmente a partir del siglo XVI, algunos de los descubrimientos científicos producidos han hecho que muchas personas hayan perdido su fe y, por tanto, su creencia en Dios. Muchos de estos descubrimientos parecieron que atacaban de frente los fundamentos de la creencia en Dios socavando los pilares de la fe.

La demostración de que la Tierra gira alrededor del Sol efectuada por Copérnico en 1543 y confirmada por Galileo en 1610; la descripción matemática de un universo mecanicista simple y comprensible efectuado por Newton en 1687; la aparición de la vida gracias a un proceso evolutivo natural descubierto por Laplace en 1805, o la idea de que esta evolución se fundaba no en una intervención divina, sino en la selección natural expuesta por Darwin en 1859, son algunos de los ejemplos que sustentan la base respecto a lo que nos venimos refiriendo.

En este contexto, muchos creyentes de Occidente han abandonado su fe, ya que para gran parte de ellos su creencia era frágil y superficial, consecuencia de una educación y de unas rutinas sin fondo ni contenido.

Lo expuesto ha llevado no solo a que muchas personas se hayan apartado de Dios, sino a que consideren que, en el momento actual, ciencia y religión son dos conceptos opuestos y enfrentados. Para muchos, la religión (y todo lo ligado con lo espiritual) es incompatible con la racionalidad científica.

¿Son realmente ciencia y religión dos ámbitos incompatibles entre sí? ¿Cabe el que puedan convivir el desarrollo de la ciencia con la vivencia de la espiritualidad? Bajo nuestra perspectiva, la respuesta a la primera pregunta sería negativa y afirmativa la segunda. Creemos firmemente que ciencia y espiritualidad-religiosidad pueden convivir perfectamente.

Vamos a profundizar en la primera de las preguntas formuladas relativa a la incompatibilidad de ambos aspectos. Nuestro punto de vista es que ciencia y religión no son dos ámbitos o disciplinas incompatibles entre sí, ni tienen por qué estar enfrentadas, y que cabe perfectamente el desarrollo de la ciencia con la práctica de una determinada religión y, en consecuencia, de la vida espiritual.

Es cierto que durante años la Iglesia católica persiguió injustamente a los científicos. Galileo murió en la hoguera condenado por la Inquisición. Es cierto que erróneamente algunos papas han condenado la teoría de la evolución. Es cierto que la jerarquía eclesiástica ha estado durante siglos oponiéndose a la mayor parte de los avances y al desarrollo del mundo científico, pero ello no quiere decir que en la actualidad tengan que seguir siendo ámbitos enfrentados.

También es cierto que son muchos los que creen que solo nos podemos basar en la ciencia y que la posición científica es la más adecuada y, por tanto, consideran que la religión y todo lo relacionado con la dimensión espiritual no tiene sentido y que, con el tiempo, poco a poco, la ciencia se irá imponiendo.

En esta misma línea, nos parece oportuno poner de manifiesto lo plasmado en dos libros publicados a finales del siglo XIX por John Draper y Andrew D. White, quienes contribuyeron de una manera notoria a extender esta postura de enfrentamiento entre los ámbitos científico y espiritual. Así, sobre todo Draper, dedicó sus ataques más furiosos contra la Iglesia católica señalando que el cristianismo y la ciencia son absolutamente incompatibles. Estos dos libros han pasado a representar la postura más difundida que mantiene la incompatibilidad y el conflicto inevitable entre ciencia y religión.

Como contraposición a las teorías de Draper y White, recientemente se han puesto de manifiesto los nuevos estudios históricos que muestran que muchos de los argumentos usados por ambos científicos no tienen una seria base histórica. Las relaciones entre ciencia y religión a lo largo de la historia han sido complejas y no se pueden reducir a las de su absoluta incompatibilidad y continuo conflicto.

En este dilema entre ciencia y religión, Albert Einstein se posicionó claramente al respecto cuando dijo: «Ciencia y religión no se encuentran necesariamente enfrentadas, puesto que ambas persiguen el mismo fin: la búsqueda y entendimiento de la realidad».

Hay que admitir, y esa es nuestra posición, que hay dos visiones sobre el mundo. Por una parte, está la ciencia, que trata de investigar, comprender y explicar la naturaleza del mundo material que nos rodea, el proceso de cómo se ha originado, la evolución que ha tenido, cómo ha llegado a ser tal como hoy lo conocemos, así como las leyes que lo rigen; pero, por el otro lado, está la religión, que trata de transcender respecto al mundo material y poner al ser humano en contacto con otra dimensión, la espiritual, que está al margen del ámbito científico y que conecta con lo más profundo del ser humano, con su dimensión espiritual y transcendental.

Entendemos que estas dos perspectivas o visiones son perfectamente compatibles. La religión no puede ni debe negar los avances científicos que se vayan produciendo, pero la ciencia tampoco puede acaparar todo el espacio y no dejar hueco para lo transcendente y para el ámbito espiritual.

EL AUGE DEL INDIVIDUALISMO Y DEL EGOCENTRISMO

Cuanto más se tiene, más egoísta se vuelve el ser humano. Esto ha pasado siempre, pero hoy más que nunca. Ninguna sociedad anterior a la nuestra ha tenido tanto y, sin embargo, a pesar de las excepciones solidarias, abunda en mayor medida el individualismo y el egocentrismo.

Como sabemos, el egocentrismo se caracteriza por la exagerada exaltación de la propia personalidad hasta considerarla como centro de la atención y de la actividad.

El egocentrismo es una de las causas principales del sufrimiento de muchas personas, ya que ello los lleva al aislamiento, a estar atadas de pies y manos, y ser esclavas de su propio «ego».

De forma inconsciente o consciente las personas egocéntricas pretenden constituirse en el eje sobre el que giran y dependen el resto de las personas y de las cosas.

Es frecuente encontrarnos con personas que van por la vida diciendo: «Yo, yo, yo», anteponiendo su interés personal al de todos los demás. Solo hablan de sí mismas o sobre las cosas y personas que a ellas les interesan. Hay que escuchar todo lo que nos dicen, pero son incapaces de hacerlo cuando pretendemos expresarnos nosotros.

Cada vez nos encontramos con un mayor número de personas que tratan de aprovecharse de los demás, de manejarlos a su antojo para lograr sus fines personales.

El egoísmo está reñido con la espiritualidad y con el desarrollo de una vida interior que pueda cultivarse e ir creciendo en el tiempo.

Los sociólogos nos hablan de la «sacralización de lo individual» en la sociedad moderna, del narcisismo como tendencia dominante en nuestros días, así como de la disgregación de los vínculos sociales.

La lógica individualista domina hoy en la sociedad. Los intereses privados prevalecen sobre cualquier otra consideración. Pocos están dispuestos a sacrificar sus aspiraciones particulares en beneficio del interés general. Incluso, el motor principal de muchas de las movilizaciones sociales que observamos, y la mayor parte de las personas que participan en las mismas, suelen ser con frecuencia para la reivindicación de sus demandas y por lo que consideran que son «sus» derechos individuales.

Como advierte Lipovetsky:

> Cuanto más avanza la sociedad hacia el individualismo, con mayor claridad aparece el individuo como valor último. Cuanto más se sacraliza lo individual, más ignominiosa se nos presenta la marginación y miseria de los desheredados.

En este contexto, la creencia en Dios, la espiritualidad y los valores humanos de solidaridad tienen difícil cabida. El luchar por el bienestar de los demás queda absolutamente en un segundo plano cuando lo único que importa es el propio bienestar.

EL AUGE DEL HEDONISMO Y DEL ANSIA POR LA BÚSQUEDA DEL PLACER INMEDIATO

Otro de los aspectos que caracteriza a la sociedad actual y que tiene una amplia repercusión en la pérdida de la espiritualidad y de la religiosidad es la notable tendencia que muchas personas padecen tratando de buscar el placer en todos los ámbitos y momentos de la vida. Es lo que conocemos por «hedonismo».

Es evidente que vivimos en una sociedad hedonista fuertemente polarizada en la búsqueda del placer. Son muchas las personas que no tienen otro objetivo en la vida que la obtención del placer en sus diversas formas, viven por y para el placer, y lo buscan con ansiedad, tratando de escapar de sí mismos y apagar así ciertos aspectos de su vida interior que tratan de soslayar y ocultar, lo cual les provoca un vacío interior que los embarga.

Lo grave del hedonismo actual es que busca la intensificación del placer. Hoy interesa, como nunca, disfrutar de muchos placeres, intensos y excitantes, que, como decíamos, destruyen la vida interior.

El hedonismo es egoísta, prioriza la satisfacción del deseo personal y pretende que se satisfaga de forma inmediata, sin tener en cuenta los deseos o necesidades de los demás. Una frase que caracteriza al hedonista es la siguiente: «Primero, mis dientes; luego, mis parientes».

E igualmente, el hedonismo es privatista y descomprometido. Es individualista y ególatra. Incapaz de crear relaciones interpersonales de carácter estable y creador.

El placer no es malo; todo lo contrario, es bueno, siempre y cuando se sepa disfrutar en su justa medida y sin que perjudique a un tercero. Ahora bien, cuando se sitúa en un fin en sí mismo se convierte en un peligroso instrumento que nos producirá más daños que beneficios.

El problema del placer no es su uso, sino su abuso, ya que, en la medida que abusemos de él, perderemos el grado de satisfacción deseable o buscado, pudiendo llegar incluso a cansarnos y decepcionarnos.

Cuando los placeres se prolongan, reiteran o acumulan en exceso, producen hastío y se alejan del efecto deseado. Cuando se tiene mucha sed, beber un primer vaso de agua es placentero; el segundo, también; pero, cuando se han bebido diez vasos, el décimo nos repugna.

Todo placer se caracteriza por ser algo momentáneo, instantáneo, ocasional, fugaz y esporádico; por ello, su disfrute es efímero, pasa rápidamente, y, si no se sabe canalizar adecuadamente, sus efectos pueden ser negativos. Recordemos la copla a la muerte de Jorge Manrique dirigida a su padre, cuando dice: «Cuán poco dura el placer, cómo después de acabado da dolor…».

El placer, cuando lleva a la alegría, es bueno; pero, cuando nos hace dependientes de él, es un desastre. Como muy bien dice Fernando Savater: «Quien tiene alegría ya ha recibido el premio máximo y no echa de menos nada; quien no tiene alegría, aunque sea rico, guapo, sabio, poderoso, sano…, es un miserable que carece de lo más importante».

De ahí que lo contrario del placer no sea el dolor, sino la falta de alegría. En cuanto se empieza a perderla por determinado deleite, es seguro que estamos disfrutando de algo que no nos conviene. Por ello, el placer es estupendo y deseable cuando sabemos ponerlo al servicio de la alegría, pero no cuando la enturbia o la distorsiona.

El placer es necesario y positivo, pero no ha de ocupar el primer puesto de nuestra jerarquía de valores. El placer es bueno y necesario cuando no es a costa del desarrollo de la vida interior, o sea, de la espiritualidad. El amor, la solidaridad y la cooperación exigen, muchas veces, diferir el placer e incluso renunciar a él. Quien no comprende esto no conoce todavía el sentido último de nuestra existencia y, por supuesto, no disfrutará de una vida en plenitud.

Vivir únicamente para la obtención del placer es adoptar una perspectiva reducida y equivocada ante la vida, ya que esta es mucho más que solo placer.

Por tanto, evitemos el hedonismo que propicia el sentirnos bien durante un rato, un breve momento, pero que no nos compromete con nada ni con nadie.

De lo expuesto, se puede concluir que el hedonismo y el ansia por vivir el placer con intensidad en todas sus formas y expresiones están enfrentados no solo con la búsqueda de Dios, sino también con el desarrollo de la dimensión espiritual, lo cual nos impedirá vivir la vida en plenitud, con independencia de que se sea creyente o no.

EL AUGE DEL CONSUMISMO

Estrechamente ligado con el apartado anterior, podemos señalar que el consumismo es otra de las características de la sociedad actual y que es fuente de múltiples tensiones y el origen de la profunda insatisfacción que padecen muchas personas.

Con frecuencia buscamos el bienestar en los elementos externos y en el consumo. Pero el consumidor nunca está satisfecho, es insaciable y, por tanto, no es feliz.

El consumismo nos dice: consigue esto y serás feliz enseguida. Nos lo creemos y nos esforzamos en adquirir el objeto en cuestión. Si no lo conseguimos, o no lo obtenemos como lo deseábamos, sufrimos. Si lo logramos, el deseo nos lleva a querer obtener de inmediato un nuevo bien, sin ser conscientes de que así caemos en un ciclo infernal que no tiene fin.

Como decíamos con anterioridad, el consumidor anhela «tener» nuevos bienes en la creencia de que ellos nos pueden aportar el deseado bienestar, pero, una vez conseguidos, casi sin aún haberlos disfrutado, empieza a tener nuevas aspiraciones de mayor importancia y graduación. Si no existe un control de la trampa del consumismo, se corre el riesgo de entrar en una absurda espiral y carrera sin límite.

La dinámica absurda que impone el consumismo es irracional e inhumana. Por un lado, nos arrastra a acumular bienestar a una parte de la población y, por el otro, genera hambre, pobreza e imposibilidad de cubrir las carencias básicas de otros muchos necesitados.

El ser humano «consumista» lo ve todo desde la utilidad o satisfacción que el consumo le puede reportar. Incluso en las relaciones con las demás personas, se acostumbra a buscar la rentabilidad o el placer que el otro le puede proporcionar, siendo incapaces de valorar el simple encuentro amistoso o la mutua entrega.

De esta manera, el consumista se vuelve un ser insolidario. No ve las necesidades y sufrimientos de los otros. Solo vive para acaparar cosas, acumular experiencias placenteras y atrapar posesivamente a las personas.

Consumismo y espiritualidad están claramente enfrentados, son ámbitos opuestos, y el primero anula a la segunda. Hay que optar por uno u otra.

De ahí que, si pretendemos potenciar nuestra espiritualidad, debemos reaccionar de forma consciente ante el modelo que la sociedad nos direcciona y proporciona para, en teoría, ser más felices a través de disponer de más bienes, de dinero, éxito, seducción, posición social, imagen, poder e incluso salud. En la actualidad, la salud se ha convertido en una importante fuente de consumo por medio de un amplio abanico de elementos, tales como la alimentación, complejos vitamínicos, calzado, ropas-vestuarios, gimnasios, etc.

Debemos desmontar esta programación, aprovechar útilmente sus usos sin caer en sus dependencias. De ahí que debamos dejar de consumir este tipo de «drogas» que pueden resultar tanto o más peligrosas que las sustancias tóxicas.

Frente al consumo indiscriminado, innecesario e inconsciente, se debe contraponer el desarrollo de una dimensión espiritual que favorezca las motivaciones de crecimiento interno, de realización de uno mismo y de superación.

Por tanto, es necesario aprender a renunciar de forma consciente y con plena convicción a las diversas ofertas, muchas veces tremendamente atractivas, que nos presenta la sociedad consumista, ya que ello potenciará nuestra vida interior, así como la posibilidad de un desarrollo de la dimensión espiritual, y con ello podremos fortalecer nuestra voluntad, crecer como personas y favorecer la obtención de un bienestar más auténtico.

EL AUGE DEL RELATIVISMO

Es evidente que vivimos en un entorno en el que predomina el relativismo. Todo es relativo: lo bueno y lo malo, lo justo y lo injusto, lo blanco y lo negro.

Y esta visión relativista que predomina en muchas de nuestras manifestaciones y de nuestras actuaciones no es la adecuada. Debemos manifestar con rotundidad que no todo es relativo.

Es cierto y evidente que los valores han cambiado de forma notable, entre ellos, los valores asociados a la espiritualidad y a la religiosidad, como son el perdón, el amor al prójimo, la caridad, la bondad, la comprensión y la solidaridad.

Tengámoslo claro: el relativismo conduce a un individualismo acrítico, a captar sin filtro alguno todo lo que se nos señala, sin valoración ni contraste, así como a admitir lo malo, lo tóxico con indiferencia y, finalmente, nos conduce al pasotismo descomprometido.

A pesar de que todo nos puede parecer «relativo», los seres humanos necesitamos saber hoy la verdad de muchas cosas, o, por lo menos, lo más próximo a la verdad, siendo conscientes de que casi ninguna verdad es absoluta, completa, eterna o inamovible. Como dice Fernando Savater:

> Lo que distingue a la verdad del error o de la falsedad es que responde mejor a lo real, de acuerdo con el mayor número de criterios objetivos manejables. Llamamos «verdad» a lo que es «más verdad» que su contrario.

¿Cuál es la verdad?, ¿dónde está la verdad? En algunos casos, es probable que no la descubramos nunca, pero hay que buscarla. Si no se busca, no la encontraremos. Y también es cierto que en la búsqueda de la verdad encontraremos falsedades, mentiras, engaños e intentos de manipulación. Por eso es bueno buscar con honestidad la verdad de los hechos y de las situaciones.

Debemos buscar la verdad no solo en beneficio propio, sino para compartirla con los demás. De ahí que el ser humano necesite descubrir la verdad, aunque sea una verdad personal o particular, ya que sin verdades de un tipo o de otro no se puede vivir.

La búsqueda de la verdad exige poder hacerlo en libertad. Estamos demasiado acostumbrados a vivir en una sociedad en la que cada uno selecciona y dice la verdad que le interesa. La verdad parcializada y seleccionada es una verdad deformada sobre la que luego se edifican ideas y estrategias interesadas.

Es cierto que la verdad no siempre es clara y transparente. Con frecuencia su búsqueda lleva consigo la incertidumbre de la duda.

Pero esta duda es buena y positiva. Tal y como señala un proverbio persa, «la duda es la llave del conocimiento», y Aristóteles decía que «la solución de una duda es el descubrimiento de la verdad». Gracias a ella la humanidad ha progresado a lo largo de su historia.

No hay que sufrir ni padecer malestar por la duda. Esta, debidamente formulada, nos puede abrir nuevos caminos y aproximarnos a la verdad.

Quien no duda tiene el riesgo de caer en el fanatismo, en la intransigencia, con todos los perjuicios que ello ocasiona.

La duda bien entendida es un camino de humildad que nos conduce a la verdad. El hallazgo de esta comienza con la duda. Quien sabe dudar busca modesta y tenazmente, hasta que encuentra la luz de lo verdadero.

La vida es una búsqueda incesante de la verdad. Como dice Joan Bestard: «Las personas incapaces de dudar envejecen, pero no maduran». Y es que la madurez humana y espiritual proviene de una ajustada dosificación de la duda, que es la que nos hace rastrear la verdad.

Chuang Tzu, un filósofo y sabio chino que vivió en el siglo IV a. C., dijo que «nadie está más lejos de la verdad que el que sabe todas las respuestas».

Hay personas autosuficientes que tienen respuestas para todo y, por ello, andan lejos de la verdad, porque la genuina verdad no pivota en la respuesta autosuficiente, sino en la pregunta humilde. Quien sabe preguntar está en el camino de poder encontrar la verdad.

Las preguntas son el camino certero hacia la verdad. Las respuestas, por el contrario, pueden reflejar mi verdad, pero no la auténtica verdad.

La moderación y la prudencia son excelentes acompañantes de la verdad. Ellas nos indicarán sabiamente cuándo debemos decir o callar algo. Las dos cosas son necesarias. Si callamos la verdad cuando debemos decirla, somos cobardes. Y si decimos la verdad cuando debemos callarla, somos indiscretos. Dos actitudes incorrectas que debemos evitar.

De ahí que, en el entorno de relativismo en el que vivimos, la creencia en Dios y el progreso espiritual no son fáciles de lograr, para lo cual es necesario indagar con honestidad, reflexionar y superar múltiples obstáculos y dificultades de todo tipo.

EL PREDOMINIO DEL PASOTISMO

Son varios los sociólogos que, durante estos últimos años, vienen detectando en nuestra sociedad graves signos indicadores de una cierta pasividad y de una indiferencia ante los problemas más graves que nos rodean, así como una actitud quejosa y negativa ante los acontecimientos y avatares que nos presenta la vida.

Así, entre otros, Erich Fromm ha hablado del «síndrome de la pasividad» como uno de los rasgos patológicos de nuestra sociedad. Son muchas las personas que no se relacionan activamente con el mundo, sino que viven sometidas pasivamente a los ídolos o exigencias del momento.

Son cada vez más los individuos dispuestos a que les den todo hecho, sin poner nada de su parte, sin esfuerzo alguno, sin capacidad alguna de creatividad personal propia. Hombres y mujeres cuyo único recurso es el conformismo. Seres que funcionan por inercia, movidos por «los tirones» de la sociedad que los empuja, según las circunstancias, en una dirección o en otra.

El ser humano necesita no solo sobrevivir, subsistir sin más, sino que debe llevar a cabo ideas, metas y proyectos; necesita crecer física y espiritualmente, y vivir esta vida con una orientación activa y una actitud positiva.

Sin embargo, son muchas las personas que se dejan llevar por las circunstancias; viven al socaire de los acontecimientos que se les presentan en cada momento; esperan que sean otros quienes resuelvan sus problemas.

Un síntoma característico grave es el aburrimiento creciente que se percibe en muchas personas de esta sociedad moderna. Se tiene de todo, pero se carece de lo más importante, como es la ilusión por hacer cosas que nos enriquezcan como personas y den sentido a nuestra vida. La industria de la diversión y el ocio, como son la televisión, el cine, las competiciones deportivas, las salas de fiesta, conferencias, viajes, etc., consigue que el aburrimiento sea menos consciente, pero no logra suprimirlo.

El pasotismo en el que viven instaladas algunas personas, aferradas en su zona de confort y comodidad, donde predominan los viejos hábitos y las rutinas que, a pesar de encontrarse insatisfechas, no desean cambiar, no quieren intentar buscar nuevas vías de crecimiento y progreso, manifestando claros síntomas de falta de imaginación y creatividad. Esta situación les provoca una evidente falta de autoestima, de incapacidad para la lucha, y ello los lleva a adoptar una posición que no les conduce a ninguna parte, que no les sirve absolutamente para nada y que, en muchos casos, les provoca su propia autodestrucción personal.

En entornos de indiferencia y pasividad es difícil que prospere y tenga cabida la espiritualidad del ser humano. El desarrollo espiritual requiere trabajo, disciplina y constancia. No hay crecimiento personal, intelectual o espiritual sin trabajo y sin esfuerzo.

Afortunadamente, aunque abundan las personas pasivas, no todas lo son, ya que, al mismo tiempo, en esta misma sociedad también hay muchos hombres y mujeres que viven de forma activa y plena, que viven intensamente, que colaboran en organizaciones cuyo objeto es mejorar la vida y la dignidad de otras personas, que buscan el contacto personal íntimo y enriquecedor, el encuentro con la naturaleza, el descubrimiento de nuevas experiencias positivas y la búsqueda espiritual, lo cual los lleva a vivir en mayor plenitud.

El ser humano necesita poder disfrutar de una vida con potencial suficiente como para gozar de los bienes de los que dispone, resolver y superar las dificultades que se puedan presentar y llevar a cabo ideas y proyectos, o sea, vivir esta vida con plenitud con una concepción activa y una actitud positiva.

Antonio Blay lo explica muy bien cuando dice:

Al llegar a desarrollar una actitud activa y positiva, es cuando se logra el extraordinario resultado de independizarnos de las influencias externas. Dejamos de ser elementos pasivos, pacientes, de lo que pasa en el exterior y necesitamos aprender a vivir como sujetos con capacidad de dar, saber y hacer, en lugar de únicamente recibir.

El vivir de una forma activa y positiva no es una cuestión de aptitud, sino de actitud, no es una cuestión de tener más o menos conocimientos, sino de una disposición a vivir la vida de una forma u otra. Cada ser humano tiene la opción de poder elegir el vivir con una actitud positiva o negativa, con una actitud activa o pasiva. Cada uno elige de forma consciente o inconsciente la forma de vida que desea.

Ser pasivos es permitir que otros decidan por nosotros, ser agresivos es decidir lo que corresponde a otros. Lo correcto es ser asertivos, que consiste en ser capaces de decidir por nosotros mismos con responsabilidad y coherencia.

Cuando hay tantas cosas por hacer, no cabe la pasividad, no nos podemos permitir despilfarrar nuestra vida vegetando en el día a día haciéndola transcurrir de forma estéril.

Entre las alternativas de hacer o no hacer algo, entre la actividad y la pasividad, aunque sean actividades tan simples como hacer ejercicio, dar un paseo, aprender un idioma, leer un libro, hablar con alguien, es mejor siempre escoger la primera opción.

Uno de los mayores poderes del ser humano, una de nuestras mayores fortalezas, una de nuestras maravillosas posibilidades, es la capacidad de elección que tenemos. Todo en la vida es elección. Nosotros elegimos en cada momento cómo reaccionar ante cada situación, bien de una forma pasiva o activa, bien de forma positiva o negativa.

Hay un párrafo en el libro *La bailarina de Auschwitz*, de Edith Eger, persona que vivió, sufrió en sus propias carnes y superó la terrible situación de estar confinada en el campo de concentración mencionado de Auschwitz, que nos dice: «No puedes cambiar lo sucedido, no puedes cambiar lo que hiciste, o lo que te hicieron. Pero puedes decidir cómo vivir a partir de ahora». Sensacional. Esta frase es para tenerla grabada a fuego en nuestra memoria y en nuestro corazón.

Por ello, debemos adoptar la determinación de vivir, cada momento de la vida, con lo mejor de nosotros mismos. A medida que nos vamos conociendo y descubriendo, así como desarrollando nuestras actitudes de vivir positiva y activamente, nos iremos percatando de que nuestra forma de vida no tiene por qué depender del exterior, sino básicamente de nosotros mismos.

Junto a esta forma de ver y entender la vida con una orientación positiva y activa, se descubre también que hay muchas personas que demandan el desarrollo de una vida espiritual y de unos valores que den sentido a la vida. A pesar del pasotismo imperante, en muchas personas brotan anhelos por encontrar respuestas más válidas, con mayor sentido y fundamento, así como de mayor alcance y repercusión vital que las que proporcionen otros modelos de pensamiento y de vida que les permita crecer como personas.

Pero no siempre el crecimiento personal y la búsqueda de lo religioso se desarrolla en la forma adecuada, sino que muchas veces irrumpe bajo formas no siempre auténticas ni exentas de ambigüedad, como lo pone de manifiesto el desarrollo de numerosas sectas, el auge de todo tipo de supersticiones y magia o la pertenencia a colectivos «fundamentalistas». Todos estos fenómenos exigen un cuidadoso discernimiento y un esfuerzo por conectar adecuadamente con las inquietudes espirituales honestas de muchos y con ofertas auténticas de sentido.

Creer en Dios y tomar conciencia de que existe es algo que al creyente le supone vivir con una inseguridad, con una duda permanente, adoptar una actitud de búsqueda activa, e incluso experimentar una inquietud y una profunda tensión interior.

En el entorno en el que nos movemos, y entre los obstáculos existentes a nuestro alrededor que tenemos que superar, los cuales hemos tratado de poner de manifiesto en las páginas anteriores, verdaderamente no es fácil creer en Dios y desarrollar una vida espiritual; no obstante, ello no es óbice para seguir en nuestro proceso de búsqueda y de crecimiento espiritual.

A tales efectos, es importante tener claro que nadie puede ser forzado ni forzarse a sí mismo para creer, al mismo tiempo que debemos considerar que tampoco podemos permanecer pasivos, dejando pasar los años de nuestra vida sin plantearnos, sin profundizar o sin reflexionar en torno a la existencia o no de un ser superior al ser humano al que llamamos Dios. Lo procedente es buscarlo.

Iglesia vacía, representación de la increencia.

Si aceptamos buscarlo, antes de nada, hay que estar atento a nuestra vida interior, sin atormentarse ni obsesionarse, sencillamente escuchando con sinceridad lo que nace de lo más profundo de nosotros mismos.

No existe ningún método para aprender a creer. Cada persona tiene que recorrer su propio camino. No hay recetas ni fórmulas que garanticen un resultado seguro. En nuestra experiencia personal nos ha ayudado mucho el hacernos preguntas sobre el sentido de la vida y de la muerte, sobre el origen del universo, sobre la armonía de la naturaleza y sobre el propio ser humano.

Es normal que dentro de nosotros surja en más de una ocasión la duda y la inseguridad de si vamos por el camino correcto. Como hemos señalado, la creencia en Dios no es algo que pueda demostrarse a través de la razón, es un sentimiento que uno tiene y que le hace vivir la vida de forma diferente.

Por tanto, es conveniente reflexionar, meditar, penetrar en nuestro interior y alimentar la dimensión espiritual. Si ya creemos en Dios, es muy importante hablar con Él, dedicarle tiempo, ya que, si no hay contacto periódico, nos pasará al igual de lo que nos puede ocurrir con los amigos, que con el paso del tiempo nos iremos distanciando, que nuestra creencia se debilitará y se extinguirá por inanición.

Pues bien, en este marco en el que nos movemos, vamos a mostrar a continuación nuestra visión de Dios y las razones que nos han llevado a creer en Él.

TERCERA PARTE

QUIÉN ES DIOS
Y CÓMO LLEGAR A ÉL

CAPÍTULO 8
Qué podemos decir de Dios. Qué o quién es Dios

QUÉ PODEMOS DECIR DE DIOS

Decíamos en la introducción de este libro que la pregunta sobre quién es Dios ha sido una de las cuestiones más debatidas en la filosofía, en la teología y en la religión. Asimismo, manifestábamos que la idea de Dios depende de la perspectiva desde la que se mire. Para algunos, Dios es el ser supremo, creador del universo y fuente de todo lo que existe, tal como lo presentan religiones como el cristianismo, el islam y el judaísmo. Para otros, Dios es una energía, una conciencia universal o una fuerza cósmica. Y por supuesto, también hay quienes no creen en la existencia de Dios y piensan que es una invención humana, una construcción cultural para explicar lo desconocido.

En cualquiera de los casos, a lo largo de la historia de la humanidad las distintas culturas que han existido han denominado de formas muy diversas a sus dioses, a los cuales representaron con imágenes y figuras muy diferentes y les asignaron los roles más variados. Así, en Egipto, a la triada divina principal los denominaron así: Osiris, dios de la resurrección; Isis, diosa de la maternidad, y Horus, dios de la montaña, al que representaron con la figura de un halcón. En la India lo denominaron Brahman, el supremo creador del universo, y lo representaron con cuatro caras. En Grecia tenemos a Zeus, el dios supremo que gobernaba el cielo y el rayo; Dioniso, dios del vino, de la fiesta y del teatro, o Apolo, dios de la luz y del sol, del conocimiento y de las artes, que fue simbolizado con el sol, la lira, el arco y la flecha. En Roma tenemos a Júpiter, dios supremo, equivalente a Zeus en Grecia, a quien se le representa con un cetro, un rayo y un águila; Neptuno, dios de los mares y de las aguas, que fue caracterizado con sus caballos y su tridente. En los países nórdicos destacó el culto a Odín, soberano de los dioses, adorado como el dios de la guerra. Entre los incas destacó Hanan Pacha, que era el dios celestial. Y ya entrando en las religiones monoteístas, tenemos a los cristianos, que lo llaman Jesucristo, para los islamistas es Alá y para los judíos es Yahvé.

Pues bien, en base a todo lo expuesto, lo primero que deseamos señalar, y es un aspecto que debemos tener claro, es que resulta imposible definir y representar a Dios, y cualquier intento que hagamos al respecto nos llevará al fracaso. De Dios podemos decir muchas cosas, pero pocas concretas, empezando por su propia definición, y menos respecto a su representación.

Dios no es un objeto ni una persona, no tiene límites, no podemos conceptualizarlo, ni tampoco podemos crearlo a nuestra imagen y semejanza.

Todos los intentos y todas las referencias relativas a Dios tienen que ir en negativo. Así, por ejemplo, decimos que es indefinible, indescriptible, incognoscible, irrepresentable, incomprensible, invisible, inabarcable, etc., y ello se debe a que Dios es un misterio no sujeto a adjetivaciones ni a concreciones.

Efectivamente, Dios es indefinible. A Dios es imposible definirlo, y cuando tratamos de hacerlo, erramos, no se puede encerrar en conceptos ni en palabras, ya que es algo inabarcable. Dios puede ser vivido, amado, pero no conceptualizado. A Dios no se le puede definir ni entender, pero sí podemos encontrarlo, comunicarnos, sentirnos acompañados y amados por Él. En definitiva, a Dios no se le puede definir, pero sí anhelar.

Dios es indescriptible. De Él nada podemos decir con palabras e ideas, sino que es una experiencia profunda en la vida, de carácter enormemente enriquecedor, pero imposible de describir o representar.

Dios es incognoscible, no puede ser conocido ni comprendido. No tiene esencia ni atributos, ya que ningún concepto es adecuado para expresarlo. A Dios no se le puede aplicar ninguno de los calificativos humanos, tales como sabio, bueno, justo, perfecto, etc. Dios no es bueno, ni inteligente, ni omnipotente…, porque estos términos son atributos humanos, y, si se aplican a Dios, es de forma inapropiada. Dios —que es el ser supremo— está fuera de todas las categorías, porque todas ellas pretenden un imposible, que es encerrar en ellas el infinito.

Dios es irrepresentable. Carece de forma y figura. Si Dios fuera adecuadamente expresable y representable, ya no sería Dios. No procede representar a Dios con figuras humanas, de ningún tipo, y menos como un anciano con barbas, o como un moralista tirano que vigila nuestra vida, o algo semejante.

Dios es incomprensible, está fuera de nuestro alcance y de nuestra lógica. Si fuese comprensible, dejaría de ser misterio y ya no tendría sentido su búsqueda.

Por ello, tal como señalábamos en el párrafo anterior, Dios es un misterio al que únicamente se puede llegar a través de la intuición, de la fe y de la lógica particular de cada uno. Nuestra razón no puede llegar hasta Él.

Para los teístas, para los que creen en la existencia de un ser supremo, Dios es un misterio que está más allá de la experiencia, de ahí que señalen lo siguiente:

1. Dios es un ser trascendente, y las afirmaciones predicadas de Dios no son aplicables al mundo.
2. Dios se encuentra más allá de la comprensión.
3. Dios es un misterio.

De ahí que para muchos Dios sea el abismo insondable. Los seres humanos somos caminantes que estamos siempre buscándolo y anhelando su encuentro.

Hay una oración preciosa, de gran profundidad, que pone de manifiesto la confianza y la esperanza que los creyentes le dirigimos a ese ser supremo que es Dios y que la formulamos de la siguiente forma: «Creo en ti, aunque no te vea. No te oigo, pero te siento. Dame fuerzas para seguir creyendo en ti».

El verdadero creyente se entrega en la oscuridad, y solo entonces comienza a entender el misterio y, a partir de aquí, puede nacer la certeza relativa.

Ahora bien, aun considerando lo expuesto, tenemos y debemos hablar de Dios y, para hablar de Él, para describir lo indefinible, para referirnos al indescriptible, e infinito, solo podemos hacerlo mediante el lenguaje humano y con «fórmulas» humanas.

Por ello, y a pesar de todo, aun conscientes de que es indefinible, nos atrevemos a señalar que Dios es aquel que transciende, desborda y supera toda la realidad, toda representatividad, todo concepto, toda palabra, toda idea.

Dios es un ser sobrenatural, cuya naturaleza es diferente y superior a la del mundo físico, y cuya esencia desconocemos.

Por ello, con la palabra Dios nos referimos:

- A algo que transciende la naturaleza humana y que es el origen de la vida.
- A un ser sobrenatural responsable de la creación del universo y del misterio de la existencia.

- Al creador de todo lo que existe, del espacio y de la energía. El creador del Big Bang.
- Al inicio y fin de todas las cosas.
- A un ser supremo que es eterno.
- A una inteligencia superior, creativa, infinita.

Si bien la persona es el conjunto de una inteligencia (acción), una voluntad y un sentimiento (amor), Dios es la suma de todas las inteligencias, voluntades y de todo el amor imaginable. La suma de todas las vidas. El creador de todo lo existente. Por ello, cada uno de nosotros somos parte de Él, cada cosa que vemos a nuestro alrededor es parte de Él, como una gota de agua es parte del océano.

Dios es la realidad última de todo lo que existe, la realidad mayor sobre la cual no podemos pensar en otra. Dios es lo infinito, omnipotente, eterno, perfecto. No estamos diciendo que exista, sino solo lo que entendemos con esa palabra.

Dios es la realidad infinita que todo lo abarca y todo lo dirige, una realidad que no se puede concebir separada, pero sí distinguida y diferente de la realidad finita.

Dios es la unidad absoluta de toda existencia.

LO QUE DIOS ES O HA SIDO PARA FILÓSOFOS, CIENTÍFICOS Y PERSONAS ILUSTRES

Sin ánimo de ser exhaustivos, porque la relación podría ser muy extensa e imposible de plasmarla en su integridad, yendo a lo que Dios es o ha sido para una representación de notables filósofos, teólogos, científicos y escritores, podemos señalar a los siguientes:

Aristóteles

Aristóteles (384 a. C.-322 a. C.) fue un filósofo y científico griego, considerado junto con Platón uno de los padres de la filosofía occidental. Sus ideas ejercieron una enorme influencia sobre la historia intelectual de Occidente durante más de dos milenios. Fue precursor, antes que santo Tomás de Aquino, de las vías que tratan de demostrar la existencia de Dios y las desarrolló en su libro *Metafísica*, donde describe a Dios como el primer motor inmutable, incorruptible, y lo define como el pensamiento del pensamiento, es decir, como un ser que piensa que su propio pensamiento, inteligencia y acto de inteligencia son uno y el mismo.

Aristóteles afirmó con rotundidad: «Tiene que haber, en última instancia, un ser inmortal e inmutable, responsable de toda la plenitud y el orden en el mundo sensible».

Y también fue quien adjudicó a Dios los siguientes atributos: inmutabilidad (no puede cambiar), inmaterialidad (no es material, sino espiritual), omnipotencia (puede hacer todo), omnipresente (está en todas partes), omnisciencia (sabe todo), unicidad (único), bondad perfecta y existencia necesaria.

Anselmo de Canterbury

Conocido como san Anselmo (1033-1109), este monje italiano definió a Dios como «aquel del que nada más grande [que él] puede ser pensado».

Santo Tomás de Aquino

Santo Tomás de Aquino (1225-1274) fue un filósofo y teólogo italiano, considerado como el padre de la escolástica, corriente filosófica que trató de aplicar la filosofía antigua griega a la comprensión de la doctrina cristiana.

Su obra más famosa fue la *Suma teológica*, tratado en el que santo Tomás, a través de sus famosas cinco vías, despliega una parte importante de su pensamiento, basándose en el concepto de «motor inmóvil» aristotélico para desplegar una justificación racional de la existencia de Dios. Estas vías han guiado y apoyado durante siglos a los teólogos en su pensamiento y presentación apologética.

La base principal de su tesis es que cada cosa tiene una causa de ser, esta causa es perfectísima y no necesita de otro ser para poder ser. A este ser, que es el ser por esencia, y del cual todos los demás seres participan y se derivan, lo llamamos Dios.

Las vías a través de las cuales santo Tomás pretendió demostrar la existencia de Dios son las siguientes:

1. **Vía del movimiento**. Todo aquello que se mueve es movido por algo externo, y a la vez esas entidades externas son movidas por otras. Podríamos seguir remontándonos en una serie de causas infinitas hasta llegar al primer motor de todo. Pero, como no nos podemos remontar al infinito, ha de haber en algún momento un motor inicial que pone en marcha todo el movimiento. Ese primer motor es inmóvil. Esto es así porque es imposible, que algo sea motor y se mueva al mismo tiempo, así como es imposible que algo se mueva a sí mismo, encontrando dentro de él todo lo necesario para pasar de la potencia al acto. Por tanto, el motor ha de ser inmóvil. En definitiva, es necesario llegar a un primer motor que no sea movido por nadie, y este es el que todos entendemos por Dios.

2. **Vía de la causa eficiente**. Nos consta la existencia de causas eficientes que no pueden ser causa de sí mismas, ya que para ello tendrían que haber existido antes de existir,

lo cual es imposible. Además, tampoco podemos admitir una serie infinita de causas eficientes, por lo que tiene que existir una primera causa eficiente incausada. Y esa causa incausada es Dios.

3. **Vía de la contingencia y de la necesidad.** Hay seres que comienzan a existir y que perecen, es decir, que no son necesarios; si todos los seres fueran contingentes, no existiría ninguno, pero existen, por lo que deben tener su causa, pues debe existir un primer ser necesario, ya que una serie causal infinita de seres contingentes es imposible. Ha de haber, entonces, algún ser que siempre haya existido, cuya necesidad dependa de sí mismo y que sea causa de la necesidad de las otras cosas necesarias. A eso es a lo que llamamos Dios.
4. **Vía de la perfección.** Observamos distintos grados de perfección en los seres de este mundo (bondad, belleza...). Vemos que unos son más o menos buenos, verdaderos y nobles que otros, y lo mismo sucede con las diversas cualidades. Pero el más y el menos se atribuye a las cosas según su diversa proximidad a lo máximo. Ello implica la existencia de un modelo con respecto al cual establecemos la comparación, un ser óptimo, máximamente verdadero, un ser supremo. Y ese ser supremo es Dios.
5. **Vía de la finalidad.** Todos los seres tienen una finalidad. Por ejemplo, el fin del cuchillo es cortar correctamente. Pero los seres inanimados, que carecen de conocimiento, no pueden alcanzar su fin si no es porque una criatura inteligente los empuja a ello. Por ejemplo, somos los seres humanos los que, haciendo uso de los cuchillos, los llevamos a que cumplan su fin. Igualmente, los seres inteligentes tienden a fines más elevados, pero también obran conforme a un fin. Y de la misma manera necesitan de una inteligencia más elevada que las guíe y conduzca

hacia el cumplimiento de su finalidad. Esta inteligencia elevada, que dirige a todas las demás hacia su finalidad, es a lo que llamamos Dios.

Religiosos medievales

Para los místicos de la Edad Media, «Dios es la experiencia que sobrepasa a todo concepto y definición».

René Descartes

Descartes (1596-1650), filósofo racionalista, se basó en el conocimiento, en el puro proceder de la mente, determinando que la razón es la clave del conocimiento. Consideró a Dios como el ser supremo, de máxima bondad, eterno, infinito y creador de nuestro propio ser y del mundo exterior en el que nos encontramos. Señaló que el ser humano, tras dudar de todo lo que llega y se presenta a su mente, lo rechaza inicialmente, hasta llegar al primer estado o criterio de certeza que es lo que se conoce como el «yo existente», o dicho de forma más cartesiana: «Pienso luego existo». Este fue su primer paso para demostrar la existencia de Dios. Para Descartes, Dios es un ser perfecto e infinito, y sobre esta idea de Dios consideró que no se logra una idea de perfección sin su existencia. A tales efectos, propuso dos argumentos o métodos para demostrar su existencia: el ontológico y el metodológico.

1. **El ontológico**, que fue propuesto por primera vez por san Anselmo en el año 1078. El método conocido como ontológico es un argumento filosófico deductivo *a priori* a favor de la existencia de Dios. Se llama «ontológico» porque su prueba se basa en la definición o concepto

de «lo que es» (*ontos*) de Dios. Por tanto, la esencia de Dios está en existir. Los argumentos ontológicos de la existencia de Dios tienden a comenzar con una teoría *a priori* sobre la organización del universo. Si esa estructura organizacional es verdadera, el argumento proveerá las razones por las cuales Dios debe existir.

2. **El cartesiano o metodológico**, propuesto igualmente por Descartes, el cual se basa en el escepticismo. Se duda de cada idea que puede ser pensada. La existencia de todo lo que existe es por medio de lo que puede ser probado, y en tal sentido señaló: «Solo tenemos acceso a nuestra mente».

Para desarrollar el método que lleva su nombre, Descartes estableció cuatro principios:

1. **Principio de duda o evidencia sistemática: verificar.** Para lo cual es preciso no aceptar como verdadero algo hasta que se compruebe su evidencia —clara y distintamente—; aquello que es realmente verdadero. Con la duda sistemática, se evita la prevención y la precipitación, aceptándose como cierto lo que sea evidentemente cierto.
2. **Principio del análisis o descomposición: dividir y analizar.** Descomponer cada dificultad o problema en tantas partes como sea posible y necesarias para su comprensión y solución, resolviéndolas por separado.
3. **Principio de la síntesis o la composición: sintetizar.** Conducir cuidadosamente los pensamientos y razonamientos, a partir de las formas más fáciles y simples de conocer para pasar y llegar gradualmente hasta las más difíciles, y así ir armando pensamientos para poder probar su funcionamiento.
4. **Principio de la enumeración o de la verificación (comprobación): enumerar.** Hacer verificaciones, recuentos

y revisiones para asegurarse de que nada fue omitido o pasado por alto, y poder comprobar si la evidencia es falsa o verdadera.

Blaise Pascal

Blaise Pascal (1623-1662), matemático y filósofo francés conocido por su famosa falacia de falso dilema, argumentó que, al no poder saber con razón si Dios existe, tiene más sentido apostar por su existencia, porque tenemos toda una felicidad eterna que ganar y poco o nada que perder. Por eso es racional apostar por el teísmo cristiano viviendo una vida religiosa.

Básicamente, el argumento plantea cuatro escenarios:

1. Puedes creer en Dios; si existe, entonces irás al cielo.
2. Puedes creer en Dios; si no existe, entonces no ganarás nada.
3. Puedes no creer en Dios; si no existe, entonces tampoco ganarás nada.
4. Puedes no creer en Dios; si existe, entonces no irás al cielo.

Al margen del famoso dilema que hemos expuesto, nos parece interesante cuando Pascal dijo: «Es imposible reconocer, a través de la razón, que existe un dios y que hay un alma en el hombre. Es igualmente imposible saber a través de la razón que no hay Dios o que no hay alma».

Baruch Spinoza

Baruch Spinoza (1632-1677) señaló que la divinidad se compone de un dios inmanente a la realidad, que es la única sustancia, fuera de la cual nada hay. Para él, Dios es una sustancia única, eterna, causa de sí misma y con infinitos atributos, que son los conceptos a través de los cuales se concibe. Así, señaló que existe una independencia causal, lógica, ontológica y gnoseológica respecto del resto de la realidad, que es expresada como modalidades o partes de ella y en la misma sustancia. La Naturaleza-Dios es su propia causa y la única esencia existente, y en tal sentido señalaba que «es quien se revela a sí mismo en una armonía de lo existente, no en un dios que se interesa por el destino y las acciones de los seres humanos». Consideró que la religión instituida no persigue la comprensión de la naturaleza, sino el adoctrinamiento de las personas para controlar su conducta.

David Hume

Hume (1711-1776), filósofo empirista, radical, posterior a Descartes y totalmente contrario a este, el cual discrepó y rehuyó de la existencia de Dios basándose en que todo conocimiento proviene de la experiencia. Puesto que la idea de Dios no es demostrable con el instrumento que Descartes utilizó para llegar al conocimiento, no aceptó esta proposición.

Immanuel Kant

Kant (1724-1804) ofreció una filosofía diferente a Descartes y Hume, basándose en que la razón y la experiencia son las que dan lugar al conocimiento. Los procedimientos más adecuados, a su modo de ver, son la deducción y la intuición. Kant señaló con mucha lógica, y, bajo nuestra perspectiva, con gran acierto, lo siguiente: «No tenemos ninguna percepción de Dios, solo podemos pensarle, pero no podemos decir nada acerca de su existencia».

Arthur Schopenhauer

Arthur Schopenhauer (1788-1860) mantuvo una posición abiertamente atea y fue el máximo representante del pesimismo filosófico. Señaló que «si Dios fuera real, sería un ente maligno».

León Tolstói

León Tolstói (1828-1910), insigne creyente, en la década de 1870, experimentó una profunda crisis moral, seguida de lo que consideró un despertar espiritual igualmente profundo, como se describe en su obra de no ficción titulada *Una confesión* (1882). Su interpretación literal de las enseñanzas éticas de Jesús, centrada en el Sermón de la Montaña, lo convirtió en un ferviente anarquista cristiano y pacifista. Sus ideas sobre la «no violencia activa», expresadas en libros como *El Reino de Dios está en vosotros*, tuvieron un profundo impacto en grandes personajes como Martin Luther King y Gandhi, quien declaró: «El Reino de Dios está en ti». Y de Tolstói señaló que «le abrumaba, y que le dejó una impresión imborrable».

En este punto queremos destacar lo que para Tolstói era Dios, y en ese sentido expresó lo siguiente:

> Además de todo lo que es corpóreo en nosotros mismos, sabemos que existe algo incorpóreo que da vida a nuestro cuerpo y está conectado con el mismo. A ese algo incorpóreo, conectado con nuestro cuerpo, lo llamamos alma. A ese mismo algo incorpóreo, pero no conectado con nada, y que da vida a todo lo que existe, lo llamamos Dios.

Y en otro apartado de su obra dijo: «Es posible, y también fácil, sentir a Dios en uno mismo. Pero el conocer a Dios, tal como es, es imposible».

Algernon Swinburne

El poeta inglés Algernon Swinburne (1837-1909) se expresó sobre Dios en la línea de Aristóteles, diciendo que «Dios es un espíritu omnipresente, omnipotente y omnisciente (que sabe, puede y conoce todo)».

Friedrich Nietzsche

Friedrich Nietzsche (1844-1900), conocido por su interesante obra filosófica y por la expresión, que en su tiempo tuvo una gran transcendencia y marcó todo un hito: «Dios ha muerto», ejerció una gran influencia en el ámbito filosófico y social de su tiempo. Para él, el Dios del monoteísmo judeocristiano es tan solo un dios más entre los muchos dioses posibles y, por lo tanto, el veredicto de la muerte de los dioses recae también sobre él. Nietzsche consideró que Dios no creó al hombre, sino que ha sido el hombre quien ha creado a Dios.

Albert Einstein

Albert Einstein (1879-1955) creía en el Dios de Spinoza, y así señaló: «Creo en el Dios de Spinoza, quien se revela a sí mismo en una armonía de lo existente, no en un dios que se interesa por el destino y las acciones de los seres humanos».

Si bien no compartió la idea de un dios personal, manifestó que consideraba que la mente humana no es capaz de comprender la totalidad del universo, ni cómo se organiza, a pesar de ser capaz de percibir la existencia de cierto orden y armonía.

Puso de manifiesto que la cuestión de Dios es la pregunta más difícil que puede formularse un ser humano, y en tal sentido dijo:

> Si creo o no creo en Dios no es algo que pueda responder con un simple sí o no. No soy ateo. No sé si puedo definirme como un panteísta. El problema en cuestión es demasiado vasto para nuestras mentes limitadas. ¿Puedo contestar con una parábola? La mente humana, no importa que tan entrenada esté, no puede abarcar el universo. Estamos en la posición del niño pequeño que entra a una inmensa biblioteca donde hay clasificados en sus baldas cientos de libros en diferentes lenguas. El niño sabe que alguien debe de haber escrito esos libros. No sabe cómo o quién. No entiende los idiomas en los que esos libros fueron escritos. El niño percibe un plan definido en el arreglo de los libros, un orden misterioso, el cual no comprende, solo sospecha. Esa, me parece, que es la actitud de la mente humana, incluso la más grande y culta, en torno a Dios. Vemos un universo maravillosamente arreglado que obedece ciertas leyes, pero apenas entendemos esas leyes.

Y más adelante señaló lo siguiente:

> Nuestras mentes limitadas no pueden captar la fuerza misteriosa que mueve a las constelaciones. Me fascina el panteísmo de Spinoza porque él es el primer filósofo que trata al alma y al cuerpo como si fueran uno mismo, no dos cosas separadas.

Einstein, siendo una de las mentes científicas más brillantes que ha tenido la humanidad, se posicionó de forma clara y contundente respecto al dilema que está vigente en los últimos cincuenta años entre ciencia y religión, señalando de forma rotunda que ambas disciplinas no se encuentran necesariamente enfrentadas, puesto que tanto la ciencia como la religión persiguen el mismo fin: la búsqueda y entendimiento de la realidad.

Xabier Zubiri

Xabier Zubiri (1898-1983) señaló que «Dios es el fundamento de la realidad. Es lo último que da sentido y base al mundo».

Karl Rahner

Karl Rahner (1904-1984) fue un teólogo católico alemán considerado como uno de los más importantes del siglo XX. Su teología influyó en el II Concilio Vaticano. La base de la teología de Rahner es que todos los seres humanos tienen una conciencia latente de Dios en cualquier experiencia de limitación del conocimiento o libertad como sujetos finitos. Dado que tal experiencia es necesaria, pues constituye la «condición de posibilidad» de cualquier conocimiento o libertad como tal, Rahner empleó el lenguaje de Kant para describir esta experiencia como «experiencia trascendental».

A partir de esta idea del «conocimiento natural» de Dios, o sea, el que puede ser conocido por la razón antes de la llegada de la revelación, señaló que solo se puede aproximar a Dios asintóticamente, de la forma que él denominó «misterio absoluto».

En uno de sus trabajos, Rhaner señaló lo siguiente:

> Aunque se puedan suministrar pruebas de la existencia de Dios, estas pruebas sólo se refieren a la ineludible orientación del misterio que constituye —por necesidad trascendental— la naturaleza del ser humano.

Jean Paul Sartre

Para el filósofo Jean Paul Sartre (1905-1980), la existencia de Dios es imposible, y lo explica así:

El propio concepto de Dios es contradictorio, pues sería el en-sí-para-sí logrado. Por tanto, si Dios no existe, no ha creado al hombre según una idea que fije su esencia, por lo que el hombre se encuentra con su radical libertad.

Enrique Tierno Galván

Tierno Galván (1918-1986) señaló con gran claridad que «un dios personal es impensable».

Conway y Flew

Conway y Antony Flew (1923-2010) señalaron que es posible conocer la existencia y naturaleza del Dios aristotélico mediante el ejercicio de la mera razón humana. El descubrimiento de lo divino es una peregrinación de la razón, y no únicamente de la fe.

Hans Küng

Hans Küng (1928-2021), un acreditado teólogo al que la Santa Sede le retiró la licencia para enseñar teología católica en 1979, debido en parte a su libro *¿Infalible?*, a través de la mencionada pregunta se cuestiona el dogma de la infalibilidad en la Iglesia.

Küng fue una persona polémica a lo largo de toda su carrera. Acusó al magisterio de la Iglesia católica de autoritarismo y de censura frente al debate eclesial. Una de sus mayores críticas al magisterio se desató con la publicación de la encíclica *Evangelium Vitae* (*El Evangelio de la Vida*), en la que se mostraban las posiciones de la Iglesia respecto a la moral sexual, a la anticoncepción y al aborto. Küng señaló que, con esta encíclica, Juan Pablo II ponía de manifiesto su carácter autoritario y su negativa al diálogo con el mundo moderno. Fue condenado por Juan

Pablo II en 1979 y no consiguió ser rehabilitado después, ni por Benedicto XVI ni por el papa Francisco.

Respecto a Dios señaló lo siguiente:

> Dios no es un ser masculino o femenino, no es una persona del mismo modo que lo es el ser humano. Dios es quien todo lo envuelve y penetra, no es un objeto «sobre» el que el ser humano podría hacer enunciados desde una distancia calculada. No hay un punto «más allá» de Dios, desde el que el ser humano podría juzgar sobre lo Uno y envolvente. Lo que llamamos fundamento originario, sostén originario, meta originaria de toda realidad, no puede concebirse como «un dios» o «una diosa» entre (o sobre) otros; no puede ser una persona individual entre otras personas, pero tampoco ningún super-hombre o super-yo.

Y también:

> Sin Dios el ser humano no puede responder a las preguntas claves ¿qué puedo hacer?, ¿qué debo hacer? y ¿qué puedo esperar? A Dios solo se le puede conocer en la práctica; la única «prueba» de Dios es la experiencia de aquel que ha dicho sí a Dios.

Ignacio Larrañaga

El teólogo Ignacio Larrañaga (1928-2013) manifestó su visión al respecto con estas palabras:

> Dios es alguien que interpela, exige, incomoda, desafía. No responde, sino que pregunta. No soluciona, sino que genera, ocasiona conflictos. No facilita, sino que dificulta, No explica, sino que complica. Dios no es alienador, sino libertador, nos hace maduros y libres a las personas.

Interesante y para reflexionar al respecto.

Stephen Hawking

Stephen Hawking (1942-2018) definió a Dios como «la encarnación de las leyes de la naturaleza». Para él, Dios tenía un sentido impersonal.

¿EXISTE DIOS?

Tal como hemos venido señalando, la existencia de Dios no es demostrable, pero tampoco lo contrario.

Los argumentos que podamos utilizar y las razones que tengamos, y sobre las cuales sustentemos nuestra creencia en Dios, son útiles para articular ciertas intuiciones fundamentales, pero no pueden ser consideradas como «pruebas» objetivas.

No tenemos evidencias acerca de la existencia de Dios, de ahí que nos parezca muy acertado lo que Kant nos señaló, y a lo que ya hemos hecho referencia con anterioridad, cuando dijo: «No tenemos ninguna percepción de Dios, solo podemos pensarle, pero no podemos decir nada acerca de su existencia». Es por eso por lo que existe la opción del ateísmo, defendida por grandes pensadores como fueron Nietzsche, Marx, Freud, Schopenhauer y Sartre. Del mismo modo, tampoco existen evidencias de la no existencia de un ser superior al que llamamos Dios. Creyentes igualmente significativos han sido Einstein, Pascal, Spinoza, Teilhard de Chardin, Bayes y Tolstoi.

Entre los críticos, merece una mención especial lo manifestado por Karl Marx cuando dijo que «Dios es un producto de nuestra imaginación». Es una frase importante sobre la que merece reflexionar al respecto. Si fuese así, ¿no sería entonces esta idea de Dios la más fabulosa de cuantas ha inventado la mente humana? Creamos o no en Él, exista o no, lo que sí es cierto es que Dios es la idea más apasionante que ha parido la humanidad.

Una idea, una creencia, que ha sido y es capaz de transformar la vida de millones de personas, de todas aquellas que la sostienen.

Es cierto, y así debemos reconocer, que no hay evidencias de la existencia o no de un ser superior. La intuición, en parte la razón, pero sobre todo la fe, se convierte en el indispensable motor del ser humano para empujarlo a la búsqueda constante y sincera de Dios. En esa búsqueda de respuestas a las preguntas vitales que el ser humano se plantea o se debería plantear, creyentes y no creyentes recorremos juntos este camino de encuentro hacia el conocimiento, sabiendo que nunca lo vamos a encontrar definitivamente.

Dios no se encuentra al final de un silogismo, por lógico que sea el razonamiento, sino que, tal como hemos señalado, es básicamente el sujeto de una intuición, de una creencia, de una fe.

Lo finito nunca alcanzará el infinito. El ser humano no puede alcanzar a entender a Dios. Por lo tanto, no se puede lograr la demostración de que Dios existe. No se trata tanto de dar razones, sino de quitar obstáculos y entender que Dios está dentro de nosotros.

Es lógico y evidente que Dios no puede manifestarse de un modo directo, claro e inequívoco a las personas. ¿Cómo podría hacerlo si Él es por esencia invisible? Dios no puede ser visible, y por carecer de forma y figura no puede ser representado por nada concreto. ¿Qué clase de contactos o milagros extraordinarios tendría que realizar para comunicarse con nosotros? Es fácil darse cuenta de que no puede hacer ninguno y nada al respecto. Dios entra en contacto con nosotros cuando le abrimos nuestras puertas, nuestro corazón, y le dejamos espacio al efecto.

Por ello, si pensamos o decimos que Dios es el creador de todo lo que existe, la realidad última, lo mayor y más perfecto que podemos pensar, estamos dándole carta de naturaleza como algo existente. La idea de Dios implica su existencia.

Si pensamos en Dios como el ser dotado de todas las perfecciones, del origen de todo…, ello supone que lo estamos pensando como existente. Y, al contrario, si no lo pienso, se esfuma. Por tanto, debemos asumir con naturalidad y sin problema alguno que Dios es una creación de cada uno de nosotros en base a nuestra intuición, nuestras razones y nuestra experiencia de vida.

Indiscutiblemente, y no nos importa reiterarnos, la creencia en Dios es cuestión de fe acompañada de razonamiento, intuición y experiencia de vida. Y en este marco, el creyente duda, tiene que dudar porque a Dios no lo ha visto nadie, porque nadie puede afirmar que existe con plena seguridad. Por ello, quien vive sinceramente su fe no se abandona a la falsa tranquilidad de haber dado solución al misterio, sino que vive en la tensión continua de la duda, en la búsqueda permanente.

Es muy difícil, y expresándolo de una forma más contundente, imposible, afrontar la cuestión de la existencia de Dios desde un plano objetivo, racional e imparcial.

Hay una escena, impresionante, en la gran película *Cónclave*, del director Edward Berger, en la que el actor Ralph Fiennes, que encarna el personaje del cardenal Lawrence, decano organizador del cónclave, se dirige al resto de cardenales y les dice: «Hay un pecado que temo más que ningún otro, es la certeza. Si solo existiera la certeza, no habría ya ningún misterio, y no haría falta la fe». Cierto, muy cierto. Lo peor que nos puede ocurrir a cualquier creyente es sentirnos poseedores de la verdad.

Por ello, hay muchos creyentes, auténticos y profundos, que «dudan» de la existencia de Dios. Se inclinan a pensar en su existencia, les vence el «sí», pero su fe sabe de noches oscuras y de travesías en el desierto. El propio papa Francisco señala: «Si una persona dice que ha encontrado a Dios con certeza total y no le roza un margen de incertidumbre, algo no va bien». Y también nos señala: «Un cristiano que lo tiene todo claro y seguro no va a encontrar nada».

En el mismo sentido, el teólogo K. Rahner, cuando se le preguntaba si de veras se consideraba creyente cristiano, decía: «Sí, pero no a tiempo completo». En el fondo venía a decir: «Creo, Señor, en ti. Dame fuerzas y ven en ayuda de mis dudas».

Y también, Unamuno decía: «Fe que no duda es fe muerta. La fe que aparece inquebrantable, inconmovible, rectilínea, es hija de la ignorancia o del fingimiento. El que no duda no cree».

Finalmente, recogemos la expresión de Pascal cuando decía: «Es incomprensible que Dios exista e incomprensible que no exista».

Todo creyente convive siempre con su ser interior, que tiene dudas. La duda no es opuesta de la creencia, es una parte de ella. La seguridad absoluta no existe, tampoco para el no creyente.

Una mujer rezando (Willem de Poorter, s. XVII).

Para terminar este apartado y poder explicar la existencia de Dios, nada mejor que hacerlo con un ejemplo clarificador que lo hemos encontrado en una preciosa metáfora en el libro *El ser humano, un ser espiritual* de Javier Urra, en el que su autoría debe corresponder a un escritor húngaro, que nos dice lo siguiente:

> Se encontraban dos bebés en el vientre de su madre, y uno le preguntó al otro:
>
> —Oye, ¿tú crees que después del parto habrá vida?
>
> Y el otro le dijo:
>
> —Seguro que sí, tiene que haber algo después del parto, quizás aquí nos estamos preparando para aquello que no conocemos y que vendrá más tarde.
>
> El primer bebé exclamó:
>
> —¡No digas tonterías!, después del parto no puede haber vida, porque ¿qué clase de vida habría?
>
> A lo que el segundo le contestó:
>
> —No lo sé, pero seguro que hay más luz que aquí. Y oye, quizá podamos correr con nuestras piernas y comer con nuestras bocas, y hasta captar lo que aquí ni se nos ocurre.
>
> El primero replicó:
>
> —Lo que dices es absurdo, ni podemos caminar con las piernas, ni comer con la boca, es el cordón umbilical el que nos nutre y no podemos alejarnos de él, siendo tan corto. Por lo tanto, la vida después del parto es imposible.
>
> Pero el segundo insistió:
>
> —Yo creo que a lo mejor hay algo después del parto y diferente a lo que hay aquí.
>
> Y fue entonces cuando el primero le preguntó:
>
> —Si es verdad lo que dices, ¿por qué nadie jamás regresó de allá? Acéptalo, el parto es el fin de la vida, y en el posparto no hay nada más que oscuridad, silencio y olvido.
>
> El segundo siguió argumentando:
>
> —Pues yo creo que nos encontraremos con Mamá y ella nos cuidará.
>
> El primero le dijo:

—Eres ridículo. Mamá no existe, y si existe, ¿dónde está ahora?

El segundo bebé intentó explicarle:

—Está alrededor nuestro, es que la verdad de ella nosotros somos, es en ella en la que vivimos, sin ella este mundo no sería, y no podría existir.

El primer bebé le contestó:

—Yo no puedo verla, luego la lógica es que no existe.

El segundo le respondió:

—A veces, solo cuando estamos en silencio y nos concentramos podemos escucharla, percibir su presencia, escuchar su amorosa voz allá arriba.

En definitiva, ¿existe Dios?

Bajo nuestra perspectiva, y con todas las dudas que podamos tener y sentir al respecto en nuestro interior, ante la doble opción que tenemos de creer o no en Él, nos inclinamos y apostamos por la creencia de que Dios existe.

CAPÍTULO 9
Qué o quién es Dios para mí

QUÉ ES DIOS PARA MÍ

Hemos puesto de manifiesto en el capítulo anterior qué o quién es Dios desde una perspectiva conceptual y general, así como lo que es Dios para ilustres personas de la ciencia, literatura, filosofía y teología que nos han antecedido y que nos han dejado interesantes y valiosas reflexiones al respecto.

Llegado a este punto, es el momento oportuno para preguntarme y poner de manifiesto qué o quién es Dios para mí.

Pues bien, empezaremos por señalar algo que, bajo nuestra opinión, es evidente, y es que Dios no es algo concreto, no es un objeto ni una persona, no tiene límites, no lo podemos conceptualizar y tampoco lo podemos crear ni configurar a nuestra imagen y semejanza.

Partiendo desde esta posición, para mí Dios es:

- En primer lugar, un ser superior al ser humano, creador del universo y de la vida, que está con nosotros, que nos acompaña en nuestro vivir, y que es la respuesta al sentido de nuestra vida y de nuestra muerte.

- El sentido último de la vida, el sentido globalizante, el que da sentido al resto de los pequeños sentidos parciales. Dios no es una realidad aislada al margen de nuestra vida, algo trascendente que no entra en las cosas de la vida, sino que Dios está en la vida y da sentido a la misma y a cualquier experiencia humana. Con Dios entiendo la vida, tiene sentido la vida; sin Dios no la entiendo.
- Es el centro, el eje principal de mi vida, el principio rector de todos mis actos, quien me ayuda a encontrar el papel y la misión que tengo en la vida.
- Un ser «no» personal, a quien no puedo caracterizar, no tiene forma ni figura, es transpersonal y suprapersonal.
- Un ser próximo. Frente al Dios omnipotente, omnipresente, omnisciente (que sabe y conoce todo), irrepresentable, infinito, misterioso, creo en ese Dios próximo con el que me comunico, hablo y sé que me escucha; un ser en el que confío y sé que está a mi lado, que me acompaña en el caminar y que me quiere.
- Una fuerza espiritual que siento que me empuja a vivir la vida con sentido y a establecer unos principios de vida.
- Una experiencia profunda en la vida, ya que a Dios lo siento en mi interior; con Él me siento amado y acompañado. Confío en Él, y siento que soy un instrumento de Él para hacer un mundo mejor.
- Un ser que, aunque con mis lógicas dudas, creo que existe y al que llego por una profunda intuición personal basada en la reflexión y en la razón.
- Y, además, es alguien que da sentido a mi vida, me ayuda a vivir mejor, me posiciona ante la vida, me ayuda a resol-

> ver situaciones y conflictos de una forma determinada, y, en muchas ocasiones, es compañía en la soledad, esperanza en la oscuridad, comprensión en la debilidad, luz y apoyo en el caminar.

Por tanto, creo en un dios padre en el sentido de que me ha dado la vida, creador del universo, de la tierra, que me quiere y desea lo mejor para cada uno de nosotros, que quiere que nuestra vida esté orientada al amor y al servicio a los demás, que está dentro de nosotros y nos acompaña en nuestro caminar y, finalmente, como hemos señalado, da sentido a la vida y a la muerte.

Creo en Dios desde la humildad, la inseguridad y el respeto a los que no creen.

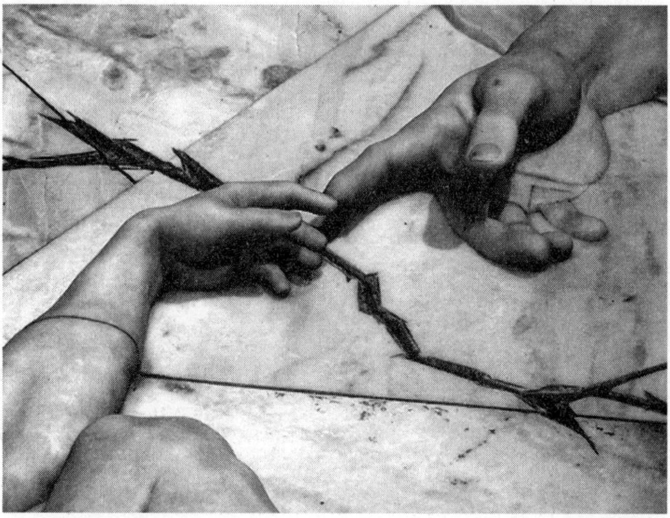

Dios y el hombre; detalle de *La creación de Adán* en la catedral de la Sal de Zipaquirá, Colombia (Carlos E. Rodríguez Arango, 1949).

Sin embargo, no creo en un dios humano, no creo en alguien que pueda ser representado por una figura física, creo en un dios metafísico. El hecho de no creer en un dios físico no supone que no crea en un dios «personal» en el sentido de que pueda dirigirme a Él, en un dios próximo a cada uno de nosotros.

Y tampoco creo en el Dios que, durante muchos años, y con gran frecuencia, nos ha presentado la jerarquía eclesiástica cristiana, de un dios castigador, justiciero implacable, discriminador y autoritario, sino que creo en un dios creador, padre, amor y liberador.

EN QUÉ BASO MI CREENCIA DE QUE DIOS EXISTE

Con independencia de cuál sea la perspectiva de cada persona al respecto, soy consciente de que la existencia de Dios no es demostrable, pero tampoco lo contrario.

Desde cualquiera de las posiciones en que nos podamos encontrar, los argumentos que podamos utilizar y las razones que podamos aportar, todas ellas son útiles para contrastar ideas y reflexionar al respecto, así como para articular ciertas intuiciones fundamentales, pero en ningún caso pueden ser consideradas como «pruebas» objetivas, ni en un sentido ni en el otro.

Tal como hemos señalado en el capítulo anterior, no existen evidencias acerca de la existencia de Dios, y tal como dijo el filósofo Kant: «No tenemos ninguna percepción de Dios, solo podemos pensarle, por tanto, no podemos decir nada acerca de su existencia».

Efectivamente, y así hay que admitirlo, no hay evidencias de la existencia de un ser superior. De ahí que la fe se convierta en el indispensable motor que me empuja a la búsqueda constante y sincera de Dios. En esa búsqueda de respuestas a las preguntas que nos podamos formular, creyentes y no creyentes recorremos juntos un camino de encuentro del conocimiento y de la búsqueda de la verdad.

De ahí que sea importante ser humildes y entender que nuestra capacidad finita nunca alcanzará el infinito. Soy consciente de que, por mucho que me esfuerce, no puedo alcanzar a entender a Dios. Por lo tanto, parto y admito que jamás podré lograr la demostración de que Dios existe.

Lo tengo claro: Dios no puede manifestarse de un modo directo, claro e inequívoco a las personas. ¿Cómo lo podría hacer si Él es por esencia invisible? Dios no puede ser visible y, al carecer de forma y figura, no puede ser representado por nada concreto. Es fácil comprender que Dios no puede contactar con nosotros, de forma directa, bajo ninguna forma.

Por ello, cuando los creyentes pensamos o decimos que Dios es el creador de todo lo que existe, que es la realidad última, lo más grande y más perfecto que podemos pensar, es cierto, y así lo asumimos, estamos dándole carta de naturaleza como algo existente.

Pues bien, yendo a nuestro caso particular, que puede ser el de muchos lectores, ¿tengo la seguridad absoluta de que Dios existe? Evidentemente, no. Como hemos señalado en repetidas ocasiones, Dios no puede ser demostrable, por ello, para los creyentes Dios no es una cuestión de seguridad, sino de creencia y, en tal sentido, no tengo ningún reparo en posicionarme al respecto y afirmar que, bajo nuestra perspectiva y opinión particular, «Dios existe, siento que Dios existe». Es verdad que no tengo «pruebas objetivas» de que Dios exista, pero en mi interior está la creencia de su existencia.

Mi creencia no está basada en una fe ciega, aceptada por tradición o heredada de mis padres, sin saber bien por qué creo, sino que está basada en la reflexión, en el contraste, en la profundización y, por supuesto, en una intuición de la que soy plenamente consciente de que no es totalmente racional, ya que las razones en las que me baso son personales y subjetivas.

Por tanto, mi creencia está basada en aspectos intuitivos, sensitivos, posicionales y racionales, siendo consciente de que lo racional, en este ámbito, es limitado.

De ahí que sea plenamente consciente de que las «razones» intuitivas y racionales que tengo, y que las voy a exponer a continuación, y sobre las que me baso son personales e indemostrables, pero, entre las razones que tengo para creer y las que tengo para no creer, me inclino claramente por las primeras.

Soy consciente de que los argumentos que puedo utilizar son útiles para articular ciertas intuiciones fundamentales, pero que no pueden ser consideradas como «pruebas» de su existencia.

Soy consciente de que los argumentos y razones que tengo respecto a la existencia de Dios se les pueden poner múltiples reparos y objeciones; ahora bien, considerando todas juntas, las existentes a favor y las existentes en contra, me llevan a pensar que es más razonable creer que no creer.

Soy consciente de que puedo no tener la razón, no me siento en posesión de la verdad, como tampoco la tienen quienes consideran que Dios no existe. Por ello, mi total respeto a las ideas de los que tienen creencias diferentes a la mía, pero igualmente solicito el mismo respeto a las mías. Es aconsejable tener cuidado y protegernos ante los radicales y fanáticos, sean creyentes o no.

Dicho lo dicho, me apoyo en el cardenal Newman cuando dice: «Mis creencias soportan mis dudas».

Pues bien, entre los aspectos intuitivos, sensitivos, posicionales e incluso racionales en los que se basa mi creencia puedo señalar los siguientes:

1. Con las lógicas dudas, sin poder afirmarlo categóricamente, me inclino a pensar que Dios existe. Es cierto que todo creyente convive siempre con una duda inte-

rior. Como dice Maurice Benet: «Una fe que no duda es una fe dudosa». A partir de aquí soy consciente de que la seguridad absoluta no existe, que nunca la tendremos los creyentes, como tampoco la tendrán los no creyentes. La inexistencia de dudas no es lógica respecto a la creencia en Dios. La duda no es opuesta de la creencia, es una parte de ella. Ahora bien, lo tengo muy claro: la fe no puede exigir la negación de la razón. Dudar de Dios, de su existencia, es lógico, dado que no contamos con ninguna evidencia al respecto, convivimos desde el origen de los tiempos con la necesidad de poner luz a este importante dilema, con la angustia de saber que nunca lo vamos a poder resolver, pero ello no es óbice a que me incline a pensar que Dios existe, a sentir la necesidad y demandar la libertad, a pesar de todo ello, de seguir buscándolo y, con ello, dar un sentido existencial a mi vida y a mi muerte.

2. Tengo la intuición, la profunda intuición, de que Dios existe. Qué le vamos a hacer. En este sentido, me alegra coincidir con Charles Townes, ilustre científico laureado con el Premio Nobel de Física en el año 1964, conocido por sus trabajos sobre la teoría y las aplicaciones del láser y del máser relativos a la amplificación de microondas, cuando señaló: «Creo firmemente en la existencia de Dios, basándome en la intuición, en la observación y también en el conocimiento científico».

3. Entre las dos opciones que tengo de considerar respecto a si Dios existe o no, me inclino por la primera, existe.

4. Ligado con el punto anterior, como me gusta hacer apuestas (es conocido que a los vascos nos gusta apostar), apuesto, me la juego, confiadamente de que Dios existe. Soy consciente de que corro riesgos, asumo que igual me sale mal y pierdo, pero, a pesar de ello, opto porque

existe. El resultado de mi apuesta lo tendré cuando me muera; hasta entonces, a esperar.

5. Finalmente, he reflexionado mucho al respecto, he pasado por diferentes fases a lo largo de mi vida. Mis padres, con su mejor voluntad, me educaron en una determinada religión con sus respectivos principios y valores, lo cual me llevó a tener una creencia otorgada e inmadura. Estudié en un colegio religioso. Todo mi entorno era católico. Con el paso de los años me cuestioné todas las ideas que me fueron inculcadas y de una forma reactiva pasé a otra situación de no creer en la existencia de Dios. Pero, en el transcurso de esos años de travesía por el desierto, había algo que clamaba en mi interior. Busqué, investigué y, finalmente, encontré a Dios. Entiendo y considero que mi creencia actual es reflexionada, adquirida libremente y madura. He pasado de tener una creencia inmadura, fruto de la educación familiar y religiosa recibida, a otra creencia madura, y tras todo ello, con mis razones más o menos válidas, que las pondré de manifiesto a continuación, llego a la conclusión de que Dios existe.

Existe un salmo que para mí ha sido y es pieza angular de mi creencia en Dios, y que dice: «Creo en ti, aunque no te vea. No te oigo, pero te siento. Dame fuerzas para seguir creyendo en ti». Pues eso, creo en algo superior, aunque no lo vea. Ya sé que no lo voy a oír, pero lo siento en lo más profundo de mí.

De acuerdo con lo expuesto, estimo que la creencia que actualmente mantengo ha evolucionado y es madura, basada hasta donde llegan mis capacidades en la razón, y que he llegado a la misma de forma libre, reflexionada, contrastada y cimentada en una experiencia personal, no exenta de dudas.

Ahora bien, al mismo tiempo de sentirme creyente, considero que la creencia que hoy mantengo no ha culminado, que no ha llegado a su fin, que no está acabada ni bloqueada, y que lo procedente es seguir buscando. Por ello, el proceso que sigo es el de una búsqueda permanente que me permite fortalecer día a día las razones personales que me llevan a creer en Dios.

La creencia y lo que podríamos llamar fe no es algo que viene sin más, que me ha caído del cielo sin más, de forma gratuita, sino que es un proceso que surge tras una reflexión, pretendidamente racional, que ha requerido de trabajo, esperanza y honestidad.

Sobre esta base, y partiendo de las consideraciones apuntadas, entre las razones y argumentos «personales» que tengo para creer en Dios, y que pienso que quizás pueden ayudar al amigo lector o lectora a reflexionar y profundizar al respecto, se encuentran las siguientes:

1. Considero que Dios es el creador y origen del universo, del espacio y de la energía

Nada puede existir sin una causa. El universo existe y necesita de una causa. Esa causa, para muchos, y entre los que me encuentro, es Dios. El universo está regido por leyes, lo que exige la existencia de un legislador: Dios. De la misma manera que no hay reloj sin relojero, el orden y la complejidad de la naturaleza no puede darse sin la existencia de una inteligencia que está más allá de la propia naturaleza: esa inteligencia superior considero que es Dios.

Coincido con Conway cuando señala que «el universo ha sido creado por una inteligencia suprema, omnipotente y omnisciente, y que esta lo creó para traer a la existencia y sustentar a seres racionales».

Todas las cosas tienen un origen, una causa inicial, y para los creyentes esa causa inicial es obra de un ser superior al que llamamos Dios.

¿Puede algo surgir de la nada? ¿Podemos pensar que todo es casual, que todo ha surgido por azar? La opinión de los creyentes es que no, que el todo no ha podido salir de la nada.

La creación a partir de la nada parece problemática, como también lo es la materia eterna.

Por tanto, considero poco probable que la materia comenzara de forma espontánea o se creara a partir de la no-materia.

Por ello, parece lógico pensar que el universo y el ser humano no han surgido de la nada para terminar en la nada; más bien pienso que venimos de la casualidad a la vida, de la unión casual de un espermatozoide y un óvulo, que de la vida vamos a la muerte, y de la muerte vamos a un misterio incierto que nadie puede ni sabe explicarlo. Por ello pienso que existe un ser creador al que llamo Dios que nos ha dado la vida para que crezcamos, cumplamos con nuestra misión y la disfrutemos.

2. Por la armonía y el orden que observo en el universo y en la naturaleza

Al ver el mundo, los planetas, su armonía con los astros, al ser humano, la naturaleza, los animales, los vegetales y los minerales, puedo ver su gran perfección, por lo que me lleva a la convicción de que solo puede ser obra de un ser superior.

¿No son demasiados los factores que tuvieron que intervenir en el azar para explicar la distancia del Sol, la velocidad de rotación de la tierra, el ajuste perfecto de todos astros y de todos los sistemas minerales, vegetales y animales?

Observando el mundo que existe a nuestro alrededor, contemplándolo tanto en su totalidad como en sus pequeños detalles, vemos una gran máquina, dividida en un número infinito de máquinas menores que, a su vez, admiten subdivisiones, hasta llegar a un grado en el que los sentidos y las facultades humanas no pueden abarcar ni explicar. Todas estas máquinas, incluidas sus partes más nimias, están ajustadas entre sí con una precisión que ha maravillado a todos los hombres y mujeres a lo largo de todos los tiempos.

Como decía Bayes: «La existencia del orden es más probable y comprensible admitiendo a Dios que negándolo».

Para entender y explicar este apasionante argumento relativo al orden del universo, nada mejor que referirnos al ejemplo de la biblioteca que Einstein nos señaló cuando dijo:

> Estamos en la posición de un niño que entra en una gran biblioteca llena de libros en muchas lenguas. El niño sabe que alguien debe haber escrito esos libros. Pero no sabe cómo. No entiende las lenguas en que están escritos. El niño tiene la leve sospecha de que hay un orden misterioso en la ordenación de los libros, pero no sabe cuál es. Esa es, creo, la actitud más inteligente del hombre hacia Dios. Vemos el universo maravillosamente ordenado y obedecemos ciertas leyes, pero solo comprendemos levemente esas leyes. Nuestras mentes limitadas no pueden captar la misteriosa fuerza que mueve las constelaciones.

Entre las diversas teorías existentes relativas al origen del universo y de la armonía de la naturaleza, hay tres que nos parece oportuno destacar, pues, a nuestro juicio, consideramos que resultan las más significativas e importantes. Son las siguientes:

1. El evolucionismo. Todo es resultado de la evolución a lo largo de millones de años.
2. El casualismo. Todo es producto de la casualidad.
3. El causalismo-finalismo. Todo tiene una finalidad, una razón de ser.

Si tenemos que elegir una de las tres, nos inclinamos claramente por la tercera, la que hemos denominado «causalismo o finalismo». Todo tiene una causa, todo surge por algo y todo se mueve con una finalidad.

En este sentido recogemos la expresión de Charles Darwin cuando señaló:

> Me parece que el principal argumento para comprobar la existencia de Dios es la imposibilidad de concebir que este universo grandioso y maravilloso, incluyendo a nuestros seres conscientes, haya surgido por casualidad.

Es un hecho innegable que vivimos en un universo dotado de ciertas leyes, y que la vida no habría sido posible si algunas de estas leyes hubiesen sido diferentes.

Si observamos la naturaleza, no podemos evitar formularnos las siguientes preguntas:

- ¿Cómo llegó a existir el universo, entendiendo por «universo» todo lo que es físico?
- ¿Por qué la naturaleza obedece a una serie de leyes?
- ¿Cuál es el origen de las leyes de la naturaleza? ¿Cómo llegaron a existir las leyes de la naturaleza?
- ¿Quién fue el autor de las leyes de la naturaleza?
- ¿Por qué tenemos precisamente estas leyes y no otras?
- ¿Por qué tenemos precisamente un conjunto de leyes que conducen a la vida, a la conciencia y a la inteligencia?
- ¿Cuál es el origen de la vida y de la reproducción?
- ¿Cómo pudo emerger el fenómeno de la vida a partir de lo no vivo?

El extraordinario diseño del mundo, que es patente en general, pero de forma muy particular en la naturaleza, sugiere la existencia de un diseñador cósmico.

De ahí que nos remitamos a una inteligencia superior que ha tenido una intención, una finalidad, a la que tienden las cosas y sus respectivas naturalezas, o sea, a Dios.

3. Cuando veo al ser humano, al hombre y a la mujer, pienso que son obra de Dios

Al ver al ser humano, tan perfecto, pienso que solo puede ser obra de un ser superior y no un producto surgido del azar o de la casualidad. Uno de los aspectos que más me llaman la atención es que no hay un ser humano, sino que hay dos seres, muy diferentes entre sí, ambos enormemente complejos, como son el hombre y la mujer, que se complementan entre ellos. ¿Estos dos seres, tan diferentes, son producto de la evolución y de la casualidad? Nos cuesta creerlo.

¿Cabe fundamentar la vida inteligente en el azar? ¿En la evolución? ¿Cómo aparecieron los genes? ¿Cómo surge algo tan complejo como es el ojo humano? Resulta muy difícil de explicar y de entender que todo se ha producido a través de múltiples mutaciones llevadas a cabo en millones de años. El mecanismo de mutación y selección no basta para explicar la complejidad funcional de lo real.

Son muchas las personas que consideran que el ser humano es producto y consecuencia de un proceso evolutivo, yal igual que hay defensores de tal idea, también hay detractores. Así, entre estos últimos, queremos destacar a Chesterton, cuando en su libro *El hombre eterno* señaló que «el ser humano no es producto de una evolución, sino de una revolución». Y, para reforzar su creencia, trató de llevar al lector al interior de las cavernas prehistóricas en las que habitaron nuestros antepasados y nos señala que lo que encontramos en ellas son unas pinturas rupestres realizadas no solo por la mano de un hombre, sino por la mano de un gran artista. Aunque aceptamos las evidencias evolucionistas, consideramos que no todo es evolucionismo. Las referidas pinturas rupestres nunca las podría haber realizado un animal. De ahí que de nuevo Chesterton nos diga:

El ser humano debe ser considerado como una criatura independiente y singular respecto a las demás criaturas, y esa singularidad es la prueba de que no es el producto de un mero continuo evolutivo, sino que es el impulso, el salto, a un ser artístico.

El hombre y la mujer son seres únicos y diferentes del resto de los animales porque ambos son creadores, tienen una inteligencia humana que los animales no la tienen, y ello no es el resultado de un proceso evolutivo.

La ciencia del siglo XXI puede demostrar el origen del universo, la evolución de las especies y la existencia del ser humano sin necesidad de recurrir a la magia ni a la religión, como ha ocurrido durante miles de años, pero ello no es óbice para que la persona siga creyendo en un ente superior creador del universo, así como del hombre y de la mujer, a quien llama Dios.

Cuando vemos los órganos reproductores masculino y femenino, y entendemos que hacen falta dos individuos para crear una nueva vida, que son agentes complementarios, creemos que es la obra de un ser supremo. Cuando vemos que los animales carnívoros necesitan de los herbívoros, y estos a su vez necesitan de los vegetales, no lo vemos todo como un proceso de la evolución o de la casualidad, sino que lo entendemos como la obra de una inteligencia superior.

Por ello, siempre es oportuno reflexionar y formularnos preguntas tales como: ¿qué o quién es el ser humano? ¿Un ser para la muerte? ¿Un ser que ha nacido solo para morir? ¿Un ser surgido de la nada para la nada? ¿O es posible una pervivencia más allá de la muerte?

Y en un terreno más concreto: ¿quién soy yo? ¿Un ser minúsculo, surgido por azar (de la unión de un espermatozoide y un óvulo) en una parcela ínfima del espacio y del tiempo, arrojado a la vida para desaparecer enseguida en la nada de donde se me ha sacado, sin razón alguna? ¿Para qué? ¿Solo para sufrir? ¿Eso es todo? ¿No hay nada más?

Nos negamos a aceptar una vida animal limitada a nacer, crecer, reproducirnos y morir, sin otro fin que contribuir, en el mejor de los casos, a la evolución de la especie. Por ello, creemos en la existencia de un ser superior que da razón al sentido de la vida y de la muerte.

Como decíamos antes, de la nada no puede surgir algo. La vida de las personas es algo más que un breve paréntesis entre dos vacíos silenciosos (nada-vida-nada).

Efectivamente, los seres humanos somos la consecuencia de una causalidad que arranca de nuestros padres. Ellos fueron los causantes, los que decidieron, de forma voluntaria o involuntaria, traernos a la vida, pero, importante, esa causalidad fue acompañada de una casualidad. La decisión de nuestros padres de traernos a la vida, aun siendo necesaria, no era suficiente, ya que requirió de la casualidad de que un óvulo fuese fecundado por un espermatozoide en un momento dado. Pudo haber habido otros muchos intentos de procreación por su parte que fueron infructuosos, pero nosotros somos el resultado de uno de ellos. Los creyentes consideramos que, además de una causalidad y de una casualidad, hay también una voluntad superior creadora que nos da la oportunidad de vivir la vida.

Creo que Dios nos ha dado la vida. Creo que fue Dios la «chispa» que convirtió la casualidad en oportunidad.

El ADN muestra la increíble complejidad de las estructuras que son necesarias para producir vida, tanta que solo una inteligencia superior ha debido participar en el ensamblamiento de esos elementos extraordinariamente diversos. Lo que asombra es la enorme complejidad del número de elementos y la enorme sutileza de las formas en que cooperan. La probabilidad de que todos esos elementos hayan podido encontrarse por casualidad en el momento adecuado es simplemente, a nuestro juicio, nula.

Por tanto, es bueno reflexionar sobre las siguientes preguntas:

- ¿Cómo llegó a existir la vida?
- ¿Cómo explicar el origen de la vida y de la reproducción?
- ¿Cómo pudo emerger el fenómeno de la vida a partir de lo no vivo?
- ¿Cómo puede un universo hecho de materia no pensante producir seres dotados de fines intrínsecos, con capacidad de autorreplicación y una química codificada?
- ¿Cómo, a partir de la materia no viviente, ha surgido la primera materia viviente?
- ¿Cómo ha surgido la existencia de seres organizados que actúan inteligentemente y guiados por propósitos, que surgieron de la materia?

Para terminar este apartado, relativo a la maravilla que es el ser humano, nada mejor que hacerlo con una poesía de Dulce María Loynaz, escritora cubana, sobre la que merece la pena reflexionar:

> Señor que lo quisiste: ¿Para qué he nacido?
> ¿Quién me necesitaba, quién me había pedido?
> ¿Qué misión me has confiado? Y ¿por qué me has elegido?
>
> Bien sé que todo tiene su objeto y su motivo;
> Que he venido por algo y para algo vivo.
> Que hasta el más vil gusano su destino ya tiene.
> Que tu impulso palpita en todo lo que viene…
> Y que si lo mandaste fue también con la idea
> de llenar un vacío, por pequeño que sea…
>
> Que hay un sentido en la entraña de todo:
> en la pluma, en la garra, en la espuma, en el lodo…
>
> Que tu obra es perfecta, ¡Oh, Todopoderoso,
> ¡Dios justiciero, Dios Sabio, Dios Amoroso!
> El Dios de los mediocres, de los malos y de los buenos…

En tu obra no hay nada ni de más ni de menos...
Pero... No sé, Dios mío; me parece que a Ti
—¡un Dios!— te hubiera sido fácil pasar sin mí...

Por tanto, bajo nuestra perspectiva, la única explicación satisfactoria del origen de la vida y del ser humano es la existencia de un ser creador al que llamamos Dios.

4. Dios es la respuesta al sentido de la vida y de la muerte.

Estoy convencido de que tanto la vida como la muerte tienen una finalidad, un sentido que, por supuesto, hay que buscarlo, y muchos lo hemos encontrado en Dios.

¿Todo se limita a nacer, copular y morir? ¿A esto se reduce la vida? La vida tiene un sentido y un significado mayores que la propia existencia humana.

Con Dios es más fácil entender la vida, podemos encontrarle un sentido. Sin Dios no se entiende la razón de vivir.

De ahí que podamos llegar a la conclusión de que una vida sin sentido ni propósito es insensata. Si a la vida le quitamos el sentido transcendente que Dios nos da, se nos queda, en muchos casos, en vidas donde predomina el dolor y el sufrimiento. Del mismo modo, si la muerte no aclara el sentido de una vida llena de sufrimiento, el mero hecho de vivir es una tragedia y una locura. Por tanto, si nos preguntamos para qué la vida, podemos encontrar diversas respuestas y sentidos, pero, sin duda, Dios nos da uno, para nosotros vital.

Bajo nuestra perspectiva, es claro que, sin Dios, la humanidad se enfrenta al nihilismo, a una vida sin sentido.

Tal como señaló Teilhard de Chardin, «Dios hizo al hombre y a la mujer para que estos le encuentren». Este es el sentido de la vida.

5. Dimensión espiritual de la vida. Dilema materia-espíritu

¿Qué es el ser humano? Un conjunto de huesos, músculos, órganos, nervios… ¿Nada más? ¿La vida solo se fundamenta en lo corporal, en la materia? ¿No tenemos espíritu? ¿No existe el espíritu?

De ahí que, siguiendo con las preguntas que nos hemos formulado con anterioridad, creemos necesario que nos volvamos a preguntar: ¿qué es el espíritu? ¿A qué nos referimos cuando hablamos de dimensión espiritual? ¿Cabe considerar que hablemos de dimensión espiritual sin creer en Dios? ¿Todo lo espiritual es transcendente? Son preguntas que nos formulamos, a las que seguidamente daremos las oportunas respuestas.

Es un hecho ampliamente aceptado que el ser humano tiene cuatro dimensiones a las que debemos atender y desarrollar en la medida de nuestras posibilidades. Las referidas dimensiones son la física, que está relacionada con lo corporal; la mental, que está relacionada con lo intelectual; la social, que está relacionada con las emociones y sentimientos que experimentamos, así como con las relaciones que mantenemos con otras personas, y, finalmente, tenemos la espiritual que se refiere a todo lo que no es propiamente corporal, pero que forma parte del ser humano cuando al mismo lo contemplamos en su globalidad.

El ser humano, además de tener un cuerpo, un cerebro y un corazón, tiene también un espíritu que lo hace ser superior a los demás seres de la naturaleza.

Cada una de estas dimensiones realiza funciones distintas y pueden contemplarse de manera global e independiente. De ahí que el equilibrio del ser humano se produce cuando todas ellas son atendidas adecuadamente y actúan de forma simultánea.

Por tanto, la dimensión espiritual está relacionada con todo aquello que nos lleva al desarrollo de nuestro espíritu. Está dentro de nosotros, jamás nos abandona, pero hay que buscarla confiadamente, sin prejuicios, y desarrollarla adecuadamente, ya que, en el caso contrario, languidecerá.

Espiritual es un adjetivo que a muchos repele, ya que lo relacionan inmediatamente con religión o con Dios, y no es correcto. La dimensión espiritual afecta a todos los seres humanos. De ahí que esta dimensión a la que nos estamos refiriendo no sea exclusiva de los creyentes, sino que la poseemos todos los seres humanos; es la que conduce a la persona a buscar en su interior, la que nos lleva hacia lo intangible y hacia el perfeccionamiento de la conciencia, y esto afecta tanto a los creyentes como a los no creyentes. La diferencia está en que, mientras los creyentes consideramos que la dimensión espiritual nos permite contactar con lo transcendente y nos lleva a Dios, los no creyentes la relacionan con la ética y los valores que perfectamente pueden ser vivibles sin Dios.

Existen personas que manifiestan sus dudas respecto a la dimensión espiritual del ser humano. La corriente de los tiempos es propicia para ello. Sin embargo, y como muy bien señala José Antonio Pagola:

> Es cada vez más evidente que tras un período de distanciamiento y vacío espiritual, el ser humano nuevamente vuelve a necesitar algo que le llene. Son muchos los que sienten un desasosiego dentro de sí y necesitan algo que calme su afán de búsqueda y su desorientación. La conciencia espiritual que en algunas personas estaba dormida vuelve a despertar.

Y, por su parte, Leonardo Boff, en el libro *Memorias de un teólogo de la liberación*, señala lo siguiente:

> El hombre o la mujer espiritual son aquellos que pueden percibir la otra cara de la realidad, que son capaces de captar la profundidad oculta y la referencia a la Realidad Última, esa a la que las religiones llaman Dios.

La dimensión espiritual, al igual que el resto de las otras dimensiones, es necesario cultivarla y desarrollarla, ya que su falta de atención origina perjudiciales desequilibrios.

Sin embargo, resulta fácil observar en el entorno que nos rodea un cierto abandono y una desatención a la dimensión espiritual.

Su carencia está estrechamente relacionada con el creciente nivel de bienestar con que se vive actualmente donde se le da valor primordial a todo lo material. Enrique Rojas dice muy acertadamente:

> La enfermedad de Occidente es la de la abundancia: tener todo lo material y haber reducido al mínimo lo espiritual. Todo ha ido siendo demasiado fácil. Ya no hay guerras en esta parte del mundo. No interesan los héroes. Los personajes que se proponen como modelos no tienen ideales: son vidas conocidas por su nivel económico y social, pero rotas, sin atractivo para echar a volar y superarse uno a sí mismo. Gente repleta de todo, llena de cosas, pero sin brújula. Recorren su existencia consumiendo, entretenidos en cualquier asuntillo y pasándolo bien, sin más pretensiones.

Ya lo hemos comentado en otro capítulo, pero nos parece oportuno insistir en que las cada vez mayores ansias por lo material han movido a identificar la realización del ser humano con la posesión y el enriquecimiento, olvidando el espíritu y todo lo que lleva con él.

Es evidente que las condiciones de la vida civilizada moderna no son las más apropiadas para el desarrollo de la dimensión espiritual, nuestra opinión es que todos los seres humanos, creyentes y no creyentes, tenemos un espíritu y, por tanto, una dimensión espiritual que transciende a lo puramente material y que debemos trabajarla y cultivarla.

Pero, aunque el entorno sea poco propicio para el desarrollo de la dimensión espiritual, lo procedente es tomar conciencia y reaccionar. Para ello, es necesario ir asumiendo en nuestras vidas los valores de mayor contenido espiritual, como son la honradez, la solidaridad, la justicia, la belleza, la verdad, la fidelidad, la generosidad y la cooperación.

Del mismo modo que es necesario alimentar el cuerpo, la mente y el corazón, también hay que alimentar el espíritu. El cuerpo necesita acción, y el espíritu, meditación. De ahí que sea fundamental «equilibrar» acción y meditación.

Para potenciar y desarrollar nuestra dimensión espiritual es conveniente realizar periódicamente una introspección sincera dentro de nosotros mismos, penetrar en nuestro interior. A tales efectos, es oportuno relajar profundamente nuestro cuerpo, expulsar de nuestra mente cualquier pensamiento, ajeno o errante, que nos impide conectar con el silencio interior, dejar decididamente a un lado, por unos minutos, todos los planes, proyectos, problemas y preocupaciones que en un momento determinado podamos tener y tratar de concentrarnos en ese instante, dejarnos absorber, poco a poco, por la paz interior, y practicar la meditación solos o en compañía. De ahí que, penetrando en nuestra dimensión espiritual, dispondremos de otra de las vías que nos lleva a Dios y, en consecuencia, a creer en su existencia.

6. Dios es una experiencia de vida

Hemos señalado repetidamente que es imposible demostrar la existencia de Dios, y lo contrario. Dios no es razonable, pero sí se puede sentir a través de las diferentes vivencias y experiencias que hayamos podido tener a lo largo de nuestra vida y que también podemos tener en el momento presente.

Mi creencia en Dios es una experiencia, con todo lo que comporta la palabra *experiencia*, de vivencia, de razón y de consecuencias positivas de ella.

La creencia en Dios es una experiencia subjetiva y también objetiva. Es subjetiva porque cada ser humano la vive y la siente dentro de sí mismo de forma diferente, se tienen o no se tienen esas experiencias y vivencias, pero también es objetiva porque el creyente la basa en razones que, aunque no sean demostrables respecto hacia otras personas, para el sujeto son válidas.

He comprobado en mi experiencia de vida que Dios da sentido a la misma, que me ayuda a vivir mejor, me posiciona y me posibilita resolver de forma positiva las situaciones y conflictos que me tocan vivir.

Al margen de las razones y argumentos que una persona pueda tener para creer en un ser superior, es importante señalar que, sobre todo, Dios es una experiencia profunda en la vida en la que el ser humano que la ha vivido siente a Dios en su interior, sabe que está con Él, se siente amado, se siente acompañado, sabe que está en la vida por algún motivo o razón, con un sentido, y que es un instrumento suyo para hacer un mundo mejor. Y cuando una persona siente a Dios dentro de sí, cuando está convencida de su existencia, porque lo vive, le sobran todas las consideraciones o argumentaciones que se le puedan presentar en contra.

Cuando sitúo a Dios como centro y fundamento de la vida, entonces me resulta más fácil priorizar y renunciar a determinadas cosas de esta vida; la renuncia es entonces consecuencia de una voluntad que no recorta en nada mi libertad y que nace de una experiencia positiva que la motiva, la posibilita y la envuelve.

Y también, no podemos dejar de señalar que es una experiencia basada en la razón y en las consecuencias positivas que la vida nos proporciona.

La dificultad que comporta la misión de ser personas auténticas es algo que corresponde al ser humano como tal y que nos afecta a todos: creyentes o no creyentes. La persona que quiera serlo de verdad tiene que afrontar la tarea apasionante pero dura de construirse a sí misma.

Dios no me suprime las dificultades, ni me resuelve los problemas que la vida me presenta, ni me exime de la lucha a la que debo hacer frente, ni, por supuesto, me libera de la propia responsabilidad de vivir la vida con coherencia. Pero en esta lucha siento que no estoy solo, que alguien más grande que yo está a mi lado, y experimento que en el contacto con Él recibo, pase lo que pase, el coraje de seguir luchando para hacer una sociedad mejor.

Cuando uno cree en Dios, no necesita demostraciones externas, se sabe acompañado, sustentado y cobijado.

Tengo claro que mi capacidad finita nunca alcanzará el infinito, al igual que tengo claro que no puedo alcanzar a entender a Dios y que no voy a poder lograr la demostración de su existencia de una manera racional; de ahí que mi posición y actitud personal sea la de profundizar en mi creencia en Dios, tratando de entenderlo y de quitar los obstáculos que me puedan impedir sentir que está dentro de mí.

En mi acercamiento a Dios, veo en Él camino, luz y vida, pero no solo el camino, sino también un horizonte y una meta a la que sé que nunca llegaré, pero mi propósito es seguir caminando y sortear los obstáculos que se puedan presentar, hasta el encuentro final.

Es cierto, y así lo he experimentado, que la creencia en Dios me ayuda a vivir mejor, me facilita el que mi vida tenga un sentido, me posiciona y me ayuda a resolver los problemas y conflictos que debo afrontar, al mismo tiempo que me obliga a comportarme de una determinada forma, a cuestionarme muchas de las cosas que hago o no hago. Es evidente que vivir creyendo en Dios o no son dos formas muy diferentes de vivir la vida. Cada uno elige la que considera más pertinente.

Por eso, cuando una persona cree en Dios, cuando ha tenido experiencia con Dios, cuando lo siente dentro de sí, no necesita demostraciones externas, se sabe sustentada, cobijada y acompañada por Él.

7. Existencia de la conciencia y de mi propia subjetividad

Todos tenemos lo que llamamos una «conciencia», una percepción en nuestro interior de lo que somos y sentimos, una propia y particular subjetividad que está dentro de nosotros y que nos permite juzgar los actos que realizamos.

Si pensamos que tenemos algo de esto, llamémosle como le llamemos, ¿cómo se explica que los seres humanos tengamos «conciencia» o una inteligencia sintiente?

Este elemento que es la conciencia no nos ha llegado de una forma evolutiva, aquí la evolución no interviene para nada, ni es casual, sino que la tenemos desde el momento que somos «conscientes».

Bajo nuestra perspectiva, es Dios quien nos ha dado a los seres humanos una capacidad de sentir y de saber lo que está bien y mal.

Hay aspectos dentro de nosotros mismos que son muy difíciles o imposibles de explicar y ser entendidos sin Dios. ¿Cómo surge la consciencia y la conciencia? ¿Por qué los animales no la tienen? Y, en el mismo sentido, tampoco entendemos lo que llamamos «racionalidad», o sea, la capacidad de razonar del ser humano, ni tampoco la capacidad de actuar autónomamente, ni el pensamiento o capacidad de poder articular y comprender símbolos significativos como los incluidos en el lenguaje si no es porque el ser humano tiene un factor diferencial que Dios nos ha dotado. Para los creyentes está claro que Dios es el promotor, el facilitador de todas ellas.

El neurocirujano Eben Alexander nos habla de la conciencia infinita y nos plantea una analogía con una mesa de mármol muy interesante, cuando nos dice lo siguiente:

> Pensemos por un momento en una mesa de mármol que está delante de nosotros. ¿Creemos realmente que, si se le damos un billón de años o un tiempo infinito, esa mesa podría adquirir con-

ciencia repentina o gradual, hacerse consciente de su entorno, de su identidad, en la forma en que lo somos nosotros?

En el mismo sentido, ¿podríamos considerar que la materia inerte, incluimos aquí la energía, en algún momento se volvió «viva», y después consciente, y después capaz de desarrollar un pensamiento conceptual, y después convertirse en un «yo»? Parece poco creíble y, a nuestro juicio, nada probable.

8. Lo he encontrado, lo siento en mi interior

No puedo decir otra cosa, creo en Dios porque lo he encontrado, siento que está a mi lado, que me acompaña en mi caminar.

¿Y cómo he llegado a Dios? Pues buscándolo de forma abierta y sincera, razonando, reflexionando, confiando, intuyendo, apostando y decidiendo.

A partir del momento en el que lo encontré, hablo siempre que puedo con Él, sé que me escucha, y estoy con Él.

Con Dios tengo dudas, sin Dios tengo dudas y además siento el vacío, lo absurdo; me encuentro luchando por la supervivencia, por lo efímero, por lo pasajero, consciente de que no queda ni hay nada definitivo.

Por ello, en su momento, y tal como he señalado con anterioridad, ante la alternativa de si existe o no existe Dios, opté por la primera opción, aposté por su existencia, y ello me ha llevado a trabajar intensamente en esa dirección, lo cual me ha permitido encontrarlo y sentirlo en mi interior.

Las razones expuestas son la base de mi creencia; ahora bien, aunque crea en su existencia, aunque he llegado a un punto de encuentro, tengo claro que no puedo ni debo quedarme parado, debo seguir buscándolo permanentemente con el objetivo de consolidar y reforzar mi creencia.

He puesto de manifiesto los diversos caminos que nos pueden permitir la búsqueda y el encuentro con Dios, los cuales podrán tener mayor o menor interés para el amigo lector o lectora, pero los he señalado con el deseo de que te puedan servir y ser útiles como lo han sido para mí. Y aunque lo hayamos conseguido, tal como hemos señalado con anterioridad, no hemos llegado al final de la meta, nunca la alcanzaremos, deberemos seguir caminando con sinceridad y honestidad.

Tengo claro que mi creencia no debe suponer una renuncia a la razón; ahora bien, si someto todo a la razón, si todo debe pasar por argumentos demostrables, mi creencia no tendría nada de misteriosa ni de sobrenatural, por tanto, sigo buscando argumentos y reflexionando al respecto, consciente de que la razón tampoco podrá solucionar todas mis dudas.

Para terminar, quiero señalar que me siento una persona afortunada en muchas cosas, y, desde luego, una de ellas es el poder afirmar que mi creencia en Dios ha sido un factor que me ha aportado mucho y que me ha permitido ver y vivir la vida con una perspectiva esperanzadora.

9. Otras razones menores

Además de las vías expuestas con anterioridad, existen otras, que, aunque las considero de menor valor «racional», estimo que pueden servir a algunas personas para reflexionar al respecto y, por tanto, nos parece oportuno ponerlas de manifiesto. No podemos ni debemos renunciar nunca a ningún camino, a ninguna vía que nos acerque a Dios. Todo camino es bueno si nos lleva a un buen destino. De ahí que los caminos que vamos a presentar a continuación, aunque sean discutibles, estimamos también que pueden ser buenos si nos llevan a Dios. Son los siguientes:

9.1. La presencia de Dios en el mundo y en la historia

Si repasamos la historia de la humanidad, está llena de acontecimientos relacionados con Dios. Desde los orígenes del ser humano siempre, tal como lo hemos expuesto en el capítulo primero, se ha intuido o se ha creído en algo superior a quien nuestros antepasados, de diferentes maneras, le dieron la denominación de Dios.

La figura de Dios ha estado presente a lo largo de toda la historia de la humanidad a través de la música, la pintura, la arquitectura, la literatura y todo el arte en general. Gracias a las creencias que muchas personas han tenido en Dios, hoy tenemos un patrimonio multicultural de gran valor y riqueza.

Es cierto que no todos los acontecimientos relacionados con Dios han sido buenos, no podemos ni debemos pasar por alto que también ha habido guerras crueles llevadas a cabo en su nombre.

Sin embargo, y al mismo tiempo, también queremos señalar y poner de relieve que, en nombre de Dios, se han realizado y se vienen realizando todos los días múltiples actos extraordinarios y generosos de gran ayuda a los demás.

Por tanto, a la vista de las obras y los hechos, positivos y negativos, que han sido realizados por las personas a lo largo de la historia de la humanidad bajo la influencia de Dios, resulta imposible construir la misma sin establecer estrechos lazos entre Dios y el ser humano.

9.2. Lo perecedero y eterno

Vivimos en un mundo de cosas pasajeras, en el que lo bueno y lo malo es transitorio; en el que, además de la construcción de grandes obras, con frecuencia se observa el caos, el desorden, la agresión, la violencia, las guerras y la opresión, donde todo, lo bueno y lo malo, es transitorio y con el tiempo desaparece.

En este contexto donde todo es perecedero, donde todo nace, se desarrolla y muere, ¿no hay nada eterno? Son muchos los creyentes que consideramos que sí, que hay algo eterno, y ese es Dios.

9.3. El reencuentro con mis seres queridos

Todos hemos vivido con seres a los que hemos querido: padres, madres, pareja, hijos y amigos, con los que hemos compartido la vida en innumerables actos de alegría y de dolor, de amor y de sacrificio, y que perviven y pervivirán en nuestros recuerdos más íntimos, hasta que nuestra consciencia nos lo permita.

Pues bien, a estos seres queridos ¿no los voy a ver nunca más, ni tener ningún tipo de contacto con ellos? ¿Van a desaparecer para siempre en la nada y en el olvido? No puedo creerlo.

Somos conscientes de que no va a existir, ni puede existir, un reencuentro físico con nuestros seres queridos, pero creemos que habrá, aunque nos resulte imposible explicitar el cómo, un reencuentro con ellos en una vida espiritual después de la muerte.

CAPÍTULO 10

Cómo llegar a Dios hoy

Son muchos los caminos que nos pueden llevar a Dios si realmente tenemos interés en encontrarlo, pero, para ello, hay que desear buscarlo.

Tenemos que tener claro que Dios no se nos va a aparecer de pronto ante nosotros, sin más, como lo pudiera hacer un amigo que nos quiere sorprender. A Dios hay que buscarlo. Si no lo buscamos, tampoco lo vamos a encontrar.

Hay que buscarlo y estar abiertos a su posible encuentro, no hay que cerrar ninguna puerta, sino al contrario, abrirlas de par en par, para permitir que su luz penetre en nuestro interior.

En el camino de la búsqueda y del encuentro con Dios, lo primero que tenemos que asumir es que en el transcurrir del mismo podremos descubrir y obtener razones o argumentos personales, pero que nunca jamás vamos a tener pruebas evidentes y demostrables de su existencia.

Dios no es una cuestión de seguridad, sino de creencia, de fe. Creemos que Dios existe, pero esta posición no es un punto final, sino un punto y seguido. El que creamos en Dios no supone que hemos llegado a la meta, sino que es un paso previo tras el cual debemos seguir avanzando por el camino en una búsqueda permanente. De ahí que esta posición en la que nos encontramos, por muy creyentes que seamos, no debe impedirnos seguir buscando razones y argumentos al efecto, sabiendo que la duda siempre nos acompañará.

La fe no debe suponer jamás una renuncia a la razón, y, desde luego, si chocamos con los principios de la razón, nuestra creencia sería absurda y ridícula. Ahora bien, también debemos señalar que, si pretendemos llegar a Dios únicamente a través de la razón, nunca lo lograremos. Todo no se puede someter al imperio de la razón, pues todos tenemos creencias de las que somos conscientes que no son racionales, como pueden ser el amor entre dos personas, la confianza en un ser humano, o que nuestro hijo tiene aptitudes para triunfar como artista, pero creemos en ellas. Si se somete todo a la razón, nuestra creencia en Dios no tendría nada de misterio ni de sorprendente.

La búsqueda de Dios en el mundo actual.

Por ello, es importante tener razones y argumentos que nos permitan creer y defender la existencia de Dios, aunque sean personales y no demostrables, pero para tener razones y argumentos hay que buscarlos, no nos van a caer del cielo, hay que recurrir a fuentes apropiadas y reflexionar sobre ello. Muchos agnósticos e indiferentes han optado por «pasar» de este asunto vital. No consideran oportuno reflexionar al respecto, les parece una pérdida de tiempo. Por ello, es preciso y fundamental la búsqueda constante y sincera respecto a su existencia. En el proceso de formulación de preguntas y búsqueda de respuestas respecto a este gran misterio e interrogante de la vida, creyentes y no creyentes recorremos juntos por caminos similares en la búsqueda de la verdad y del conocimiento.

De ahí que a Dios se llega buscándolo de forma abierta y sincera, abriendo nuestras puertas y nuestros corazones, dejando que penetre en nuestro interior, eliminando los obstáculos que puedan impedir el encuentro y la relación, razonando, reflexionando, confiando, intuyendo, apostando, con fe, hablando con Él y escuchándolo.

Es precisa y necesaria la búsqueda de Dios, pero tampoco debemos complicarnos demasiado la vida, ni obsesionarnos con ello, ya que en la mayor parte de las ocasiones lo tenemos junto a nosotros, solo hace falta abrir los ojos y estar dispuestos a verlo y encontrarlo. Evitemos lo que le pasó al joven pez de la fábula *El pez que buscaba el océano* de Anthony de Mello, en la que relata la conversación de dos peces: uno viejo y sabio, y el otro joven e inexperto. Dice lo siguiente:

> —Usted perdone, es usted más viejo y con más experiencia que yo, probablemente podrá ayudarme en mi búsqueda. ¿Dónde puedo encontrar eso que los demás llaman «océano»? He estado buscándolo por todas partes, y hasta el momento sin resultado satisfactorio, no lo encuentro.
>
> —¿El océano? —respondió el viejo pez—. Esto es el océano, donde estamos tú y yo ahora mismo.

—¿Esto? Pero si esto no es más que agua... Lo que yo busco es el océano —replicó insistiendo el joven pez, totalmente defraudado y decepcionado, mientras se marchaba nadando a buscar en otra parte.

Cuántas veces nos pasa a nosotros lo mismo que al joven pez... Buscamos a Dios sin darnos cuenta de que lo tenemos al lado, junto a nosotros, dentro de nosotros. Nuestros problemas, prisas, expectativas, ambiciones y deseos nos cierran los ojos y el corazón, y no nos permiten ver ni vivir el momento presente, donde todo es posible, a pesar de que ya estamos en ese lugar que tanto deseamos y buscamos.

En el recorrido por el camino de la búsqueda debemos ser humildes y tener claro que nuestra capacidad e inteligencia es finita, y por ello nunca alcanzará lo infinito. El ser humano, con sus limitaciones, no puede alcanzar a entender a un dios que es incomprensible, inabordable, un gran misterio. A tales efectos, debemos reflexionar, buscar y quitar obstáculos que nos impidan llegar a la convicción personal de que Dios existe y está dentro de nosotros.

Tal como hemos señalado, para llegar a Dios, hay que buscarlo, hay que tener interés en su búsqueda. Ahora bien, ¿cómo buscar a Dios? ¿Cuáles son las vías para iniciar y llevar a cabo su búsqueda?

A nuestro modo de ver, las vías para llegar a Dios son las siguientes:

1. Parándonos y profundizando en nuestra propia vida

Si de verdad pretendemos buscar a Dios, lo primero y fundamental es pararnos y profundizar en nuestra propia vida, preguntarnos cuál es el sentido de nuestra vida, qué es lo que da razón a nuestra existencia, por qué y para qué vivimos.

En este mundo, cada vez más desorientado, es preciso penetrar en nuestro interior, buscar los caminos y las vías que nos puedan conducir a Él, escuchar su llamada, su voz y abrirnos a los demás.

Vivimos una vida agitada y dispersa, actuando en múltiples frentes, muchos de los cuales no nos llevan a ninguna parte. Y es evidente que, en medio de las prisas y de muchos ruidos que existen a nuestro alrededor, que solo sirven para distraernos, es difícil llegar a conectar con Dios. Necesitamos ahondar en nosotros mismos con serenidad y confianza. Debemos preguntarnos en serio para qué vivimos, qué buscamos, qué esperamos de la vida, de dónde venimos y a dónde vamos. En definitiva, ¿cuál es el sentido de nuestra vida? Esto es lo primero que debemos hacer.

Librémonos de lo que nos resulta nocivo o tóxico, de todo aquello que nos sobra y no nos aporta nada. Aprendamos a vivir el momento presente con responsabilidad, a relativizar, a establecer prioridades y a alcanzar un estado de armonía interna.

En este proceso de vivir la vida con una actitud de búsqueda permanente, debemos saber que la misma no se va a terminar nunca, pero ello no debe ser óbice para que lo hagamos con sinceridad y honestidad.

2. Buscándolo dentro de nosotros mismos

Tal como hemos señalado, a Dios debemos buscarlo y encontrarlo dentro de nosotros mismos. Cierto que Dios está en todas partes, en la naturaleza, en los demás y también dentro de nosotros mismos. O lo encontramos en el fondo de nuestro ser o difícilmente lo encontraremos en ninguna otra parte. De ahí que, cuando encuentro a Dios dentro de mí mismo, constato que, si yo le hablo, tengo la absoluta seguridad de que Él me escucha. Si yo le escucho, Él me guía. Y si yo me entrego, Él me acoge.

Cuando entramos dentro de nosotros mismos, es más difícil seguir engañándonos y mintiéndonos. Caen nuestros mecanismos de defensa y nuestras falsas justificaciones. Lo importante es ser sinceros y honestos con nosotros mismos.

Por ello, ante Dios hay que adoptar una actitud de confianza. Tenemos que tener la seguridad de que Dios nos ama, nos entiende y nos perdona tal como somos. Ante Dios nos debemos presentar tal y como somos en realidad con nuestros deseos y necesidades, con nuestros miedos, alegrías y sufrimientos. De ahí que lo procedente sea confiar, esperar y dejar nuestro corazón y nuestra mente abiertos para captar lo transcendente.

3. Eliminando los prejuicios que nos pueden influir de forma negativa

En la búsqueda fructífera de Dios es importante eliminar los prejuicios pasados o históricos que nos pueden influenciar de forma negativa. Son muchas las personas que han tenido creencias y vivencias variadas a lo largo de las diferentes etapas de sus vidas, algunas de las cuales han quedado en evidencia que no eran correctas, que estaban equivocadas, o bien que lo que les habían enseñado era erróneo, todo lo cual les ha podido originar decepciones, prejuicios y rechazos que en el momento actual pueden condicionarles y lastrarles en su búsqueda sincera. A tales efectos, es aconsejable analizar con honestidad y separar el grano de la paja, lo que era o es verdadero de lo falso.

En tal sentido, es necesario abrir nuestras puertas y nuestro corazón a Dios. Ponernos a su alcance. Dejar que Él penetre en nuestra vida, en nuestro interior y mantener la confianza y la esperanza de que lo podemos encontrar.

4. Saliendo de nuestro «yo» egocéntrico y potenciando el amor a los demás

El mayor obstáculo que debemos superar para encontrarnos con Dios es el no pararnos a reflexionar al respecto, encerrarnos en nosotros mismos, en nuestros egoísmos, poniendo nuestro «yo» en el centro de nuestra vida. Cuando vivimos solo para nuestros intereses egoístas, anhelos, planes y proyectos, corremos el riesgo de alejarnos de Dios y de no encontrarlo jamás.

De ahí que sea importante tener claro que una de las principales vías para llegar a Dios sea hacerlo a través del amor a los demás. Solo pensando en nosotros, en nuestros intereses, en nuestras apetencias, en nuestros objetivos y deseos, jamás llegaremos a Dios.

Los seres humanos somos, por lo general, egocéntricos, egoístas, competitivos, frecuentemente insolidarios, radicalmente demandantes de todo aquello que deseamos para nosotros o para los nuestros; de ahí que, siendo así en gran medida, debamos esforzarnos en romper las amarras que nos atan a nuestros intereses y en amar a los demás, especialmente a los más necesitados.

Es necesario potenciar y apreciar el encuentro sincero y profundo con las demás personas, vivir y valorar positivamente esos momentos y evidencias de afecto e intimidad que demos o que nos puedan dar, tomando conciencia de que ello va a ser una de nuestras principales riquezas y tesoros a guardar en nuestros corazones y en nuestras vivencias personales. Al final de nuestras vidas, es con eso, con el amor compartido que hemos podido dar y recibir, con lo que nos vamos a quedar, y ello nadie nos lo podrá arrebatar.

A tales efectos, tenemos que elegir entre las tres opciones principales de vida que tenemos. La primera, centrarnos únicamente en nosotros mismos. La segunda centrarnos en los demás. Y existe una tercera opción, y es que, debido a que las opciones primera y segunda no son excluyentes ni incompatibles entre sí, no es una o la otra, cabe perfectamente simultanear ambas a la vez, o sea, que, además de atender nuestras necesidades, metas y deseos, contemplemos y dejemos espacio a las necesidades, problemas y deseos de las personas con las que nos relacionamos, de todas aquellas que nos puedan necesitar, poniendo en práctica algo tan importante como es el amor a los demás, que se manifiesta en el ejercicio de la amabilidad, en la práctica de la ternura, la empatía, la ayuda cuando es precisa, la generosidad, la solidaridad, la confianza, la serenidad, y todo aquello que contribuya a su bienestar, lo cual potenciará el fortalecimiento de nuestras relaciones personales con ellos. De ahí que, si de verdad queremos buscar a Dios, es preciso eliminar nuestras barreras y defensas relacionales, nuestros prejuicios, egoísmos e intereses personales y abrirnos a los demás.

El amor a los demás es una de las vías principales para acercarnos y llegar a Dios. Cuando una persona vive orientada al bienestar de los demás, no tengamos ninguna duda, su corazón está a su lado y avanza por el camino adecuado. Por el contrario, por mucho que desarrollemos nuestro ser interior, nunca llegaremos a Dios si dejamos de lado a nuestros hermanos, si no los amamos con generosidad, si no los ayudamos cuando nos necesitan, si no nos solidarizamos con los que sufren.

En definitiva, para buscar y llegar a Dios, entre las preguntas claves que debemos formularnos, no es tanto ¿dónde está Dios?, que, por supuesto, es muy importante, sino, sobre todo, ¿dónde estamos nosotros? Muchos no lo pueden encontrar porque andan centrados y absorbidos en múltiples ocupaciones personales que los alejan de Dios.

Si orientamos nuestra vida y dirigimos nuestros esfuerzos hacia el trabajo, el éxito, el dinero, el poder o la búsqueda del placer, es probable que encontremos lo que con tanto interés buscamos, pero debemos ser conscientes de que convertimos el trabajo, el éxito, el dinero, el poder y la búsqueda del placer en nuestros auténticos dioses. Si optamos por este camino, podemos tener la absoluta seguridad de que jamás encontraremos al Dios del amor, de la justicia y de la solidaridad.

5. A través del silencio

Una vía excelente para buscar y llegar a Dios es hacerlo a través del silencio, alejados de los ruidos y de las distracciones, en la introspección de nosotros mismos, en la reflexión y en la meditación, con la pretensión de contactar con el eje principal de la vida, al cual llamamos Dios.

Dios no habla, pero se le siente, y se le siente si somos capaces de permanecer un rato en silencio, practicando la meditación o la oración. El problema, muchas veces, está en la incapacidad de algunas personas para estar en silencio, de permanecer un rato dejando que nos invada nuestro yo más profundo y escucharlo.

El silencio tiene la virtud de que nos acalla nuestro ego, nos lleva a dejar en un segundo plano nuestras preocupaciones y proyectos para aproximarnos a un estado de quietud y de paz interior.

Para estar bien con el mundo, primero hay que estar en sintonía, conformes y cómodos con nosotros mismos; de ahí la necesidad de lograr nuestro propio equilibrio personal.

Y es que el silencio nos permite llegar a la quietud interior, a la armonía, a una situación en la que no es preciso hacer nada, ni hablar ni manifestar palabra alguna, solo es necesario penetrar en lo más profundo de nosotros mismos y dejar que nos invada un estado de bienestar emocional.

En el mismo sentido, el silencio nos permite buscar la luz interior y desarrollar nuestra dimensión espiritual.

El bienestar emocional al que nos hemos referido reside en disponer de un estado de paz interior, de equilibrio mental y espiritual, de serenidad y de admisión de nosotros mismos tal como somos.

6. A través de la oración y de la meditación

Si pretendemos llegar a Dios, es preciso establecer una conexión con lo divino, ser uno en el universo, para lo cual una vía excelente es hacerlo a través de la oración y la meditación, ya que ello nos va a permitir conseguir una experiencia interior transformadora.

Por ello, recomendamos practicar con frecuencia tanto la meditación como la oración, entendiendo esta última como una conversación que mantenemos con Dios a fin de transmitirle nuestras preocupaciones, sentimientos, anhelos, deseos, penas, alegrías y agradecimientos.

La meditación es el momento de encuentro con el silencio, con lo más profundo de nosotros mismos. Es el momento del día en el que el tiempo es mío y solo mío.

La meditación es un ejercicio muy recomendable que deberíamos realizar todos los días, a poder ser a la misma hora, en solitario, aunque a veces conviene realizarla en compañía, ya que, entre otras razones, nos disciplina y nos compromete, de forma asidua, a efectuarla con otras personas a una hora determinada del día.

Para meditar en la forma adecuada necesitamos tiempo y que no nos interrumpan. Podemos tener la absoluta seguridad de que es maravilloso encontrar el silencio interior, para lo cual es preciso tratar de eliminar y sacar de nuestra mente, aunque a veces no nos resulte fácil, las preocupaciones ordinarias y, sobre todo, nuestros pensamientos negativos.

La meditación potencia el estado espiritual, así como facilita la toma de conciencia de nuestro yo más profundo en un momento dado. En la meditación no se trata de deshacernos de nuestra personalidad, de nuestra dimensión inferior materialista y egocéntrica, sino de ponerla al servicio de nuestra dimensión espiritual.

La práctica de la introspección y de la meditación, tanto de forma individual como colectiva, es un buen momento para los creyentes de conectar y dar gracias a ese ser superior al que llamamos Dios por todo lo que tenemos y hemos recibido a lo largo del día.

Una vez que iniciemos el proceso de la meditación, y con el tiempo lo consolidemos y hagamos hábito de su práctica, podremos comprobar los beneficios que se derivan de su realización en el conjunto de nuestra personalidad. Con su práctica es fácil observar cómo nos enriquecemos, crecemos y desarrollamos en nuestra dimensión espiritual, al mismo tiempo que mantenemos un contacto periódico con Dios.

Meditar para hallar a Dios.

CAPÍTULO 11

Qué supone creer en Dios hoy

Creer en Dios no es un acto sin más, tiene consecuencias, tiene un precio, un peaje que pagar, consistente en vivir la vida de una forma coherente con lo que se cree.

Cada uno vive su creencia o increencia bajo su particular perspectiva, pero, a nuestro juicio, si nos sentimos creyentes, debemos vivirla con coherencia. No se puede uno manifestar creyente y vivir como si Dios no existiese.

Es cierto, y con frecuencia observable, la existencia de personas creyentes que no se comportan correctamente y realizan fraudes, engaños, robos, manipulaciones, violencias de diversa índole, incluso asesinatos, mientras otras, que se manifiestan como no creyentes, son ejemplo de honestidad, solidaridad y entrega generosa a los demás.

Nos consta que hay muchas personas que viven su creencia de forma incoherente, y en tal sentido pensamos que no es la forma correcta de hacerlo. Creer en Dios compromete a dejarle un espacio en nuestras vidas, en nuestros corazones, y a vivir la vida con ejemplaridad.

Partiendo de que cada ser humano tiene su propia perspectiva personal en la forma de entender y vivir la vida, la cual le va a condicionar de forma decisiva, desde la nuestra de creyente queremos manifestar que vivir la vida desde esta opción supone hacerlo siguiendo unos principios y unos valores éticos básicos que son comunes y aceptados por todas las culturas y religiones, como son el amor, el apoyo al necesitado, la solidaridad, el mutuo respeto, la honestidad y el perdón.

Por tanto, creer en Dios en la actualidad, si pretendemos hacerlo de una forma coherente, supone adoptar una serie de actitudes y comportamientos, entre los que podemos destacar los siguientes:

1. Mostrar una actitud abierta y confiada ante el misterio

Lo hemos dicho muchas veces: Dios es un misterio. No tenemos, ni tendremos nunca, la certeza de su existencia, pero ello no es óbice para que lo podamos vivir y sentir dentro de nosotros.

No creemos en un dios humano, en alguien que pueda ser representado por una persona física, sino en un dios metafísico, no corpóreo, abstracto. Ahora bien, el hecho de no creer en un dios persona física no supone que no creamos en un dios al que podamos dirigirnos a Él, que está próximo a nosotros.

Por tanto, lo más práctico y recomendable es adoptar una actitud abierta y confiada, sin cerrarnos a nada, permitiendo que la luz, su luz, pueda penetrar en nuestro mundo interior.

Creer en Dios supone y significa confiar totalmente en Él, avanzar por el camino de la vida sabiendo, en cada momento, lo que procede hacer con arreglo a las actitudes y comportamientos que venimos describiendo.

2. Tomar y tener conciencia, en cada momento de la vida, que vivimos en un mundo creado por Él y que estamos aquí con un sentido y una finalidad

Si creemos en Dios, si consideramos que el universo en que vivimos lo ha creado Él, si pensamos que el ser humano, los animales, vegetales y minerales son obra de Él, con sus maravillas e imperfecciones, debemos admitir y ser consecuentes con los acontecimientos que puedan sucedernos a nosotros y a nuestro alrededor, sean buenos o malos.

Y al mismo tiempo que tomamos conciencia de que vivimos en un espacio físico creado por Él, en un tiempo determinado y limitado, es necesario hacer aquello para lo que estamos predeterminados, llevar a cabo nuestro proyecto de vida con un sentido y una finalidad.

3. Situar a Dios en el centro y eje de nuestra vida

Si creemos en Dios, debemos posicionarlo en el centro de nuestra vida, en el eje que da sentido a todo el resto de actividades que realizamos en nuestra vida cotidiana. Como decíamos anteriormente, no se puede creer en Dios y vivir la vida al margen de Él, como si no existiese, como algo secundario o marginal.

4. Dedicar tiempo a Dios

No se puede creer en Dios y no dedicarle nada de tiempo a lo largo de cada jornada, vivir el día a día como si no existiese. Dios es un compañero de viaje que está a nuestro lado y al que no podemos marginar de nuestra cotidianeidad, sino que es preciso compartir con Él de forma ordinaria nuestras preocupaciones, nuestros anhelos, así como nuestras alegrías y tristezas.

5. Hablar con Dios, comunicarnos con Él, sentirnos escuchados

Decíamos con anterioridad que no creemos en un dios personal, de ahí que seamos conscientes de que Dios nunca nos va a hablar de forma directa como podemos hacerlo con otras personas; pero, si nos abrimos y nos sumergimos en el silencio, podremos sentir que Él se comunica con nosotros, que lograremos captar su mensaje y lo que nos dice. De ahí que sea absolutamente necesario dejar espacios de tiempo a lo largo del día para hablar con Él, para meditar, reflexionar e incluso orar. Todas ellas son buenas prácticas para contactar con Él.

6. Reconocer a los otros hombres y mujeres con la dignidad misma de hijos de Dios, hermanos con los que estoy llamado a compartir y construir la historia

Ser creyente es entender que nuestra vida está relacionada con las de las demás personas que viven a nuestro alrededor.

El creyente no puede separar su relación con Dios de su relación con los demás y con el mundo. No son ámbitos que van por vías distintas que no tienen nada que ver entre ellos, sino al contrario, están estrechamente unidos. Cada vez que vemos a una persona necesitada, sea familiar, amigo, compañero de trabajo o desconocido, estamos ante un ser humano que representa a Dios.

Por tanto, la creencia en Dios nos exige reconocer, respetar y ayudar a cualquier persona que sufre una necesidad con todos nuestros medios y posibilidades. Solo amando y atendiendo al prójimo estaremos siendo coherentes con nuestra creencia en Dios.

Debemos tener la absoluta convicción de que el camino hacia Dios es a través de los hermanos, de las personas necesitadas que están a nuestro alrededor. Siguiendo una analogía expuesta por Martín Laird que decía: «La rueda tiene unos radios que se juntan en un único eje, en el mismo sentido Dios es el Eje de la rueda y nosotros somos los radios». En consecuencia, los radios, al estar más cerca del eje, están más cerca entre ellos; así, cuanto más cerca estamos de Dios, más cerca estaremos de los hermanos, y a la inversa.

De ahí la necesidad de transcender nuestros propios egoísmos e intereses personales y ponernos al servicio de los necesitados con amor y solidaridad. Es preciso compartir con los demás la vida de forma responsable y solidaria.

7. Sentirme comprometido en crear una sociedad más fraternal, más justa y más libre

Ser creyente es, sobre todo, adquirir un «compromiso» consistente en vivir ejemplarmente siguiendo un modelo de vida de acuerdo a nuestras creencias y valores, así como compartir con los demás los bienes y las alegrías que disfrutamos.

Y ser creyente es también llevar a cabo la misión de construir junto a las personas con las que nos relacionamos un mundo más justo, más igualitario y más solidario; en definitiva, un mundo cada vez más humano donde todos podamos vivir con dignidad.

8. Sentirme acompañado en el caminar de la vida

Ser creyente supone sentirme que no estoy solo en la vida, que siempre está Él a nuestro lado, que nos acompaña en nuestro peregrinaje, que está con nosotros en los momentos buenos y en los malos, al que siempre podemos acudir y que está dispuesto a escucharnos lo que deseemos transmitirle. Es el compañero fiel de viaje que nunca nos va a abandonar.

9. Descubrir la vida como un regalo que debo disfrutar y aprovechar en bien mío y de los demás

La vida es un regalo que Dios nos concede a todas las personas para hacer cosas, en concreto, para buscar la verdad, para crecer como seres humanos, para amar, para servir y ayudar a los demás y también, por supuesto, para disfrutar de nuestros seres queridos, de los amigos, de la naturaleza, del amanecer de cada día, del canto de los pájaros, de la brillantez de una luna llena y del murmullo del río.

La vida es un regalo que recibimos todos los días al despertarnos cada mañana, y debemos aprovecharlo y valorarlo como procede. Sin embargo, este maravilloso regalo apenas lo consideramos y se nos escapa de entre las manos al no tomar conciencia de que cada día es distinto y que deberíamos aprovecharlo como si fuese el último.

Todos los días, cada mañana, cuando nos despertamos, ocurre el milagro extraordinario de encontrarnos de nuevo con la vida. Hay un poema de Alberto Cortez titulado *Qué suerte haber nacido*, que arranca con los siguientes versos:

> Qué suerte he tenido de nacer.
> Sí, qué suerte he tenido de nacer
> para estrechar la mano de un amigo,
> y poder asistir como testigo,
> al milagro de cada amanecer.

Este regalo maravilloso que es la vida nos permite profundizar en nuestro interior, buscar la razón de nuestro existir, plantearnos cuestiones vitales, como son el saber qué hacemos aquí en este cuerpo y en este mundo, quién ha creado el universo, la naturaleza y al ser humano.

Pero, al mismo tiempo, este regalo maravilloso que es la vida lleva consigo emparejada la necesidad de asumir la responsabilidad de sacar el máximo provecho de la misma, tanto en beneficio nuestro como de los demás, de llevar a cabo una misión, un proyecto de vida, y de darle a la misma un sentido que justifique la existencia. Consideramos que es un error grave, incluso podríamos calificarlo de «imperdonable», el despilfarrarla haciendo un uso indebido de ella.

10. Descubrir el mundo como una realidad cargada de sentido

¿Tiene sentido el mundo y la vida? ¿Todo es casual, circunstancial? ¿El ser humano es también un producto de la casualidad, sin sentido ni razón de ser? ¿Estamos aquí en una parcela ínfima de la historia y del tiempo, sin sentido alguno? ¿La naturaleza, el reino animal, vegetal e incluso el mineral son elementos sin sentido ni razón? Creemos sinceramente que no.

Todo tiene un sentido y una razón de ser. Dios creó el mundo y al ser humano, y, aunque no la sepamos con exactitud, solo Él la sabe, estamos convencidos de que lo hizo con una finalidad, con una razón de ser. Consideramos que Dios creó el mundo y la naturaleza para dar cobijo al ser humano, que es el ser por excelencia, para quien fue creado el mundo.

Mundo y ser humano son dos elementos que se hallan en estrecha relación; el primero es un instrumento para el segundo. Dios creó el reino animal, vegetal y mineral para el uso del ser humano, para su alimentación, su uso e incluso para su disfrute.

Todos los hechos históricos han tenido y tienen un sentido, y aunque algunos de ellos se repitan cada cierto tiempo, y aunque no lleguemos a entenderlos con nuestra lógica, todos han tenido y tienen su razón de ser.

Por ello, hallar el sentido y la razón de ser del mundo, de la vida y de la historia colectiva y personal es descubrir a Dios como ser superior, creador, que nos ha puesto aquí en la tierra con una misión, un sentido y una finalidad que debemos descubrir.

11. Vivir de forma coherente con arreglo a unos principios y valores éticos

La coherencia es una característica o cualidad personal por la que un sujeto actúa y vive de forma consecuente con arreglo a unas creencias, unas ideas, unos principios de vida y unos valores que han sido definidos previamente, de forma que le permitan guiarse en su vida cotidiana, es decir, actuar en una relación lógica entre lo que se piensa, se expresa y se hace.

Vivir de forma coherente la creencia en Dios supone ser, en todo momento, honestos con nosotros mismos y con los demás, respetar la dignidad y los derechos de las otras personas, ayudarles siempre que lo necesiten, enfrentarnos ante lo injusto, no callarnos ante la marginación y defender al débil.

Por el contrario, no es coherente manifestarse creyente y vivir la vida como si Dios no existiese, centrados únicamente en nuestras ocupaciones y distracciones ordinarias, tenerlo en un rincón de nuestras vidas difuminado, casi imperceptible, del que nos acordamos únicamente cuando estamos en apuros, cuando las circunstancias nos apremian, como tampoco es coherente incumplir los preceptos y principios básicos de vida que propugna cualquier creencia religiosa o ideario ético, como son el robar, asesinar, practicar la violencia, etc.

Es cierto que no resulta fácil vivir la creencia en Dios con coherencia, quizás no lo haya sido nunca, pero hacerlo en los tiempos actuales en los que Dios ha quedado al margen de la vida, vivirlo de forma consecuente, resulta aún más difícil.

Por ello, aunque nos cueste, aunque sea luchar contra corriente, hoy más que nunca debemos fortalecer nuestra creencia estableciendo nuestros principios de vida y llevándolos a la práctica diaria de forma consecuente.

12. Vivir la vida y la muerte con sentido y con un destino cuya orientación y cuya acción dependen fundamentalmente de nosotros

La vida se puede vivir de múltiples formas y maneras, lo que ocurre es que muchas veces transcurre sin saber a dónde vamos, sin saber cuál es nuestro papel, por qué y para qué vivimos, en definitiva, sin tener un sentido de la misma.

Es necesario buscar y encontrar el sentido de nuestra vida, la razón de nuestro vivir. José Antonio Pagola dice que «lo más honrado que podemos hacer las personas es "buscar" el sentido que da razón a nuestro vivir. No cerrar ninguna puerta. No desechar ninguna llamada. Estar abiertos a todo y a todos».

La vida sin un propósito, sin un sentido, es absurda, es un mero trámite. Es una vida insensata.

El tener un sentido de la vida origina unos claros beneficios a nuestro vivir. Entre los más significativos, podemos señalar que nos aporta luz y orientación en nuestro caminar, nos produce un impulso, nos da fuerza para seguir luchando, nos marca una dirección y nos posibilita una esperanza en nuestro vivir.

Para muchos, entre los que me encuentro, el sentido de nuestras vidas es buscar, encontrar a Dios y vivir de forma coherente nuestra creencia, crecer como personas, amar y atender a nuestros seres queridos, ayudar a los demás a vivir mejor siendo solidarios en sus necesidades, así como disfrutar de la vida y de lo que se nos ha dado.

Al igual que debemos vivir la vida con un sentido, los creyentes, no debemos olvidar que Dios da sentido a la vida y también a la muerte. Lo mismo que hemos dicho que la vida tiene un sentido, también lo tiene la muerte.

Este es un buen momento para preguntarnos qué sentido tiene la muerte.

Sin embargo, no es fácil responder a esta pregunta de una forma general. Cada ser humano debe buscar el suyo.

Entre las opciones existentes, la más común, la más lógica y habitual, es la de dar por finalizada la vida. ¿Qué sería de la vida si no existiese la muerte? Levantarnos cada mañana sabiendo que no hay fin, que la vida nunca se va a acabar. Sería aburridísima. Vivir con seres humanos que nacieron hace 5000 años, así como saber que, aunque corramos todos los riesgos imaginables, nunca nos vamos a morir.

Aunque nos pueda sorprender la muerte, al igual que la vida, tiene sus beneficios o ventajas. Entre las más importantes, se halla el que nos permite tomar conciencia de nuestra propia debilidad, de nuestra vulnerabilidad, de nuestra fragilidad, y ello mantiene despierto nuestro instinto de conservación, evita que corramos riesgos innecesarios, estimula nuestra creatividad y modera nuestra prepotencia.

La muerte da sentido a la vida. Una vida sin final sería una vida sin sentido. Por ello, la muerte nos lleva o nos debería llevar a aprovechar al máximo la vida.

Y para los creyentes, aunque no sepamos exactamente lo que nos vamos a encontrar al final de nuestra vida, la muerte nos permite descubrir aquello que intuimos y esperamos encontrar al otro lado de la misma, ya que tenemos la firme convicción de que no termina todo con la muerte. Para algunos, puede ser la resurrección; para otros, la reencarnación, o el inicio de una nueva vida espiritual indefinible. En cualquier caso, la muerte nos permite iniciar algo que se desconoce, pero en lo que se cree, nos va a permitir encontrar la explicación de para qué hemos nacido y vivido. Entender la razón de ser de tanta lucha y sufrimiento.

13. Admitir y defender su existencia ante los demás

La creencia en Dios supone admitir ante las demás personas nuestra posición de creyentes, sin miedo, sin timidez, ni vergüenza, pero igualmente sin creernos seres privilegiados ni superiores a nadie, sin fanatismos ni dogmatismos, con nuestras dudas, pero mostrando nuestra inclinación a creer en su existencia defendiendo con nuestros argumentos y experiencias de vida las razones por las que nos posicionamos como creyentes.

Ha habido momentos de la historia en los que los creyentes dieron sus vidas como mártires o estuvieron dispuestos a darla por manifestar públicamente sus creencias, al igual que ha habido momentos de la historia en los que algunas personas eran perseguidas e incluso ajusticiadas con pena de muerte por manifestarse como no creyentes o disconformes con los principios más estrictos de la religión dominante.

Actualmente, fruto de las distintas evoluciones sociales que hemos experimentado en los últimos años, y de la caída en picado de las vivencias y prácticas religiosas, nos llama la atención, casi resulta sorprendente, conocer a personas que defienden abiertamente sus creencias sin timidez ni vergüenza, que presentan sus fundadas y sólidas argumentaciones basadas en la reflexión y madurez conseguida a través de la profundización de los postulados que defienden.

Por tanto, sin dogmatismos ni fanatismos, sin afanes de catequizar a nadie ni de imponer nuestras perspectivas, los creyentes debemos transmitir y defender con honestidad y en el tono correcto, de forma serena y sin apasionamientos, nuestras creencias, pensamientos e ideas que tengamos al respecto, sin temor a ser juzgados o criticados, de compartirlas y, si es preciso, debatirlas, porque el contraste sereno nos permitirá crecer y reflexionar a ambas partes. Hagámoslo.

CAPÍTULO 12

Dios y la existencia del mal

El problema del mal y su relación con la existencia de Dios es algo tan viejo como la historia. Desde siempre el ser humano se ha hecho las siguientes preguntas: ¿por qué existe el mal? ¿Es compatible la existencia del mal con la existencia de Dios? ¿Cómo Dios, siendo un ser bueno, puede permitir el mal y que sufran las personas, uno de los ejes principales de su creación?

Fue el filósofo griego Epicuro el primero que, de una forma conocida, se planteó hace 2300 años el problema del mal en su relación con la existencia de Dios cuando puso de manifiesto que, si una deidad omnipotente (que todo lo puede), omnisciente (que todo lo conoce y lo sabe) y omnibenevolente (que es todo amor) existe, entonces el mal no puede existir. Y sobre esta base se preguntó: ¿acaso Dios quiere y no puede evitar el mal? ¿Es incapaz de hacerlo? Si es así, no es omnipotente, es impotente. ¿Puede, pero no quiere? Entonces, es malévolo. ¿Y si puede y quiere? Entonces, ¿por qué existe el mal?

A partir de esta posición, y en el mismo sentido, nos podemos formular otras preguntas al respecto, tales como las siguientes: ¿por qué, siendo Dios bueno y quiere lo mejor para nosotros, existe el sufrimiento y el mal? ¿Cómo se explica que suframos? ¿Por qué, siendo omnipotente, no evita el mal? ¿Por qué Dios creó un mundo finito del que se deriva el sufrimiento y el mal, pudiendo haberlo creado no finito?

Son preguntas que los seres humanos nos hemos formulado a lo largo de la historia y a las que no hemos encontrado respuestas comprensibles y satisfactorias, lo cual ha originado que a muchos les haya hecho cuestionarse y modificar su posición respecto a su creencia de la existencia de Dios.

Si decimos que Dios nos ama, entonces la existencia del mal, del dolor y del sufrimiento aparece como una cuestión difícil de comprender.

Esta situación incomprensible ha llevado a que sean muchas las personas que confiesan que ha sido la existencia del mal, del dolor, del sufrimiento en el mundo, así como la incompatibilidad que ello representa con la existencia de un dios todopoderoso y bondadoso, lo que les ha conducido al ateísmo.

No es difícil comprender que, para muchos, resulte complejo compatibilizar la omnipotencia y la bondad de Dios con la realidad del mal.

La idea de un dios que al mismo tiempo es omnipotente e infinitamente bueno es incompatible con los males e imperfecciones manifiestas que ha habido y hay en el mundo. ¿Cómo se explica la matanza de millones de judíos en el holocausto nazi? ¿Y las guerras? ¿Y las catástrofes naturales, tales como los terremotos, tsunamis, incendios e inundaciones, que han originado tantos daños y sufrimiento?

Tras las oportunas reflexiones al respecto, la conclusión a la que han llegado muchas personas es que no cabe la existencia de Dios cuando existe el mal, y lo han hecho de una forma tanto deductiva como inductiva.

Algunos, basándose en la lógica, han deducido que no cabe un dios bueno con la existencia del mal. Y otros, los que lo han hecho de una forma más inductiva, consideran que, dado que existe el mal en el mundo, es improbable que exista un dios omnipotente, omnisciente y perfectamente bueno.

Sin embargo, al mismo tiempo, son también otras muchas las personas que consideran, tal como veremos más adelante, que entienden que cabe perfectamente la compatibilidad del mal con la existencia de Dios, idea a la que han llegado por diversos caminos y que los expondremos a continuación.

Con el fin de profundizar al respecto y tratar de entender algo sobre este gran misterio, vamos a empezar por definir qué es el mal, así como las clases de males y sufrimientos existentes.

Aristóteles entendió el mal como «la carencia de un bien». Para él, el mal no tiene una causa formal, ni eficiente, ni final; tiene una causa material.

Posteriormente, san Agustín y santo Tomás señalaron que el mal «es la privación del bien». Es la deficiencia de un bien que debería darse en un sujeto, pero que, de hecho, no se da. Es la ausencia de un bien debido.

Marcus Singer, filósofo americano (1926-2016), persona destacada en el ámbito de la filosofía moral y autor de numerosas obras al respecto. En su último trabajo como profesor se centró en el mal en el mundo y nos dice al tratar de definirlo que debe hacerse en base al conocimiento de que «si algo es realmente malo, no puede ser necesario, y, si es realmente necesario, no puede ser malo».

Y John Kekes, filósofo de origen húngaro (1936), actualmente residente en Estados Unidos como profesor de la Universidad de Albany, y que padeció y sufrió las represiones nazis y comunistas, autor de varios libros sobre ética y conocido por sus trabajos sobre el bien y el mal, entre los que destacan *Enfrentando el mal* (1993), la tan divulgada *Las raíces del mal* (2007) y *Los problemas humanos y qué hacer al respecto* (2016).

En su libro *Las raíces del mal* señaló lo siguiente:

> El ser humano está definido por su dualidad, compleja y paradójica, por la cual anida tanto la posibilidad de hacer el bien, o sea lo correcto y lo pertinente, pero al mismo tiempo y de forma simultánea, puede cometer actos malignos. Existen estos dos polos, el bueno y el malo, por más que queramos invisibilizar o negar la sombra del malo. Esto nos lleva, con frecuencia, a una actitud en la que presuponemos que la maldad reside en los otros y la bondad en nosotros, y tratamos desesperadamente de justificar nuestros actos, intentando homologarlos con actitudes correctas.

Siguiendo con su perspectiva, Kekes nos dice que «el mal es un problema moral, tal vez el problema moral más básico y más serio, y que constituye una amenaza permanente para el bienestar humano». Desde esta perspectiva, el mal solo tiene sentido cuando el daño que implica y produce dolor es ocasionado por seres humanos en contra de sus semejantes. La maldad de una acción consiste en la combinación de tres componentes: la motivación malévola de los hacedores del mal, el daño serio y excesivo causado por las acciones, y la falta de una excusa moralmente aceptable para ellas. De ahí que Kekes nos vuelva a señalar que una acción es mala si «causa un daño grave a víctimas inocentes, es deliberada, mal motivada y moralmente injustificable».

Para avanzar en la comprensión profunda del tema, Kekes ejemplificó sus teorías con diversos casos de maldad habidos a lo largo de la historia de la humanidad, como son la cruzada contra los albigenses en 1240 en el sur de Francia; el terror de Robespierre entre 1793 y 1794; la conducta de Franz Stangl, comandante de un campo nazi de exterminio entre 1933 y 1944; los asesinatos cometidos por el clan de Charles Manson en 1969; la «guerra sucia» instigada por Henry Kissinger por parte de los Estados Unidos en la década de los 70, y, para finalizar, las actividades criminales de un psicópata llamado John Allen en

1975. El concepto subyacente fue determinar una perspectiva laica desde la cual se reconoce la existencia del mal.

Por último, Kekes señaló en su libro *Las raíces del mal* un interesante planteamiento sobre el cual merece la pena reflexionar. Nos dice lo siguiente:

> He argumentado que el mal constituye una dificultad fundamental para la cosmovisión religiosa. No se trata exactamente de algo nuevo, ya que esta dificultad ha sido reconocida desde hace mucho tiempo, tanto por los defensores como por los críticos del enfoque religioso. Quizás sea menos conocido que la cosmovisión secular que también enfrenta una dificultad fundamental a propósito del mal. La dificultad no radica en explicar de qué manera el mal se ajusta a la cosmovisión, como es el caso en el enfoque religioso, sino en explicar de qué manera podrían transformarse las condiciones naturales para reducir la difusión del mal. Si la confianza religiosa en la ayuda sobrenatural es infundada y si la visión del Iluminismo de que la maldad es necesariamente irracional tampoco tiene justificación, si las apelaciones tanto a Dios como a la razón no son convincentes, entonces, ¿qué puede hacerse para superar el obstáculo que presenta el mal para mejorar la vida de los seres humanos?

Interesante reto el que nos deja Kekes para tratar de mejorar la vida de los seres humanos.

Por su parte, el filósofo alemán Nietzsche nos propone ser prácticos cuando nos señala que «lo bueno y lo malo es imposible de definir porque nunca se llega a nada». Y añade que «por eso lo mejor es que cada uno elija qué es lo bueno y lo malo para sí mismo, siempre y cuando no afecte a los demás». Nos parece excelente.

El mal da origen al dolor y al sufrimiento, aspectos que, aun estando muy relacionados, no los debemos confundir.

El dolor es una sensación molesta, desagradable, que afecta al cuerpo en su totalidad o a alguna de sus partes. Es la manifestación de que algo anda mal en el cuerpo. El dolor puede ser agudo o sordo, intermitente o constante. Por su parte, el sufrimiento es una sensación que se extiende más allá del dolor físico y es causado, además de por el dolor, por el miedo, la tristeza, la soledad, la angustia, la pena, etc.

Tanto el dolor como el sufrimiento son aspectos que forman parte de la vida. Evidentemente, ni el uno ni el otro son buenos, pero también debemos señalar y reconocer que ayudan al ser humano a crecer y a madurar como persona.

La Academia Nacional de Medicina aborda lo que es el dolor y nos aporta algo que a nuestro juicio es muy importante, cuando nos dice que es esencial para la supervivencia: «Sin dolor, el mundo sería un lugar increíblemente peligroso».

Ejecución de la reina María Antonieta durante el Terror, período caracterizado por un estado de excepción de la Revolución francesa, liderada por el político Robespierre (anónimo, 1793).

Respecto a los tipos de males o sufrimientos existentes, podemos establecer cuatro grupos, que los clasificamos de la siguiente forma:

1. Los males derivados por nuestra manera equivocada de vivir. El ser humano sufre, muchas veces, innecesariamente, cuando realiza o lleva a cabo acciones improcedentes. En este tipo de mal es evidente que Dios no tiene nada que ver.
2. También están los males que se padecen y se derivan por nuestra disposición para luchar por el bien de los demás. Son muchas las personas que realizan actos, incluso arriesgando sus vidas, al luchar por causas nobles que benefician a colectivos de personas y llevan a cabo acciones de las que se pueden derivar castigos y sufrimientos diversos. En este tipo de mal, cuyo origen es la propia voluntad del sujeto, Dios tampoco tiene nada que ver.
3. Luego están los males que se sufren debido a los actos y a las injusticias humanas. Es lo que denominamos mal moral, ya que es el sufrimiento causado por la maldad de algunos seres humanos. Aquí, aunque son actos derivados de la voluntad humana, sí podríamos pensar que Dios tiene algo que ver. ¿Cómo pudo permitir Dios el holocausto judío, las absurdas guerras que han existido y siguen existiendo en el mundo, o los múltiples males menos universales, más cercanos y humanos, que se derivan de la fragilidad de la persona, como son los que se producen como consecuencia del odio, la envidia, los celos, la venganza, el afán de poder, etc.
4. Y, finalmente, tenemos los males derivados de la propia naturaleza humana. Es lo que denominamos «mal natural». Es el mal y el sufrimiento que se deben a causas de las que el ser humano no tiene culpa ni responsabilidad

alguna, como puede ser el padecimiento de enfermedades graves, tales como el cáncer, un infarto o el alzhéimer, y menos aún de los casos de terremotos, tsunamis, incendios, inundaciones y eventos similares.

Encontrar una explicación adecuada al problema de la existencia del mal y del sufrimiento es una tarea ardua y ya de partida frustrante porque sabemos que no vamos a encontrarla. No obstante, nos parece oportuno reflexionar al respecto.

Debemos partir de que no existe una respuesta plenamente satisfactoria desde el punto de vista racional y filosófico que nos permita encontrar una explicación lógica y comprensible al problema del mal y del sufrimiento en el mundo, compatible con la existencia de Dios.

Esta limitación racional no impide que encontremos explicaciones en filósofos y teólogos de las culturas y creencias religiosas más diversas que han profundizado y reflexionado sobre el tema, y que nos pueden dar una perspectiva y una orientación al respecto. Las más significativas son las siguientes:

1. Aristóteles señaló que Dios no interviene en el mundo, que, una vez creado el universo y las personas, los dejó a ambos en un funcionamiento en el cual no participa ni se inmiscuye.

2. Otra posición es la de considerar que el mundo y el universo son finitos, que todo lo creado es finito, evolutivo, pero limitado y, en consecuencia, sujeto a alteraciones y transformaciones que originan situaciones no controladas que llevan a poder producir catástrofes y a padecer males nocivos a sus habitantes.

3. La limitación de nuestra capacidad cognitiva. Con nuestra inteligencia finita, con nuestra limitada perspectiva, no podemos alcanzar lo que Dios ha pretendido con la creación del universo.

4. El mal es un misterio, como lo es Dios. No hay una respuesta convincente.
5. El libre albedrío es concedido por Dios a los hombres, idea según la cual el mal es siempre una posibilidad derivada de que los seres humanos somos verdaderamente libres para hacer, en cada momento, lo que estimamos o deseemos hacer. En el diccionario filosófico, leemos que el libre albedrío «es la capacidad de elegir libremente, de actuar y juzgar con plena libertad».

Por lo tanto, el libre albedrío es la condición del pensamiento en virtud de la cual cada individuo puede determinar con absoluta autonomía el propósito de sus acciones. Ninguna fuerza externa entra en juego, ninguna entidad superior sostiene las cuerdas de nuestro destino. Todos los aspectos de la actuación y el pensamiento del ser humano se reducen a un acto de voluntad.

En nuestro albedrío está el hacer el bien o hacer el mal, ser bueno o malo, vivir o morir, creer o no creer.

Dios nos hizo libres y con ello podemos hacer el bien o el mal. Si Dios, conociendo lo que va a pasar, impidiese de antemano el comportamiento malvado de una persona, entonces el destino de las personas estaría más cerca del fatalismo que de la libertad.

Esta idea ya la señaló san Agustín en el año 430, cuando dijo: «El mal aparece como resultado inevitable de la libre voluntad del ser humano».

Si bien, podemos estar de acuerdo o no con lo señalado anteriormente, nos parece evidente que el libre albedrío podría ser plausible para el caso de males menores o, lo que viene a ser lo mismo, valdría para explicar los males y el sufrimiento originado por el propio ser humano, pero no explica el dolor y sufrimiento de las catástrofes naturales. Para ello deberemos recurrir a que estos tipos de males se deben al logro de fines superiores que Dios tiene y que los comentaremos en el apartado siguiente.

6. Partiendo de la posición de la creencia de la existencia de Dios, pensamos, en consecuencia, que es omnipotente, omnisciente y benevolente. Asimismo, admitimos y somos conscientes de que el mal existe, y en este marco, aunque no lo comprendamos, Dios puede tener motivos para permitir la existencia del mal. Pensamos que Dios no solo es compatible con el mal, sino que lo permite con el fin de lograr bienes superiores.

Sobre la base de lo expuesto, podemos señalar que el mal, el dolor y el sufrimiento en ningún caso son buenos. Pero no todo es negativo en su existencia, también se derivan efectos beneficiosos, tales como:

1. Por la existencia del mal y del sufrimiento valoramos y apreciamos la existencia del bien.
2. Por la existencia del mal y del sufrimiento se desarrolla el crecimiento personal y espiritual. Como decíamos con anterioridad, el sufrimiento en sí mismo no es bueno; no obstante, nos ayuda a crecer y a madurar como personas.

Verdaderamente, vivir no es una tarea fácil. El dolor y el sufrimiento son parte de la vida.

El dolor y el sufrimiento acompañan al ser humano desde su nacimiento y en todo su recorrido vital, hasta la muerte. Nacemos con dolor, vivimos en muchos momentos con dolor y morimos con dolor. El proceso de madurez y crecimiento de la persona origina sufrimiento.

La vida es una lucha continua del ser humano para sobrevivir, madurar, crecer y ayudar a otros. Jacinto Benavente decía muy acertadamente: «¡La vida! Nunca se acaba de luchar. Cuando se cree haber conseguido un descanso, un poco de tranquilidad, pronto se advierte que no ha terminado la lucha, que no terminará nunca».

No es posible entender la vida y desarrollarla de una forma adecuada si uno no es capaz de comprender que el dolor y el sufrimiento son parte de la vida. La vida no solo es búsqueda, crecimiento, servicio y disfrute, también es dolor y sufrimiento. Enrique Rojas dice que «el problema de la vida es el problema del sufrimiento. Cuando se ha comprendido esta clave, se ha encontrado la llave para entender cuál es el sentido y la dirección de la existencia».

Por ello, aprender, entender, saber gestionar y superar el dolor y el sufrimiento deberían ser materias de obligado aprendizaje en todo proceso formativo.

Es verdad que la vida es dura, y que algunas vidas no han tenido más que sufrimientos en todo su periplo vital, pero, si les preguntásemos a estas personas si hubiesen preferido no haber nacido, pensamos que serían poquísimos los que nos responderían de forma afirmativa.

- No olvidemos que la vida es alegría y dolor.
- Que la vida es evolución y, en consecuencia, sufrimiento.
- No nacer es no sufrir, pero también es no gozar de la vida.

Por tanto, ante el mal, ante el dolor y ante el sufrimiento, las actitudes que procede adoptar son las siguientes:

1. En primer lugar, cuando el mal es inevitable, tanto el moral como el natural, es preciso prepararse para hacerle frente. En tal caso, debemos asumir que el dolor y el sufrimiento son parte de la vida y que nos pueden llegar en cualquier momento. Asimismo, es preciso abordar la situación en su auténtica y verdadera dimensión, ni agrandándola ni empequeñeciéndola, tomarla como una experiencia de la que trataremos de sacar el mayor pro-

vecho posible y, finalmente, luchar con todas nuestras fuerzas para eliminar cualquier tipo de sufrimiento que pueda surgir en nosotros o en los demás.

2. Por otra parte, cuando el origen y la causa del sufrimiento somos nosotros mismos, a consecuencia de nuestra manera equivocada de vivir, lo que llamamos «mal evitable», es preciso tomar conciencia de que el problema y la solución están en nosotros mismos, para los cuales debemos adoptar una postura positiva, activa y decidida.

3. Cuando el origen y la causa están en la lucha por evitar el sufrimiento de los demás, lo procedente es asumir y proseguir en la lucha, aceptar y comprender que realizamos lo que procede hacer.

Los hijos de Adán y Eva. Caín, representación del mal, mata a su hermano Abel por envidia, uno de los siete pecados capitales condenados por Dios (Abraham Bloemaert, *ca.* 1593).

En definitiva, es recomendable, cuando los problemas nos preocupan, incluso nos angustian, acordarnos de la plegaria de la serenidad de Reinhold Niebuhr, que dice: «Señor, dame la serenidad para aceptar las cosas que no puedo cambiar, valor para cambiar las cosas que pueda realizar y sabiduría para entender la diferencia».

Somos conscientes de que no es fácil llevarlo a cabo, pero, cuando el dolor y el sufrimiento nos aprietan, es muy conveniente adoptar una actitud serena y mental positiva. No quejarse, no lamentarse, no victimizarse. Quienes son capaces de transformar una situación de malestar y desesperanza en una nueva de optimismo y confianza resurgen más fuertes de cada una de las pruebas que superan. Es practicar lo que en los momentos actuales se conoce por «resiliencia».

Asimismo, el sufrimiento se mitiga si somos capaces de ver que también hay otras personas que sufren. Por ello, lo procedente es salirnos de nosotros mismos y mirar a nuestro alrededor, relativizar nuestro sufrimiento y situarlo en su nivel correspondiente.

Y, muy importante, lo que en ningún caso nos debemos permitir es vivir con el desánimo dentro de nuestro espíritu. La vida es muy breve y merece la pena vivirla con plenitud. Cuando surgen los problemas, recordemos que siempre, tras la noche, viene el día; tras la oscuridad, viene la luz, y tras la tempestad, viene la calma.

Si recurrimos y nos basamos únicamente en la razón, difícilmente vamos a encontrar una respuesta válida y definitiva acerca del problema de la existencia del mal, pero al mismo tiempo podemos advertir que tampoco es una evidencia clara la incompatibilidad entre la existencia del mal y la existencia de Dios. Debemos asumir que la existencia del mal es un misterio, algo que nunca podremos comprender en esta vida con la razón natural, y que lo procedente en cada caso es que, cuando nos llegan el dolor y el sufrimiento, que, seguro que nos van a llegar, estemos preparados y procuremos hacerles frente con todas nuestras energías, y al mismo tiempo tratemos de mantener la necesaria confianza y esperanza.

En definitiva y, para terminar, consideramos que no son incompatibles realmente la existencia del mal y la existencia de Dios. Cabe perfectamente entender que existe el mal al mismo tiempo que creemos en un ser superior al que denominamos Dios.

CAPÍTULO 13

Preparar el encuentro con Dios

Considero que no hay mejor forma de terminar este libro, especialmente para los que somos creyentes, que hacerlo con una reflexión respecto a cómo llevar a cabo una adecuada preparación para nuestro encuentro con Dios una vez finalice nuestra vida.

A tales efectos, siempre, en cualquier momento de nuestra vida, es oportuno reflexionar al respecto, pero mucho más una vez que nos hacemos mayores y tomamos conciencia de que ya no nos queda mucho tiempo de vida.

Debemos asumir que, en un espacio relativamente corto de tiempo, la vida que nos ha sido concedida se nos va a acabar y que, irremediablemente, vamos a morir y, por tanto, tras el último suspiro, vamos a encontrarnos con Él. De ahí que consideremos a todas luces oportuno y conveniente preparar nuestro encuentro con Dios ahora que nos encontramos en nuestras mejores condiciones tanto físicas como mentales.

Las personas nos preparamos con anticipación para muchas cosas, y ello es bueno y muy recomendable. Así, planificamos en ocasiones el número de hijos que deseamos tener, los colegios y la educación que nos gustaría que recibieran, la organización de nuestros viajes de vacaciones, la decoración de nuestra nueva casa y el logro de las metas y objetivos que pretendemos alcanzar en nuestra vida. Si eso es así, por supuesto, los creyentes también deberíamos hacerlo en la preparación de nuestro encuentro con Dios. ¿Acaso algo tan importante no consideramos oportuno hacerlo? ¿Nos parece irrelevante o innecesario? ¿Para cuándo pensamos dejarlo? ¿Nos parece mejor y más oportuno esperar, dejarnos llevar por los acontecimientos, aguardar al último momento en el que tengamos que improvisar y quedar al albedrío de las circunstancias?

Tenemos la sensación de que somos eternos, pero la muerte nos puede llegar en cualquier momento y, en especial, cuando ya tenemos una edad avanzada.

Pronto o tarde vamos a morir, y los creyentes sabemos que en algún momento nos vamos a encontrar con Él. Por ello, es oportuno que preparemos nuestro encuentro con Dios, que reflexionemos al respecto, que tengamos contactos más frecuentes y en mayor profundidad con Él y que, a tales efectos, realicemos las acciones que consideremos oportuno llevar a cabo.

Sabiendo que nuestro tiempo es limitado, que tenemos fecha de caducidad, lo procedente es seguir a nuestra voz interior, dejarnos guiar por nuestra conciencia y pasar de la reflexión a la acción.

¿CÓMO PODEMOS PREPARAR NUESTRO ENCUENTRO CON DIOS?

Para empezar, nada mejor que reflexionando al respecto, penetrar en nuestro mundo interior, dedicarle más tiempo del que acostumbramos a hacer de forma ordinaria, comunicarnos con Él, hablar con Él, practicar el silencio, escucharle y dejar que Él penetre en nuestro corazón.

Al mismo tiempo es muy recomendable revisar y profundizar en nuestras creencias a fin de reforzar nuestra fe, leer libros que nos ayuden a reflexionar, oír música que nos permita y facilite el contacto con Él, en definitiva, aumentar nuestra dimensión espiritual y desarrollar nuestra paz interior.

Dios no está esperando que hagamos nada especial de lo que no hayamos hecho hasta este momento, no está esperando que nos redimamos de nuestros errores y compensemos con determinados actos las faltas y los fallos que hayamos podido cometer, simplemente espera que le prestemos la atención precisa y mantengamos un acercamiento confiado y agradecido.

En un orden personal, deseo encontrarme frente a Él por muchas razones, pero, especialmente, para darle las gracias por la vida que me ha dado; por la maravillosa vida que he tenido la suerte de disfrutar en plenitud durante mi larga existencia; por la excelente familia con la que he tenido la suerte de compartir y vivir; por los acontecimientos grandes y pequeños que han configurado mi vida; incluso por los incidentes, tropiezos y errores que he cometido, los cuales me han servido para desarrollarme como persona. Siento que he vivido la vida en plenitud, que he crecido como persona, que he disfrutado de la naturaleza y de todo lo que la vida me ha dado. Como consecuencia de todo ello, pienso y siento que ha merecido la pena vivir, que soy una persona afortunada y privilegiada. Por todo ello, quiero agradecerle el que me haya dado la existencia.

Asimismo, deseo encontrarme frente a Él para pedirle perdón y reconocer mis egoísmos, el olvido, la marginación y la desatención que, con frecuencia, le he prestado en el trascurrir de las actividades llevadas a cabo en mi vida ordinaria.

Deseo encontrarme frente a Él para que, por fin, resuelva el gran misterio con el que he vivido toda la vida acerca de si existe o no, pues, aunque haya apostado por su existencia, me ha tenido confuso durante mi vida.

Y, finalmente, deseo encontrarme frente a Él porque por fin entenderé por qué y para qué he vivido, cuál es el sentido de la existencia de la vida y del sufrimiento que rodea al ser humano.

No me preocupa ni creo que exista un juicio final, tras el cual pueda salir absuelto o penado por los fallos cometidos. No espero el castigo de Dios, sé que me ama y, por tanto, confío en su absoluta benevolencia.

Es bueno visualizar el momento del encuentro con Dios, aunque no sepamos cómo representar su figura, aunque no podamos hacernos una idea al respecto ni sepamos construir el marco en el que se va a desarrollar la situación; simplemente basta con sentirnos frente o junto a Él, vernos dándole las gracias por la vida que hemos gozado, pidiéndole perdón por nuestras debilidades, resolviendo nuestras dudas en cuanto a su existencia y al sentido de la vida y de la muerte. Todo ello es un ejercicio que a todas luces recomendamos.

Dicho lo dicho, solo me queda esperar, agotar el plazo de vida asignado, y, cuando llegue el momento, deseo encontrarme con Él en paz y serenidad, con la confianza de haber cumplido con mi misión y con el cometido que me ha sido asignado en esta vida.

Nota del autor

Amigo lector o lectora,

Hemos recorrido juntos un camino lleno de preguntas que nos han permitido reflexionar sobre ese gran enigma que es la figura de Dios.

En el camino no he tenido ningún reparo en descubrirme y mostrar mi posición y mis creencias al respecto. Entiendo, y me parece razonable, que muchas de ellas no sean compartidas. Solo espero y deseo que la lectura de este libro te haya sido de utilidad y te haya ayudado también a ti a crecer personal y espiritualmente.

Si deseas transmitirme tus opiniones y consideraciones al respecto, con mucho gusto serán recibidas por mi parte. A tales efectos, lo podrás hacer a través de mi correo electrónico, que es el siguiente: jurcolatelleria@gmail.com.

Bibliografía

Álvarez, Jesús, *Dios mío ¿Quién eres?*, Editorial Edibesa, 2004.
Ariés, P., *El hombre ante la muerte*, Madrid, Taurus Ediciones, 1983.
Bestard, Juan, *Reflexiones cristianas*, Editorial Narcea, 1989.
— *Creo en el hombre*, Editorial Espasa, 1996.
Boff, Leonardo, *El águila y la gallina*, Editorial Trotta, 1998.
— *Conversaciones con Christian Dutilleux*, Editorial Espasa Calpe, 1997.
Boff, Leonardo, *Espiritualidad. Un camino de transformación*, Editorial Sal Terrae, 2001.
Bolloré, Michel y Bonnassies, Olivier, *Dios, la ciencia, las pruebas*, Editorial Funambulista, 2023.
Boros, Ladislaus, *Experimentar a Dios en la vida*, Editorial Herder, 1982
Brunton, Paul, *La búsqueda*, Editorial Kier, 1986.
Busquets, Lluís, *Última noticia de Jesús el nazareno*, Ediciones Destino, 2007.
Chenu, Bruno y Coudreau, Francois, *La fe de los católicos*, Ediciones Sígueme, 1986.
Comblin, José, *Jesús de Nazaret*, Editorial Sal Terra, 1977.
Flew, Antony, *Dios existe*, Editorial Trotta, 2012.
— y Miethe, Terry, *¿Existe Dios?*, Editorial Cátedra, 1994.
Fraijó, Manuel, *Avatares de la creencia en Dios*, Editorial Trotta, 2016.
Frankl, Viktor, *El hombre en busca de sentido*, Editorial Herder, 1988.
Fromm, Erich, *El miedo a la libertad*, Editorial Paidós, 1980.

Frossard, André, *Dios existe, yo me encontré*, Editorial Planeta, 1993.
Gira, Dennis, *Las religiones*, Ediciones Mensajero, 1994.
Gray, John, *Siete tipos de ateísmo*, Editorial sexto piso, 2019.
Grun, Anselm, *Vive ahora*, Editorial Sal Terrae, 2010.
Gutierrez, Gustavo, *Teología de la liberación*, Ediciones Sígueme, 1985.
Hawking, Stephen, *Breves respuestas a las grandes preguntas*, Editorial Crítica, 2018.
Herrero, Juan A., *Dios y el más allá*, Editorial San Pablo, 2023.
Houwen, Henri J. L., *El regreso del hijo pródigo*, Editorial PPC, 1994.
— *Tú eres mi amado*, Editorial PPC, 1995.
Hume, David, *De la inmortalidad del alma. En ensayos morales, políticos y literarios*, Editorial Trotta, 2011.
— *Historia natural de la religión*, Editorial Tecnos, 1992.
Kekes, John, *Las raíces del mal*, Editorial El Ateneo, 2006.
— *Los problemas humanos y qué hacer al respecto*, Universidad de Oxford, (2.016).
Kung, Hans, *Credo*, Editorial Trotta, 1992.
— *Una teología para el nuevo milenio*, Círculo de Lectores, 1986.
— *Proyecto de una ética mundial*, Editorial Trotta, 2006.
Larrañaga, Ignacio, *Muéstrame tu rostro*, Editorial San Pablo, 2010.
Lewis, C. S. *Mero cristianismo*, Editorial Rialp. 2017.
Lilla, Mark, *El Dios que no nació*, Editorial Debate, 2010.
Lipovetsky, Gilles, *La era del vacío*, Editorial Anagrama, 1986.
Marías, Julián, *Historia de la filosofía*, Alianza editorial, 2017.
Marina, José A., *Por qué soy cristiano*, Editorial Anagrama, 2005.
— *El laberinto sentimental*, Editorial Anagrama, 1996.
— *Ética para náufragos*, Editorial Anagrama, 1995.
— *Dictamen sobre Dios*, Editorial Anagrama, 2001.
— *Aprender a vivir*, Editorial Ariel 2005.
Marmelada, Carlos Alberto, *Cómo hablar de Dios con un ateo*, Editorial Almuzara, 2022.
Martinetti, Giovanni, *Por qué creo en Dios*, Editorial Espasa 1996.
Maslow, A. H., *El hombre autorrealizado*, Editorial Kairós, 1979.
Mendiola, José María, *En busca de la experiencia de Dios*, Ediciones Obelisco, 1988.
— *La vida es fácil*, Ediciones Obelisco, 1987.

Moro, Tomás, *Utopía*, Alianza Editorial, 1993.
Neusch, Marcel, *Un Dios para hoy*, Editorial Herder, 1989.
Olaizola, José Luis y otros, *Las bienaventuranzas hoy*, Editorial Planeta, 1995.
Pagola, José Antonio, *Jesús de Nazaret. El hombre y su mensaje*, Editorial Idatz, 1981.
— *Aprender a vivir*, Editorial Idatz, 1984.
— *Buenas noticias*, Editorial Idatz, 1985.
— *Ante el reto de la increencia*, Editorial Idatz, 1988.
— *Construir sobre roca*, Editorial Idatz, 1989.
— *Despertar la esperanza*, Editorial Idatz, 1993.
— *Es bueno creer*, Editorial San Pablo 1996.
— *Jesús aproximación histórica*, PPC Editorial, 2007.
— *El camino abierto por Jesús*, Editorial PPC 2010.
Pikaza, Xabier, *El misterio de Dios*, Ediciones San Pío X, 1990.
Puente Ojea, Gonzalo, *Elogio del ateísmo*, Editores Siglo XXI, 1995.
Salarrullana, Pilar, *Las sectas*, Ediciones Temas de hoy, 1990.
Santo Tomás de Aquino, *Suma teológica*, Editorial Espasa Calpe, 1942.
Sebreli, Juan José, *Dios en el laberinto*, Editorial Penguin Randon House, 2016.
Smith, Christian, *La teología de la liberación*, Ediciones Paidós, 1994.
Sobrino, Jon, *Liberación con espíritu*, Editorial Sal Terrae, 1985.
Theissen, Gerd, *La sombra del galileo*, Ediciones Sígueme, 1990.
Thurman, Chris, *Si Cristo fuera tu consejero*, Ediciones Temas de Hoy, 1993.
Torres Queiruga, A., *Creo en Dios Padre*, Editorial Sal Terrae, 2016.
Urcola, Juan Luis, *Todos podemos ser más felices*, Nerema, 1996.
— *Acertar a vivir*, Editorial Esic, 2001.
— *Sobre la vida y la muerte*, Universo de letras, 2022.
Urra, Javier, *El ser humano espiritual*, Editorial Desclée De Brouwer, 2022.
Weissmahr, Bela, *Teología natural*, Editorial Herder, 1986.
Zarco, Julio, *Ha merecido la pena vivir*, Editorial Biblos, 2024.